Der Anspruch auf Verringerung der Arbeitszeit gemäß § 8 TzBfG im Lichte des Art. 34 EGBGB bei Entsendungen nach Deutschland

von

Kathrin Pietras

Tectum Verlag
Marburg 2004

Pietras, Kathrin:
Der Anspruch auf Verringerung der Arbeitszeit gemäß § 8 TzBfG im Lichte
des Art. 34 EGBGB bei Entsendungen nach Deutschland
/ von Kathrin Pietras
- Marburg : Tectum Verlag, 2004
Zugl.: Marburg, Univ. Diss. 2004
ISBN 978-3-8288-8760-2

Tectum Verlag
Marburg 2004

Vorwort

Ich bedanke mich bei Herrn Professor Dr. Winfried Mummenhoff für die Betreuung dieser Dissertation. Dank schulde ich ferner Herrn Professor Dr. Erich Schanze für die zügige Erstellung des Zweitgutachtens.

Ich widme die Dissertation meinem Mann; ohne sein stetiges Verständnis wäre die Erstellung nicht möglich gewesen.

Frankfurt, im September 2004   Kathrin Pietras

Gliederung

LITERATURVERZEICHNIS

Annuß, Georg; *Thüsing*, Gregor	Teilzeit- und Befristungsgesetz, Kommentar, Heidelberg 2002
Appel, Helga; *Fisahn*, Andreas; *Hess-Grunewald*, Hubertus; *Sommer*, Imke; *Zwanziger*, Bertram	Handbuch zur Gleichstellung der Geschlechter im Arbeitsrecht, Stuttgart u.a. 1998 (zit.: Appel/ Fisahn/Hess-Grunewald/ Sommer/ Zwanziger, Handbuch)
Arnold, Christian	Die Stellung der Sozialpartner in der europäischen Sozialpolitik, NZA 2002, 1261
Baeck, Ulrich; *Deutsch*, Markus	Arbeitszeitgesetz, München 1999
von Bar, Christian	Internationales Privatrecht, 2. Band (Besonderer Teil), München 1991 (zit.: von Bar, IPR)
Bauer, Jobst-Hubertus	Europäische Antidiskriminierungsrichtlinien und ihr Einfluss auf das deutsche Arbeitsrecht, NJW 2001, 2672
	Neue Spielregeln für Teilzeitarbeit und befristete Arbeitsverträge, NZA 2000, 1039
Bauer, Frank	Kann das neue Teilzeit- und Befristungsgesetz die Geschlechterdiskriminierung aufbrechen?, WSI-Mitteilungen 2001, 508
Baumbach, Adolf; *Hopt*, Klaus J.	Handelsgesetzbuch mit GmbH & Co., Handelsklauseln, Bank- und Börsenrecht, Transportrecht (ohne Seerecht), 31. Aufl. München 2003
Baur, Jürgen F.; *Mansel*, Heinz-Peter	Systemwechsel im europäischen Kollisionsrecht: Fachtagung der Bayer-Stiftung für deutsches und internationales Arbeits- und Wirtschaftsrecht am 17. und 18. Mai 2001, München 2002 (zit.: Baur/ Mansel, Systemwechsel)
Bayreuther, Frank	Anmerkung zu EuGH vom 25. Okt. 2001, EuZW 2001, 764

	Anmerkung zu EuGH vom 24. Jan. 2002, BB 2002, 627
Beckschulze, Martin	Die Durchsetzbarkeit des Teilzeitanspruchs in der betrieblichen Praxis, DB 2000, 2598
Bezani, Thomas; *Müller*, Christoph J.	Gesetz über Teilzeitarbeit und befristete Arbeitsverträge, DStR 2001, 87
Bieback, Karl-Jürgen	Rechtliche Probleme von Mindestlöhnen, insbesondere nach dem Arbeitnehmer-Entsendegesetz, RdA 2000, 207
Birk, Rolf	Arbeitsrecht und internationales Privatrecht, RdA 1999, 13
	Entsende-Richtlinie und Konzern, ZIAS 1995, 481
	Die Bedeutung der Parteiautonomie im internationalen Arbeitsrecht, RdA 1989, 201
	Das internationale Arbeitsrecht der Bundesrepublik Deutschland, Rabel's Zeitschrift 46 (1982), 384
Bittner, Claudia	Arbeitsrechtlicher Gleichbehandlungsgrundsatz und ausländisches Arbeitsvertragsstatut, NZA 1993, 161
Blanke, Thomas	Der Gesetzentwurf der Bundesregierung über Teilzeitarbeit und befristete Arbeitsverträge, AiB 2000, 728
Boewer, Dietrich	Teilzeit- und Befristungsgesetz (TzBfG), Kommentar für die Praxis, 1. Aufl., Frechen 2002
Borgmann, Bernd	Die Entsendung von Arbeitnehmern in der Europäischen Gemeinschaft, Frankfurt am Main 2001 (zit.: Borgmann, Entsendung von Arbeitnehmern)
Buglass, Anke; *Heilmann*, Joachim	Verbot der unmittelbaren und mittelbaren Diskriminierung bei beruflichem Aufstieg, AuR 1992, 353

Buschmann, Rudolf; *Dieball*, Heike; *Stevens-Bartol*, Eckart	TZA; Das Recht der Teilzeitarbeit, 2. Aufl., Frankfurt am Main 2001 (zit.: Buschmann/ Dieball/Stevens-Bartol, Teilzeitarbeit)
Caamano Rojo, Eduardo Andres	Die Teilzeitarbeit im europäischen und deutschen Arbeitsrecht, Frankfurt am Main 2002 (zit.: *Caamano Rojo*, Teilzeitarbeit)
Coen, Martin	Neue EU-Antidiskriminierungsrichtlinien, AuR 2000, 11
Cornelissen, Rob	Die Entsendung von Arbeitnehmern innerhalb der Europäischen Gemeinschaft und die soziale Sicherheit, RdA 1996, 329
von Danwitz, Thomas	Die Rechtsprechung des EuGH zum Entsenderecht, EuZW 2002, 237
Däubler, Wolfgang	Das neue Teilzeit- und Befristungsgesetz, ZIP 2001, 217
	Das geplante Teilzeit- und Befristungsgesetz, ZIP 2000, 1961
	Neue Akzente im Arbeitskollisionsrecht, RIW 2000, 255
	Das Gesetz zu Korrekturen in der Sozialversicherung und zur Sicherung der Arbeitnehmerrechte, NJW 1999, 601
	Ein Antidumping-Gesetz für die Bauwirtschaft, DB 1995, 726
	Das neue Internationale Arbeitsrecht, RIW 1987, 249
Deinert, Olaf	Arbeitnehmerentsendungen im Rahmen der Erbringung von Dienstleistungen innerhalb der Europäischen Union, RdA 1996, 339
Doppler, Marisa	Die Vereinbarkeit des Arbeitnehmer-Entsendegesetzes mit dem Europäischen Recht, Diss. Bonn 2000 (zit.: *Doppler*, Vereinbarkeit)

Dungs, Dorothee	Die Europäisierung des deutschen Arbeitsrechts und der geschlechterspezifische Gleichbehandlungsgrundsatz, Stuttgart 1998 (zit.: *Dungs*, Europäisierung)
Eichenhofer, Eberhard	Arbeitsbedingungen bei Entsendung von Arbeitnehmern, ZIAS 1996, 55
Erfurter Kommentar zum Arbeitsrecht	Begründet von *Dieterich*, Thomas; *Hanau*, Peter; *Schaub*, Günter, 4. Aufl., München 2004 (zit.: Erfurter Kommentar-*Bearbeiter*)
Erman, Walter	Handkommentar zum Bürgerlichen Gesetzbuch, Band II, 11. Aufl., Köln/Münster 2004 (zit.: Erman/*Bearbeiter*)
Eser, Gisbert	Das Arbeitsverhältnis im Multinationalen Unternehmen, 2. Aufl., Heidelberg 2003
	Kollisionsrechtliche Probleme bei grenzüberschreitenden Arbeitsverhältnissen, RIW 1992, 1
Fastrich, Lorenz	Gleichbehandlung und Gleichstellung, RdA 2000, 65
Fenski, Martin	"Fünf-Stufen-Theorie" des Bundesarbeitsgerichts im Internationalen Privatrecht – dargestellt anhand der länderübergreifenden Telearbeit, FA 2000, 41
Ferid, Murad	Internationales Privatrecht, 3. Aufl., Frankfurt am Main 1986
Fischer, Ulrich	Teilzeitarbeit im Kleinunternehmen, BB 2002, 94
Flatten, Jörg; *Coeppicus*, Nina	„Betriebliche Gründe" im Sinne des Teilzeit- und Befristungsgesetzes, ZIP 2001, 1477
Franzen, Martin	Internationales Arbeitsrecht, in: Arbeitsrechts-Blattei, Systematische Darstellungen Nr. 920
	Arbeitskollisionsrecht und sekundäres Gemeinschaftsrecht: Die EG-Entsende-Richtlinie, ZEuP 1997, 1055

	„Gleicher Lohn für gleiche Arbeit am gleichen Ort"?, DZWiR 1996, 89
	Rechtsangleichung der Europäischen Union im Arbeitsrecht, ZEuP 1995, 796
Fritzsche, Sebastian	Die Vereinbarkeit des Arbeitnehmer-Entsendegesetzes sowie der erfassten Tarifverträge mit höherrangigem Recht, Frankfurt am Main 2001 (zit.: *Fritzsche*, Vereinbarkeit)
Gamillscheg, Franz	Ein Gesetz über das internationale Arbeitsrecht, ZfA 1983, 307
Gerken, Lüder; *Löwisch*, Manfred; *Rieble*, Volker	Der Entwurf eines Arbeitnehmer-Entsendegesetzes in ökonomischer und rechtlicher Sicht, BB 1995, 2370
Germelmann, Claas Hinrich; *Matthes*, Hans-Christoph; *Müller-Glöge*, Rudi; *Prütting*, Hanns	Arbeitsgerichtsgesetz, 4. Aufl., München 2002
Geyer, Fabian	Der Anspruch auf Teilzeit – eine einseitige Angelegenheit?, FA 2001, 162
Giuliano, Mario; *Lagarde*, Paul	Bericht über das Übereinkommen über das auf vertragliche Schuldverhältnisse anzuwendende Recht, abgedruckt in: BR-DS. 224/83, S. 33 ff. (zit.: *Giuliano/Lagarde*, Bericht)
Gnann, Thomas; *Gerauer*, Alfred	Arbeitsvertrag bei Auslandsentsendung, 2. Aufl. München 2002 (zit.: *Gnann/Gerauer*, Arbeitsvertrag)
Gotthardt, Michael	Einsatz von Arbeitnehmern im Ausland – Arbeitsrechtliche Probleme und praktische Hinweise für die Vertragsgestaltung, MDR 2001, 961
Gragert, Nicola; *Kreutzfeldt*, Heiko	Sturm auf die Gerichte? – Die Konsequenzen aus dem Beschluss des BVerfG zur Kleinbetriebsklausel in § 23 I 2 KSchG, NZA 1998, 567
Grobys, Marcel	Auswirkungen einer nachträglichen Arbeitszeitreduzierung auf das Arbeitsentgelt und andere Vertragsbestandteile, DB 2001, 758

Grobys, Marcel; *Bram*, Rainer	Die prozessuale Durchsetzung des Teilzeitanspruchs, NZA 2001, 1175
Großfeld, Bernhard; *Johannemann*, Ulf	Mitbestimmter Aufsichtsrat bei ausländischer Konzernspitze, IPRax 1994, 271
Großfeld, Bernhard; *Erlinghagen*, Susanne	Internationales Unternehmensrecht und deutsche unternehmerische Mitbestimmung, JZ 1993, 217
Grundmann, Stefan	Europäisches Vertragsrechtsübereinkommen, EWG-Vertrag und § 12 AGBG, IPRax 1992, 1
Hadeler, Indra	Grundprinzipien des Arbeitskollisionsrechts, FA 2002, 373
Hailbronner, Kay	Die Antidiskriminierungsrichtlinien der EU, ZAR 2001, 254
Hanau, Peter	Offene Fragen zum Teilzeitgesetz, NZA 2001, 1168
Hansen, Jessica; *Kelber*, Markus; *Zeißig*, Rolf	Neues Arbeitsrecht: Teilzeit- und Befristungsgesetz, Bundeserziehungsgeldgesetz, Schwerbehindertenrecht, Neue Formvorschriften, München 2002 (zit.: *Hansen/Kelber/Zeißig*, Neues Arbeitsrecht)
Henssler, Martin; *Müller*, Carsten	Anmerkung zu EuGH vom 24. Januar 2002, EWiR 2002, 245
Hergenröder, Curt Wolfgang	Internationales Arbeitsrecht im Konzern, ZfA 1999, 1
Herrmann, Elke	Anmerkung zu BAG vom 17. November 1998, SAE 2000, 132
	Die Abschlussfreiheit – ein gefährdetes Prinzip, ZfA 1996, 19
Heuser, Achim; *Heidenreich*, Jürgen; *Förster*, Hartmut	Auslandsentsendung und Beschäftigung ausländischer Arbeitnehmer: Rechtliche Aspekte beim internationalen Mitarbeitereinsatz, 2. Aufl., München/ Unterschleißheim 2003 (zit.: *Heuser/Heidenreich/ Förster*, Auslandsentsendung)
Höreth, Ulrike; *Vogel*, Holger	Global Employment: Rechtsratgeber für internationales Personalmanagement, Stuttgart 2001

	(zit.: *Höreth/Vogel*, Global Employment)
Hoppe, Jeannine	Die Entsendung von Arbeitnehmern ins Ausland, Berlin 1999 (zit.: *Hoppe*, Entsendung)
Hornung-Draus, Renate	Diskriminierungsverbot; Ein EU-Vorschlag birgt Zündstoff, Arbeitgeber 2000, 14
Hromadka, Wolfgang	Das neue Teilzeit- und Befristungsgesetz, NJW 2001, 400
Ihlenfeld, Harald; *Kles*, Karl-Heinz	Teilzeitarbeit und befristete Arbeitsverträge: Kommentar zum neuen Gesetz, Regensburg, Berlin 2001 (zit.: *Ihlenfeld/Kles*, Teilzeitarbeit)
Junker, Abbo	Empfiehlt es sich, Art. 7 EVÜ zu revidieren oder aufgrund der bisherigen Erfahrungen zu präzisieren?, IPRax 2000, 65
	Internationales Privatrecht, München 1998
	Neuere Entwicklungen im Internationalen Arbeitsrecht, RdA 1998, 42
	Arbeitsrecht im grenzüberschreitenden Konzern – Die kollisionsrechtliche Problematik, ZIAS 1995, 564
	Zwingendes ausländisches Recht und deutscher Tarifvertrag, IPRax 1994, 21
	Internationales Arbeitsrecht im Konzern, Tübingen 1992
	Die „zwingenden Bestimmungen" im neuen internationalen Arbeitsrecht, IPRax 1989, 69
Kärcher, Konrad	Öffentliches Arbeitsrecht in Fällen mit Auslandsberührung; Räumliche Kollision und territorialer Anwendungsbereich formell privater, „inhaltlich" öffentlicher Arbeitsrechtsnormen, Diss. Marburg 1990 (zit.: *Kärcher*, Öffentliches Arbeitsrecht)
Kegel, Gerhard; *Schurig*, Klaus	Internationales Privatrecht, 9. Aufl., München 2004 (zit: *Kegel/Schurig*, IPR)

Kelber, Markus; *Zeißig*, Rolf	Das Schicksal der Gegenleistung bei der Reduzierung der Leistung nach dem Teilzeit- und Befristungsgesetz, NZA 2001, 577
Kirchner, Hildebert; *Butz*, Cornelie	Abkürzungsverzeichnis der Rechtssprache, 5. Aufl., Berlin 2003
Kleinsorge, Georg	Teilzeitanspruch und befristete Arbeitsverhältnisse – Ein Überblick über die Neuregelung, MDR 2001, 181
Kliemt, Michael	Der neue Teilzeitanspruch, NZA 2001, 63
Koberski, Wolfgang	Gleichbehandlung und Diskriminierung unter besonderer Berücksichtigung der Gleichstellung von Mann und Frau, in: Festschrift Arbeitsgerichtsbarkeit Rheinland-Pfalz, S. 503
Koberski, Wolfgang; *Asshoff*, Gregor; *Hold*, Dieter	Arbeitnehmer-Entsendegesetz, 2. Aufl., München 2002
Koenigs, Folkmar	Zum Verhältnis Dienstleistungsfreiheit – sozialer Schutz der Arbeitnehmer, DB 2002, 1270
	Anmerkung zu EuGH vom 24. Jan. 2002, DB 2002, 431
	Rechtsfragen des Arbeitnehmer-Entsendegesetzes und der EG-Entsenderichtlinie, DB 1997, 225
	Lohngleichheit am Bau? – Zu einem Arbeitnehmer-Entsendegesetz, DB 1995, 1710
Kohte, Wolfhard	Verbraucherschutz im Licht des europäischen Wirtschaftsrechts, EuZW 1990, 150
Kort, Michael	Die Bedeutung der europarechtlichen Grundfreiheiten für die Arbeitnehmerentsendung und die Arbeitnehmerüberlassung, NZA 2002, 1248
	Zur Gleichbehandlung im deutschen und europäischen Arbeitsrecht, insbesondere beim Arbeitsentgelt teilzeitbeschäftigter Betriebsratsmitglieder, RdA 1997, 277

KR	Gemeinschaftskommentar zum Kündigungsschutzgesetz und zu sonstigen kündigungsschutzrechtlichen Vorschriften, begründet von *Becker*, Friedrich, 7. Aufl., München/ Unterschleißheim 2004 (zit.: KR-*Bearbeiter*)
Krebber, Sebastian	Die Bedeutung von Entsenderichtlinie und Arbeitnehmerentsendegesetz für das Arbeitskollisionsrecht, IPRax 2001, 22
Krimphove, Dieter	Europäisches Arbeitsrecht, 2. Aufl., München 2001
Krings, Petra	Erfüllungsmodalitäten im internationalen Schuldvertragsrecht, Frankfurt am Main 1997 (zit.: *Krings*, Erfüllungsmodalitäten)
Kropholler, Jan	Internationales Privatrecht, 5. Aufl., Tübingen 2004 (zit.: *Kropholler*, IPR)
Küttner, Wolfdieter	Personalbuch 2004, 11. Aufl., München 2004
Langmaack, Sabine	Teilzeitarbeit und Arbeitszeitflexibilisierung, 2. Aufl., Berlin 2001 (zit.: *Langmaack*, Teilzeitarbeit)
Larenz, Karl	Methodenlehre der Rechtswissenschaft, 6. Aufl., Berlin u.a. 1991 (zit.: *Larenz*, Methodenlehre)
Lindemann, Achim; *Simon*, Oliver	Neue Regelungen zur Teilzeitarbeit im Gesetz über Teilzeitarbeit und befristete Arbeitsverträge, BB 2001, 146
Link, Peter; *Fink*, Martin	Gesetz über Teilzeitarbeit und befristete Arbeitsverträge, AuA 2001, 4
	TzBfG: Was der Arbeitgeber beachten muss, AuA 2001, 59
	Anspruch auf Verringerung der Arbeitszeit, AuA 2001, 107
	Ende der unternehmerischen Entscheidungsfreiheit?, AuA 2001, 155
Lipke, Gert-A.	Individualrechtliche Grundprobleme der Teilzeitarbeit, AuR 1991, 76

Löwisch, Manfred; *Flüchter*, Annedore — Arbeitnehmereinsatz über die Grenzen hinaus, in: Festschrift Arbeitsgerichtsbarkeit Rheinland-Pfalz, S. 103

Lorenz, Egon — Die Rechtswahlfreiheit im internationalen Schuldvertragsrecht, RIW 1987, 569

Lunk, Stefan; *Nehl*, Hanns Peter — „Export" deutschen Arbeitsschutzrechts?, DB 2001, 1934

Magnus, Ulrich — Zweites Schiffsregister und Heuerstatut, IPRax 1990, 141

Mankowski, Peter — Strukturfragen des Internationalen Verbrauchervertragsrechts – Zugleich Anmerkung zu BGH, 19.3.97, RIW 1998, 287

Mann, Frederick Alexander — Sonderanknüpfung und zwingendes Recht im internationalen Privatrecht, in: Festschrift für Beitzke, S. 607

Mansel, Heinz-Peter — Zum Systemwechsel im europäischen Kollisionsrecht nach Amsterdam und Nizza, in: *Baur/Mansel*, Systemwechsel, S. 1 ff., München 2002

Meinel, Gernod; *Heyn*, Judith; *Herms*, Sascha — Teilzeit- und Befristungsgesetz, 2. Aufl., München 2004

Müller, Andreas — Die Entsendung von Arbeitnehmern in der Europäischen Union, Baden-Baden 1997 (zit.: *Müller*, Entsendung)

Müller, Eugen; *Berenz*, Claus — Entgeltfortzahlungsgesetz, 3. Aufl., Stuttgart 2001

MünchArbR — Münchener Handbuch zum Arbeitsrecht, Band 1: Individualarbeitsrecht I, herausgegeben von *Richardi*, Reinhard; *Wlotzke*, Otfried; 2. Aufl., München 2000 (zit.: MünchArbR-*Bearbeiter*)

MünchArbR Ergänzungsband — Ergänzungsband zum Münchener Handbuch zum Arbeitsrecht, herausgegeben von *Richardi*, Reinhard; *Wlotzke*, Otfried; 2. Aufl., München 2001 (zit.: MünchArbR-*Bearbeiter*, Ergänzungsband)

MünchKomm — Münchener Kommentar zum Bürgerlichen Gesetzbuch, Band 10 (EGBGB,

	IPR), herausgegeben von *Rebmann*, Kurt; *Rixecker*, Roland; *Säcker*, Franz Jürgen; 3. Aufl., München 1998 (zit.: MünchKomm-*Bearbeiter*)
Nickel, Rainer	Handlungsaufträge zur Bekämpfung von ethnischen Diskriminierungen in der neuen Gleichbehandlungsricht-linie 2000/43/EG, NJW 2001, 2668
Oppertshäuser, Joachim	Das Internationale Privat- und Zivil-prozeßrecht im Spiegel arbeitsge-richtlicher Rechtsprechung, NZA-RR 2000, 393
Palandt, Otto	Bürgerliches Gesetzbuch, 63. Aufl., München 2004
Peter, Gabriele	Frauendiskriminierung durch Teil-zeitbeschäftigung, insbesondere bei betrieblichen Sozialleistungen und der Vergütung von Überstunden, Frankfurt am Main u.a. 1988 (zit.: *Peter*, Frauendiskriminierung durch Teilzeitbeschäftigung)
Pietras, Kathrin; *Thomas*, Holger	Die konzerninterne Entsendung von ausländischen Arbeitnehmern nach Deutschland, RIW 2001, 691
Pirrung, Jörg	Internationales Privat- und Verfah-rensrecht nach dem Inkrafttreten der Neuregelung des IPR, München, Münster 1987 (zit.: *Pirrung*, Interna-tionales Privat- und Verfahrensrecht)
Preis, Ulrich; *Gotthardt*, Michael	Das Teilzeit- und Befristungsgesetz, DB 2001, 145
	Neuregelung der Teilzeitarbeit und befristeten Arbeitsverhältnisse, DB 2000, 2065
Rädler, Peter	Gesetze gegen Rassendiskrimi-nierung?, ZRP 1997, 5
Reiserer, Kerstin; *Penner*, Andreas	Teilzeitarbeit – Ablehnung des Ar-beitgebers wegen betrieblicher Grün-de nach § 8 TzBfG, BB 2002, 1694
Reithmann, Christoph; *Martiny*, Dieter	Internationales Vertragsrecht, 6. Aufl., Köln 2004

Richardi, Reinhard; *Annuß*, Georg	Gesetzliche Neuregelung von Teilzeitarbeit und Befristung, BB 2000, 2201
Ring, Gerhard	Gesetz über Teilzeitarbeit und befristete Arbeitsverträge, Bonn 2001
von Roetteken, Torsten	Gleichberechtigung und Europarecht – alte und neue Aufgaben, PersR 2002, 12
Rolfs, Christian	Das neue Recht der Teilzeitarbeit, RdA 2001, 129
Rudolf, Inge; *Rudolf*, Klaus	Zum Verhältnis der Teilzeitansprüche nach § 15 BErzGG, § 8 TzBfG, NZA 2002, 602
Sahl, Karl-Heinz; *Stang*, Brigitte	Das Arbeitnehmer-Entsendegesetz und die Europäische Entsenderichtlinie, AiB 1996, 652
Sandrock, Otto	Festschrift für Günther Beitzke zum 70. Geburtstag am 24. April 1979, Berlin u.a. 1979
Saunders, Brigitte	Gleiches Entgelt für Teilzeitarbeit; Die Anwendbarkeit der Grundsätze des Europäischen Gerichtshofs über die Gleichbehandlung Teilzeitbeschäftigter beim Entgelt durch die Gerichte in Deutschland und Großbritannien, Heidelberg 1997 (zit.: *Saunders*, Gleiches Entgelt für Teilzeitarbeit)
von Savigny, Friedrich Carl	System des heutigen Römischen Rechts, Der Band VIII, 1849; Nachdruck bei Gentner, Bad Homburg, 1961
Schaub, Günter	Arbeitsrechts-Handbuch, 10. Aufl., München 2002 (zit.: *Schaub*, Handbuch)
Schiefer, Bernd	Anspruch auf Teilzeitarbeit nach § 8 TzBfG – Die ersten Entscheidungen, NZA-RR 2002, 393

	Entwurf eines Gesetzes über Teilzeitarbeit und befristete Arbeitsverhältnisse und zur Änderung und Aufhebung arbeitsrechtlicher Bestimmungen, DB 2000, 2118
Schlachter, Monika	Grenzüberschreitende Dienstleistungen: Die Arbeitnehmerentsendung zwischen Dienstleistungsfreiheit und Verdrängungswettbewerb, NZA 2002, 1242
	Anmerkung zu BAG AP Nr. 10 zu Art. 30 EGBGB n.F.
	Grenzüberschreitende Arbeitsverhältnisse, NZA 2000, 57
	Richtlinie über die Beweislast bei Diskriminierung, RdA 1998, 321
Schmidt; Klaus	Arbeitsrecht und Arbeitsgerichtsbarkeit: Bilanz und Perspektiven an der Schwelle zum Jahr 2000; Festschrift zum 50jährigen Bestehen der Arbeitsgerichtsbarkeit in Rheinland-Pfalz, Neuwied, Kriftel 1999 (zit.: Festschrift Arbeitsgerichtsbarkeit Rheinland-Pfalz)
Schmidt, Marlene	Das Arbeitsrecht der Europäischen Gemeinschaft, Baden-Baden 2001
	Die neue EG-Richtlinie zur Teilzeitarbeit, NZA 1998, 576
	Teilzeitarbeit in Europa: Eine Analyse der gemeinschaftsrechtlichen Regelungsbestrebungen auf vergleichender Grundlage des englischen und des deutschen Rechts, Baden-Baden 1995 (zit.: *Schmidt*, Teilzeitarbeit in Europa)
Schmidt, Marlene; *Senne*, Daniela	Das gemeinschaftsrechtliche Verbot der Altersdiskriminierung und seine Bedeutung für das deutsche Recht, RdA 2002, 80
Schmitt, Jochem	Entgeltfortzahlungsgesetz, 4. Aufl., München 1999

Schulte, Jens	Der „betriebliche Grund" im Sinne von § 8 Abs. 4 TzBfG, DB 2001, 2715
Schurig, Klaus	Zwingendes Recht, „Eingriffs-normen" und neues IPR, Rabel's Zeitschrift 54 (1990), 217
Soergel, Hans Theodor	Bürgerliches Gesetzbuch, Band 10: Einführungsgesetz, 12. Aufl., Stuttgart u.a. 1996 (zit.: Soergel/ *Bearbeiter*)
Stähler, Thomas P.	Rechte behinderter Menschen – Änderungen und Neuregelungen durch das Behindertengleichstellungsgesetz, NZA 2002, 777
von Staudinger, Julius	Kommentar zum Bürgerlichen Gesetzbuch, Artt. 27 – 37 EGBGB, 13. Aufl., Berlin 2002 (zit.: Staudinger/ *Bearbeiter*)
Straub, Dieter	Erste Erfahrungen mit dem Teilzeit- und Befristungsgesetz, NZA 2001, 919
Theelen, Ulrich	Das Arbeitnehmerentsendegesetz: Entwicklung und Rechtskonformität, Diss. Köln 1999 (zit.: *Theelen*, Arbeitnehmerentsendegesetz)
Thüsing, Gregor	Das gleiche Bewusstsein bilden, F.A.Z. vom 7. Februar 2002, S. 11
	Zulässige Ungleichbehandlung weiblicher und männlicher Arbeitnehmer im Sinne des § 611 a Abs. 1 Satz 2 BGB, RdA 2001, 319
	Der Fortschritt des Diskriminierungsschutzes im Europäischen Arbeitsrecht – Anmerkung zu den Richtlinien 2000/43/EG und 2000/78/EG, ZfA 2001, 397
	Handlungsbedarf im Diskriminierungsrecht, NZA 2001, 1061
Ulber, Jürgen	AÜG: Arbeitnehmerüberlassungsgesetz und Arbeitnehmer-Entsendegesetz, 2. Aufl., Frankfurt am Main 2002 (zit.: *Ulber*, AÜG)

Viethen, Hans Peter	Das neue Recht der Teilzeitarbeit, NZA 2001, Sonderbeilage zu Heft 24, S. 3
Vischer, Frank; *Huber*, Lucius; *Oser*, David	Internationales Vertragsrecht, 2. Aufl., Bern 2000
Waas, Bernd	Die neue EG-Richtlinie zum Verbot der Diskriminierung aus rassischen oder ethnischen Gründen im Arbeitsverhältnis, ZIP 2000, 2151
	Gesetzlicher Anspruch auf Teilzeitarbeit in den Niederlanden, NZA 2000, 583
Wagner, Rolf	Die Zusammenführung verbraucherschützender Kollisionsnormen in einem neuen Art. 29 a EGBGB, IPRax 2000, 249
Wank, Rolf	Die Teilzeitbeschäftigung im Arbeitsrecht, RdA 1985, 1
Weber, Helmut J.	Das Zwingende an den zwingenden Vorschriften im neuen internationalen Arbeitsrecht, IPRax 1988, 82
Wengler, Wilhelm	Die Anknüpfung des zwingenden Schuldrechts im internationalen Privatrecht, ZVglRWiss 54 (1941), 168
Wichmann, Julia	Dienstleistungsfreiheit und grenzüberschreitende Entsendung von Arbeitnehmern, Frankfurt am Main u.a. 1998 (zit.: *Wichmann*, Dienstleistungsfreiheit)
Wiedemann, Herbert	Die Gleichbehandlungsgebote im Arbeitsrecht, Tübingen 2001 (zit.: *Wiedemann*, Gleichbehandlungsgebote)
Wilderspin, Michael	Die Vergemeinschaftung des internationalen Schuldrechts (Rom I, Rom II): Stand und Perspektiven, in: *Baur/ Mansel*, Systemwechsel, S. 77 ff., München 2002

Worzalla, Michael; *Will*, Patricia; *Mailänder*, Uwe; *Worch*, Andrea; *Heise*, Dietmar

Teilzeitarbeit und befristete Arbeitsverträge; wann besteht Rechtsanspruch auf Teilzeitarbeit?; Wann ist der befristete Arbeitsvertrag gültig?, Freiburg/Brsg. 2001 (zit.: *Worzalla/ Will/ Mailänder/Worch/Heise*, Teilzeitarbeit)

Zenz, Michael

Rechtsanwendungsprobleme bei der Entsendung deutscher Arbeitnehmer ins Ausland, Diss. Hamburg 1990 (zit.: *Zenz*, Rechtsanwendungsprobleme)

ABKÜRZUNGSVERZEICHNIS

a.A.	anderer Ansicht
ABl.	Amtsblatt
Abs.	Absatz
AEntG	Gesetz über zwingende Arbeitsbedingungen bei grenz-überschreitenden Dienstleistungen
a.F.	alte Fassung
AGBG	Gesetz zur Regelung des Rechts der allgemeinen Geschäftsbedingungen
AiB	Arbeitsrecht im Betrieb
Alt.	Alternative
AP	Arbeitsrechtliche Praxis
ArbG	Arbeitsgericht
ArbGG	Arbeitsgerichtsgesetz
AR-Blattei	Arbeitsrechts-Blattei
ArbRB	Der Arbeits-Rechts-Berater (Zeitschrift)
ArbZG	Arbeitszeitgesetz
Art.	Artikel
ATZG	Altersteilzeitgesetz
AuA	Arbeit und Arbeitsrecht
AÜG	Gesetz zur Regelung der gewerbsmäßigen Arbeitnehmerüberlassung
AuR	Arbeit und Recht
BAG	Bundesarbeitsgericht
BAGE	Entscheidungen des Bundesarbeitsgerichts
BAT	Bundesangestelltentarifvertrag
BB	Betriebsberater
Bd.	Band
BDA	Bundesvereinigung der deutschen Arbeitgeberverbände
BErzGG	Gesetz zum Erziehungsgeld und zur Elternzeit
BeschFG	Gesetz über arbeitsrechtliche Vorschriften zur Beschäftigungsförderung, zitiert in der Fassung vom 25. September 1996; BGBl. I, S. 1476
BetrVG	Betriebsverfassungsgesetz
BGB	Bürgerliches Gesetzbuch

BGBl.	Bundesgesetzblatt
BGH	Bundesgerichtshof
BGHZ	Entscheidungen des Bundesgerichtshofs in Zivilsachen
BMT-G	Bundesmanteltarifvertrag für Arbeiter gemeindlicher Verwaltungen und Betriebe
BR-DS.	Bundesratsdrucksache
BT-DS.	Bundestagsdrucksache
BVerfG	Bundesverfassungsgericht
BVerfGE	Enscheidungen des Bundesverfassungsgerichts
bzw.	beziehungsweise
CEEP	Centre Européen de l'Entreprise Public/ Europäischer Zentralverband von Unternehmen der öffentlichen Hand
DB	Der Betrieb
ders.	derselbe
dies.	dieselbe/n
Diss.	Dissertation
DStR	Deutsches Steuerrecht (Zeitschrift)
DZWiR	Deutsche Zeitschrift für Wirtschaftsrecht
EG	Vertrag zur Gründung der Europäischen Gemeinschaft in der Fassung seit dem 1. Mai 1999. Die Zitierweise folgt dem Vorschlag des EuGH in der Fassung des Beck-Verlags, EuZW 2000, 14.
EGB	Europäischer Gewerkschaftsbund
EGBGB	Einführungsgesetz zum Bürgerlichen Gesetzbuche
EGV	Vertrag zur Gründung der Europäischen Gemeinschaft in der Fassung vor dem 1. Mai 1999
Einl.	Einleitung
EFZG	Gesetz über die Zahlung des Arbeitsentgelts an Feiertagen und im Krankheitsfall
Entsende-Richtlinie	Richtlinie 96/71/EG des Europäischen Parlaments und des Rates über die Entsendung von Arbeitnehmern im Rahmen der Erbringung von Dienstleistungen
EU	Vertrag über die Europäische Union in der Fassung seit dem 1. Mai 1999
EuGH	Europäischer Gerichtshof

EUV	Vertrag über die Europäische Union in der Fassung vor dem 1. Mai 1999
EuZW	Europäische Zeitschrift für Wirtschaftsrecht
EVÜ	Übereinkommen über das auf vertragliche Schuldver-hältnisse anzuwendende Recht vom 19. Juni 1980, BGBl. I, S. 1142
EWiR	Entscheidungen zum Wirtschaftsrecht
f., ff.	folgende (mehrere folgende) Seiten oder Paragraphen
FA	Fachanwalt Arbeitsrecht (Zeitschrift)
Festschr.	Festschrift
Fn.	Fußnote
GG	Grundgesetz
HAG	Heimarbeitsgesetz
h.M.	herrschende Meinung
IPR	Internationales Privatrecht
IPRax	Praxis des Internationalen Privat- und Verfahrensrechts
KSchG	Kündigungsschutzgesetz
LAG	Landesarbeitsgericht
m.E.	meines Erachtens
m.w.N.	mit weiteren Nachweisen
MünchArbR	Münchener Handbuch zum Arbeitsrecht
MünchKomm	Münchener Kommentar zum Bürgerlichen Gesetzbuch
MuSchG	Gesetz zum Schutze der erwerbstätigen Mutter
NJW	Neue Juristische Wochenschrift
NZA	Neue Zeitschrift für Arbeitsrecht
NZA-RR	Neue Zeitschrift für Arbeits-recht/Rechtsprechungsreport
PersR	Der Personalrat

RdA	Recht der Arbeit
Rdnr.	Randnummer
RIW	Recht der internationalen Wirtschaft
S.	Seite
s.	Siehe
SchwbG	Gesetz zur Sicherung der Eingliederung Schwerbehinderter in Arbeit, Beruf und Gesellschaft
SeemannsG	Seemannsgesetz
SGB	Sozialgesetzbuch
Teilzeit-Richtlinie	Richtlinie 97/81/EG des Rates vom 15. Dezember 1997 zu der von UNICE, CEEP und EGB geschlossenen Rahmenvereinbarung über Teilzeitarbeit
TVG	Tarifvertragsgesetz
TzBfG	Gesetz über Teilzeitarbeit und befristete Arbeitsverträge
TzWrG	Gesetz über die Veräußerung von Teilzeitnutzungsrechten an Wohngebäuden
u.a.	und andere
UNICE	Union des Confédérations de l'Industrie et des Employers d'Europe/ Vereinigung der europäischen Industrie- und Arbeitgeberverbände
vgl.	vergleiche
WSI-Mitteilungen	Monatszeitschrift des Wirtschafts- und Sozialwissenschaftlichen Instituts in der Hans-Böckler-Stiftung
ZAR	Zeitschrift für Ausländerrecht und Ausländerpolitik
ZEuP	Zeitschrift für europäisches Privatrecht
ZfA	Zeitschrift für Arbeitsrecht
ZIAS	Zeitschrift für ausländisches und internationales Arbeits- und Sozialrecht
ZIP	Zeitschrift für Wirtschaftsrecht
ZRP	Zeitschrift für Rechtspolitik
ZVglRWiss	Zeitschrift für vergleichende Rechtswissenschaft einschließlich der ethnologischen Rechtsforschung

§ 1 EINLEITUNG

I. Einführung in die Problemstellung

1. Allgemeine Ausführungen

Seit dem 1. Januar 2001 ist das Gesetz über Teilzeitarbeit und befristete Arbeitsverträge in Kraft. Während dieses Gesetz in Bezug auf befristete Arbeitsverträge im wesentlichen die Regelungen enthält, die bereits aus dem Beschäftigungsförderungsgesetz bekannt waren, hat der Gesetzgeber mit einigen Regelungen über die Teilzeitarbeit – andere waren dagegen bereits in den §§ 2 bis 6 BeschFG enthalten – Neuland betreten[1]. Um eine solche völlig neuartige Regelung handelt es sich bei § 8 TzBfG, der den Anspruch auf Verringerung der Arbeitszeit regelt. Im Gegensatz zu dem schon existierenden Rechtsanspruch auf Verringerung der Arbeitszeit für Arbeitnehmer in Elternzeit gemäß § 15 Abs. 4 BErzGG, welcher ebenfalls mit Wirkung zum 1. Januar 2001 ausgeweitet wurde, gilt § 8 TzBfG – unter den dort genannten Voraussetzungen – grundsätzlich für alle Arbeitnehmer[2]. Eine ähnliche Regelung wurde im Jahr 2000 in den Niederlanden eingeführt. Auch dort hat dies zu Diskussionen über Voraussetzungen und Folgen geführt[3]. Sowohl die deutsche[4] als auch die niederländische[5] Regelung werden vielfach als „Eingriff in die Vertragsfreiheit"[6] angesehen[7]. § 8 TzBfG, der in § 2 dieser Arbeit genauer untersucht werden wird, wird von Seiten der Arbeitgeber im wesentlichen abgelehnt[8]. Die Arbeitgeber befürchten, dass Arbeitnehmer in deutlich größerem Umfang als bisher nicht mehr in Vollzeit arbeiten wollen, son-

---

1   *Kleinsorge*, MDR 2001, 181 (186).

2   *Kliemt*, NZA 2001, 63 (64).

3   Vgl. hierzu im Einzelnen *Waas*, NZA 2000, 583 ff.

4   Vgl. ArbG Mönchengladbach vom 30. Mai 2001, NZA 2001, 970 (971); BDA in: Sachverständigenanhörung zum Gesetzentwurf am 8. November 2000, BT-DS. 14/4625, S. 17; *Schiefer*, DB 2000, 2118 (2120).

5   *Waas*, NZA 2000, 583 (585).

6   *Link/Fink*, AuA 2001, 4 (7); *dies.*, AuA 2001, 107 (109 f.); Bedenken äußern auch *Meinel/Heyn/Herms*, Einleitung, Rdnr. 22.

7   *Viethen*, NZA 2001, Beil. zu Heft 24, S. 3 (5), hat dagegen keine Bedenken gegen die Verfassungsmäßigkeit des § 8 TzBfG.

8   Dagegen befürworten die Gewerkschaften die Einführung des Teilzeitanspruchs. Im Schrifttum wird auch vertreten, dass es sich bei § 8 TzBfG nicht um eine verfassungswidrige Einschränkung der Berufsfreiheit der Arbeitgeber handle, vgl. *Buschmann/Dieball/Stevens-Bartol*, Teilzeitarbeit, § 8 TzBfG, Rdnr. 7.

dern den Rechtsanspruch auf Teilzeit nutzen. Der Anspruch kann zwar gemäß § 8 Abs. 4 Satz 1, 2. Halbsatz TzBfG abgelehnt werden, soweit betriebliche Gründe entgegenstehen. Welche Gründe dies jedoch in der Praxis sind und wie sie sich beispielsweise zu den „dringenden betrieblichen Gründen" gemäß § 15 Abs. 4 Satz 3 BErzGG verhalten, ist unklar.

Die gesamte bisherige Diskussion beschränkt sich dabei auf Arbeitsverhältnisse, die in Deutschland bestehen und ausgeübt werden. Soweit ersichtlich, ist dagegen bisher nicht problematisiert worden, ob sich auch solche Arbeitnehmer auf § 8 TzBfG berufen können, die ihre Arbeit nur vorübergehend in Deutschland erbringen[9]. Dabei ist dies eine Frage von enormer praktischer Relevanz. Immer mehr Arbeitnehmer verbringen mittlerweile nicht ihr ganzes Erwerbsleben in ihrem Heimatland, sondern arbeiten zumindest zeitweise auch in einem anderen Land. Die Gründe und Konstellationen hierfür sind vielfältig. Schon lange gibt es den zeitlich begrenzten Auslandseinsatz bei Montagearbeitern, die von ihren Arbeitgebern in verschiedenen Ländern eingesetzt werden. Auch bei Führungskräften ist es seit langem üblich, dass diese zur Erweiterung ihres Horizonts und zum Aufbau von Kontakten vorübergehend in ein anderes Land entsandt werden. Relativ neu ist dagegen die Entwicklung, dass auch Arbeitnehmer ohne herausgehobene Funktionen oder Tätigkeiten aus eigener Initiative oder auf Vorschlag ihres Arbeitgebers einen Teil ihres Arbeitslebens im Ausland verbringen. Im Zuge dieser Entwicklung kommen viele Arbeitnehmer aus anderen Ländern nach Deutschland[10], welches aufgrund seiner Größe und Wirtschaftskraft ein für ausländische Investoren bedeutender Markt ist. Viele ausländische Unternehmen gründen in Deutschland eine Tochtergesellschaft oder eröffnen eine Zweigniederlassung. Darüber hinaus ist Deutschland gerade für außereuropäische Unternehmen aufgrund seiner geographischen Lage ein bevorzugter Ausgangspunkt für Investitionen in andere europäische Länder.

Solche Einsätze sollen in der Regel zeitlich befristet sein. Arbeitgeber und Arbeitnehmer sind sich darüber einig, dass der Arbeitnehmer nach einiger Zeit ins Stammhaus in seinem Heimatland zurückkehren soll. Der dauerhafte Wechsel in ein anderes Land stellt immer noch eine Ausnahme dar und soll deshalb auch nicht Gegenstand dieser Untersuchung sein. Der wohl gängigste Begriff für einen vorübergehenden Einsatz eines Arbeitnehmers in einem anderen Land ist der Begriff der Entsen-

---

9 Die, soweit ersichtlich, einzige Erörterung des Auslandsbezugs des TzBfG im bisherigen Schrifttum findet sich bei *Fischer*, BB 2002, 94 ff. Da *Fischer* seine Überlegungen allerdings in den Zusammenhang mit § 8 Abs. 7 TzBfG (Berechnung der Arbeitnehmerzahl) stellt, soll hierauf im selben Zusammenhang (unter § 2 II. 1. b) cc) dieser Arbeit) eingegangen werden.

10 *Höreth/Vogel*, Global Employment, S. 233.

dung[11]. *Höreth/Vogel*[12] und *Heuser/Heidenreich/Förster*[13] verwenden diesen Begriff als Oberbegriff für alle Auslandstätigkeiten. Er ist allerdings vorsichtig zu handhaben[14], da es sich um einen Terminus technicus im Sozialversicherungsrecht handelt[15]. Allerdings drückt er die Situation treffend aus: Ein Arbeitnehmer wird von seinem Arbeitgeber für einen vorübergehenden Zeitraum in ein anderes Land entsandt. Außerdem entspricht dies der Terminologie des Art. 30 Abs. 2 Nr. 1 EGBGB, auf den später[16] noch einzugehen sein wird. Der Begriff der Entsendung wird daher im Folgenden zur Beschreibung der vorübergehenden Arbeitserbringung in Deutschland Verwendung finden. Ist ausnahmsweise eine Entsendung im engeren, sozialversicherungsrechtlichen Sinne gemeint, so wird darauf besonders hingewiesen[17].

Für die vertragliche Gestaltung der Entsendung kommen verschiedene Möglichkeiten in Betracht[18]. Diese unterscheiden sich vor allem in der Enge der Anbindung an das ausländische Stammhaus beziehungsweise an die Tochtergesellschaft[19]. In der hier interessierenden Konstellation, bei der der Auslandsaufenthalt die Dauer einer bloß kurzfristigen Tätigkeit, etwa im Rahmen einer Dienstreise, übersteigt, haben sich zwei verschiedene Grundtypen herausgebildet. Bei beiden Grundtypen bleibt das Arbeitsverhältnis zum Stammhaus bestehen. In der ersten Konstellation werden in einem zusätzlichen Entsendevertrag zwischen Stammhaus, Tochtergesellschaft und zu entsendendem Arbeitnehmer die Modalitäten der Arbeitserbringung im Ausland geregelt[20]. Es ist möglich, den Arbeitsvertrag – genauer[21]: die Hauptleistungspflichten aus dem Arbeitsvertrag – ruhend zu stellen oder aber diesen so zu modifizieren, dass er

---

11 Vgl. zu diesem Begriff auch *Borgmann*, Entsendung von Arbeitnehmern, S. 3 ff.

12 Global Employment, S. 40.

13 Auslandsentsendung, S. 3 f.

14 Zu Recht wird er deshalb bei Erman/*Hohloch*, Art. 30 EGBGB, Rdnr. 1, in Anführungszeichen gesetzt.

15 *Fritzsche*, Vereinbarkeit, S. 55.

16 Unter 2. b) bb).

17 Zum Begriff der Entsendung im Sinne der Verordnung 1408/71/EWG vgl. *Cornelissen*, RdA 1996, 329 (332).

18 Vgl. zu den verschiedenen Möglichkeiten der Vertragsgestaltung *Eser*, Das Arbeitsverhältnis im Multinationalen Unternehmen, S. 180 ff.

19 Verschiedene Gestaltungsmöglichkeiten zeigen auch *Löwisch/Flüchter*, Festschr. Arbeitsgerichtsbarkeit Rheinland-Pfalz, S. 103 ff., auf.

20 Muster solcher Verträge finden sich etwa bei *Gnann/Gerauer*, Arbeitsvertrag, unter A. III. und B.

21 BAG DB 1990, 1971.

die Arbeitsleistung während der Entsendung mitumfasst[22]. Diese Konstellation, die „eigentliche Entsendung"[23], wird auch als Delegation bezeichnet[24]. Bei der zweiten Konstellation begründet der zu entsendende Arbeitnehmer dagegen ein eigenständiges Arbeitsverhältnis mit der deutschen Tochtergesellschaft. Dieses ist aber nicht zeitlich unbefristet[25], sondern nur für eine begrenzte Zeit abgeschlossen. Besteht in Deutschland nur eine Zweigniederlassung, bleibt allerdings die Muttergesellschaft Vertragspartner, da die Zweigniederlassung keine eigenständige juristische Person ist[26]. Vor dem Abschluss eines solchen eigenständigen Arbeitsvertrags mit der deutschen Tochtergesellschaft schrecken sowohl Arbeitgeber als auch Arbeitnehmer häufig zurück[27]. Grund dafür kann sein, dass der Arbeitnehmer seine Bindung an das Stammhaus nicht so weit lockern möchte. Es können aber auch konzerninterne Erwägungen zur Kostentragung eine Rolle spielen. *Höreth/Vogel*[28] sprechen in diesem Fall von einer Versetzung. Da dieser Begriff aber im individuellen[29] wie im kollektiven Arbeitsrecht[30] in einem anderen Sinne verstanden wird, soll dem Begriff der Entsendung der Vorzug gegeben werden.

Da es sich in diesen Fällen immer um eine Vertragskonstellation mit Bezug zu mindestens zwei Staaten handelt, stellt sich schon bei der Vertragsgestaltung die Frage nach dem anwendbaren Recht. Spätestens aber bei Aufnahme der Arbeit in Deutschland müssen die Parteien wissen, welche Rechtsnormen grundsätzlich auf das zwischen ihnen fortbestehende Arbeitsverhältnis Anwendung finden und welche Besonderheiten unter Umständen für die Zeit der Entsendung gelten. Befasst sich ein

---

22 *Förster/Heidenreich/ Heuser*, Auslandsentsendung, S. 11; *Höreth/Vogel*, Global Employment, S. 44 f.

23 *Höreth/Vogel*, Global Employment, S. 40.

24 *Förster/Heidenreich/ Heuser*, Auslandsentsendung, S. 4.

25 Der Abschluss eines unbefristeten Arbeitsvertrags mit der Tochtergesellschaft wird als Übertritt bezeichnet, vgl. *Heuser/Heidenreich/Förster*, Auslandsentsendung, S. 4; *Höreth/Vogel*, Global Employment, S. 41.

26 Vgl. zur Rechtsnatur der Zweigniederlassung nach deutschem Recht *Baumbach/Hopt*, § 13 HGB, Rdnr. 4.

27 *Höreth/Vogel*, Global Employment, S. 46, sprechen von den „psychologischen Faktoren bei der Vertragsgestaltung".

28 Global Employment, S. 40.

29 *Küttner*, Personalbuch 2003, Stichwort „Versetzung", Rdnr. 1, spricht von der Befugnis des Arbeitgebers, den Arbeitsplatz nach Art und Inhalt, Ort und Umfang zu verändern. Nach dem Verständnis von *Höreth/Vogel*, Global Employment, S. 40, ändert sich aber der Arbeitgeber selbst, da ein Arbeitsverhältnis mit der Tochtergesellschaft begründet wird. Es wäre daher mißverständlich, in diesem Zusammenhang von einer Versetzung zu sprechen.

30 Vgl. die Legaldefinition in § 95 Abs. 3 Satz 1 BetrVG.

deutsches Gericht oder ein Rechtsanwender in Deutschland mit solchen Fragen, so sind sie anhand der Regeln des deutschen Internationalen Privatrechts[31] zu lösen[32].

Zunächst ist zu den inhaltlichen Regelungen in Arbeitsvertrag und Entsendevertrag darauf hinzuweisen, dass beide Verträge in der Regel so ausgestaltet sein werden, wie dies nach dem jeweiligen Heimatrecht von Arbeitgeber und Arbeitnehmer üblich ist. Hierbei ist eine Vielzahl von Regelungen denkbar. Trotz möglicher Unterschiede zum deutschen Recht werden aber wohl auch nach ausländischem Recht im Entsendevertrag oder im zusätzlich abgeschlossenen Arbeitsvertrag mit der deutschen Tochtergesellschaft vor allem bestimmte Grundfragen der Entsendung geregelt sein, wie etwa die Aufgaben während der Entsendung, die Bezüge, eventuelle besondere Vergünstigungen[33] (Reisekosten, Mietkostenzuschüsse, Heimreisen) sowie die Bedingungen für die Rückkehr ins Heimatland[34].

Ist § 8 TzBfG auch auf das Arbeitsverhältnis eines nur vorübergehend nach Deutschland entsandten Arbeitnehmers anwendbar, kann auch ein solcher Arbeitnehmer die Verringerung seiner Arbeitszeit verlangen, wenn die Voraussetzungen des § 8 TzBfG vorliegen. Ob die Parteien des Arbeitsverhältnisses hierzu eine vertragliche Regelung aufgenommen hätten, wenn ihnen diese Frage bewußt gewesen wäre, erscheint fraglich. Da es sich bei dem Rechtsanspruch auf Verringerung der Arbeitszeit um deutsches Recht handelt, welches folglich nur während der Entsendung nach Deutschland Anwendung auf den entsandten Arbeitnehmer findet, erscheint es logisch, dass die Parteien des Arbeitsverhältnisses Fragen in Bezug auf diesen Rechtsanspruch nicht im zugrunde liegenden ausländischen Arbeitsvertrag, sondern im Entsendevertrag oder im zusätzlichen Arbeitsvertrag mit der deutschen Tochtergesellschaft geregelt hätten. Handelt es sich bei § 8 TzBfG aber um international zwingendes Recht, so könnte sich eine zu Ungunsten des Arbeitnehmers von der gesetzlichen Regelung abweichende Vereinbarung wegen Art. 34 EGBGB nicht durchsetzen.

---

31 Das deutsche Internationale Privatrecht beruht auf dem EVÜ, welches durch Gesetz vom 25. Juli 1986 in das EGBGB inkorporiert worden ist; es handelt sich daher nicht mehr um Völkerrecht, sondern um innerstaatliches deutsches Recht, vgl. dazu MünchKomm-*Martiny*, vor Art. 27 EGBGB, Rdnr. 14.

32 *Junker*, RdA 1998, 42.

33 *Höreth/Vogel*, Global Employment, S. 52 ff.

34 Vgl. zu den entsprechenden Verträgen nach deutschem Recht die Muster bei *Gnann/Gerauer*, Arbeitsvertrag, unter B. II. und III.

2. Vorschriften des deutschen Internationalen Privatrechts über vertragliche Schuldverhältnisse

Ob § 8 TzBfG auf Arbeitsverhältnisse von vorübergehend nach Deutschland entsandten Arbeitnehmern anwendbar ist, beurteilt sich für einen Rechtsanwender in Deutschland nach deutschem Internationalen Privatrecht. Zwar kann sich diese Frage auch für einen ausländischen Rechtsanwender stellen, wenn ein Arbeitnehmer den Anspruch auf Verringerung der Arbeitszeit vor einem Gericht seines Heimatlandes einklagt. Aus praktischen Erwägungen wird aber ein Arbeitnehmer, der sich in Deutschland befindet, einen solchen Anspruch vor einem deutschen Gericht geltend machen. Dieses würde dann deutsches Internationales Privatrecht anwenden. Die für vertragliche Schuldverhältnisse wie das Arbeitsverhältnis maßgeblichen Regelungen finden sich in Artt. 27 ff EGBGB.

a) Grundsatz der freien Rechtswahl

Gemäß Art. 27 Abs. 1 Satz 1 EGBGB unterliegt ein Vertrag dem von den Parteien frei gewählten Recht. Dies gilt auch für Arbeitsverträge[35].

b) Schranken der freien Rechtswahl

Beschränkt wird der Grundsatz der freien Rechtswahl im Arbeitsverhältnis durch die Regelungen der Artt. 27 Abs. 3, 30 Abs. 1 und 34 EGBGB.

aa) Art. 27 Abs. 3 EGBGB

Art. 27 Abs. 3 EGBGB regelt die Fälle, in denen objektiv kein Auslandsbezug vorliegt, gleichwohl aber ein ausländisches Recht als Vertragsstatut gewählt worden ist. In solchen Fällen kann eine Rechtswahl die Anwendbarkeit der vertraglich nicht abdingbaren Bestimmungen des objektiv berührten Staates nicht verhindern[36]. In den typischen Entsendekonstellationen liegt aber – aus Sicht des deutschen Internationalen Privatrechts – objektiv ein Auslandsbezug vor, da der Arbeitgeber im Ausland ansässig ist und der Arbeitnehmer seine Arbeit üblicherweise im Ausland erbringt. Die Entsendung nach Deutschland soll nur vor-

---

35 Vgl. nur *Franzen*, AR-Blattei SD 920, Rdnr. 65; *Kropholler*, IPR, § 52 VI 2.; Erfurter Kommentar-*Schlachter*, Art. 27, 30, 34 EGBGB, Rdnr. 4.

36 MünchKomm-*Martiny*, Art. 27 EGBGB, Rdnr. 71.

übergehend[37] sein. Die Schranke des Art. 27 Abs. 3 EGBGB hilft also bei der Frage der Anwendbarkeit des § 8 TzBfG in Fällen der Entsendung nicht weiter.

bb) Art. 30 Abs. 1 EGBGB

Eine weitere Schranke ist in Art. 30 Abs. 1 EGBGB geregelt. Danach darf die Rechtswahl bei Arbeitsverträgen und Arbeitsverhältnissen nicht dazu führen, dass dem Arbeitnehmer der Schutz entzogen wird, der ihm durch die zwingenden Bestimmungen des Rechts gewährt wird, das nach Art. 30 Abs. 2 EGBGB mangels einer Rechtswahl anzuwenden wäre. Gemäß Art. 30 Abs. 2 Nr. 1 und 2 EGBGB unterliegen Arbeitsverträge und Arbeitsverhältnisse mangels einer Rechtswahl dem Recht des Staates, in dem der Arbeitnehmer in Erfüllung des Vertrags gewöhnlich seine Arbeit verrichtet, selbst wenn er vorübergehend[38] in einen anderen Staat entsandt ist, oder in dem sich die Niederlassung befindet, die den Arbeitnehmer eingestellt hat, sofern dieser seine Arbeit gewöhnlich nicht in ein und demselben Staat verrichtet. Art. 30 Abs. 2 letzter Halbsatz EGBGB macht hiervon wiederum eine Ausnahme, wenn sich aus der Gesamtheit der Umstände ergibt, dass der Arbeitsvertrag oder das Arbeitsverhältnis engere Verbindungen zu einem anderen Staat aufweist; in diesem Fall ist das Recht dieses anderen Staates anzuwenden.

Führt die Rechtswahl der Parteien also nicht zu der Rechtsordnung, welche ohne die Rechtswahl gemäß Art. 30 Abs. 2 EGBGB auf den Arbeitsvertrag ohnehin anwendbar wäre, so sind die zwingenden Vorschriften dieser nach objektiven Kriterien zu bestimmenden Rechtsordnung dennoch anzuwenden. Eine Ausnahme hiervon ist wiederum dann zu machen, wenn das gewählte Recht eine für den Arbeitnehmer günstigere Regelung enthält[39]. In den hier interessierenden Entsendekonstellationen sind aber typischerweise die Voraussetzungen des Art. 30 Abs. 2 Nr. 1 EGBGB erfüllt, da der Arbeitnehmer nur vorüberge-

---

37 Wie lange eine Entsendung dauern darf, um noch vorübergehend zu sein, ist streitig, vgl. hierzu auch *Gotthardt*, MDR 2001, 961 (962); *Junker*, RdA 1998, 42 (44); *Koberski/Asshoff/Hold*, § 1 AEntG, Rdnr. 147, m.w.N. Eine Dauer von bis zu einem Jahr wird aber in jedem Fall noch als vorübergehend angesehen, vgl. Erfurter Kommentar-*Schlachter*, Art. 27, 30, 34 EGBGB, Rdnr. 9.

38 Hierunter fallen typischerweise die Entsendefälle, vgl. *Krebber*, ZEuP 2001, 358 (375).

39 *Junker*, IPRax 1989, 69 (71).

hend nach Deutschland entsandt ist. Wählen die Parteien also das Recht ihres Heimatstaates[40], hilft die Schranke des Art. 30 Abs. 1 EGBGB ebenfalls nicht weiter.

cc)   Art. 34 EGBGB

Es bleibt noch eine Norm des deutschen Internationalen Privatrechts, welche die Anwendbarkeit des § 8 TzBfG begründen könnte. Dabei handelt es sich um Art. 34 EGBGB. Gemäß Art. 34 EGBGB berührt der Unterabschnitt des Einführungsgesetzes zum Bürgerlichen Gesetzbuch, der sich mit den vertraglichen Schuldverhältnissen befasst, nicht die Anwendung der Bestimmungen des deutschen Rechts, die ohne Rücksicht auf das auf den Vertrag anzuwendende Recht den Sachverhalt zwingend regeln. Was die Bedeutung des Begriffs „zwingende Bestimmungen" in   Art. 34 EGBGB   – in   Abgrenzung   zu   Artt. 27 Abs. 3   und 30 Abs. 1 EGBGB, die den Begriff ebenfalls verwenden – angeht, wird die Ansicht vertreten[41], dass Art. 34 EGBGB den Begriff in einem anderen Sinne als Artt. 27 Abs. 3 und 30 Abs. 1 EGBGB versteht. Während Artt. 27 Abs. 3 und 30 Abs. 1 EGBGB sämtliche Bestimmungen meinen, von denen im objektiv anwendbaren Recht durch Vertrag nicht abgewichen werden kann (ius cogens)[42], erfasst Art. 34 EGBGB sogenannte international zwingende Bestimmungen[43], also solche Bestimmungen, die auf jedes Schuldverhältnis in Deutschland Anwendung finden sollen, auch wenn dieses an sich – kraft Rechtswahl oder kraft objektiver Anknüpfung – einem anderen Recht unterliegt[44]. Für dieses Verständnis spricht, dass Art. 34 EGBGB keinen eigenen Regelungsgehalt mehr hätte, wenn der Begriff der „zwingenden Bestimmungen" in beiden Regelungskomplexen gleichbedeutend wäre[45]; auf diese Frage wird in § 3 II dieser Arbeit näher eingegangen werden. Dagegen ist die Diskussion darüber, welche Normen des deutschen Rechts als international zwin-

---

40   Es ist m.E. unwahrscheinlich, dass die Parteien das Recht eines dritten Staates wählen.

41   *Däubler*, RIW 1987, 249 (255); *Junker*, IPRax 1989, S. 69 (72).

42   MünchKomm-*Martiny*, Art. 34 EGBGB, Rdnr. 6.

43   *Schlachter*, NZA 2000, 57 (61).

44   MünchKomm-*Martiny*, Art. 34 EGBGB, Rdnr. 7.

45   BAG AP Nr. 30 zu Internat. Privatrecht, Arbeitsrecht, unter II. 6. a) der Gründe; bestätigt in BAG AP Nr. 31 zu Internat. Privatrecht, Arbeitsrecht, unter IV. 1. der Gründe; *Däubler*, RIW 1987, 249 (255); mit anderer Begründung wohl auch *Weber*, IPRax 1988, 82 (84).

gend im Sinne von Art. 34 EGBGB angesehen werden, noch nicht abge-schlossen[46].

Es wird diskutiert, dass in näherer Zukunft mit einer Revision des Art. 34 EGBGB zu rechnen ist[47]. Durch den Vertrag von Amsterdam[48] wurde der Rat in Art. 61 lit. c) EG aufgefordert, Maßnahmen im Bereich der justitiellen Zusammenarbeit in Zivilsachen nach Art. 65 EG zu erlas-sen. Art. 65 lit. b) EG legt fest, dass hierzu die Förderung der Vereinbar-keit der in den Mitgliedsstaaten geltenden Kollisionsnormen gehört. Auf dieser Grundlage haben der Rat und die Kommission der Europäischen Union am 3. Dezember 1998 einen Aktionsplan[49] beschlossen, der eine Revision des Europäischen Schuldvertragsübereinkommens vorsieht[50]. Dieser Aktionsplan[51] betrifft neben anderen Themenbereichen[52] auch die Behandlung von „international zwingenden Bestimmungen" auf der Grundlage der bisher gesammelten Erkenntnisse und Erfahrungen. *Jun-ker*[53] ist der Ansicht, es seien keine wesentlichen inhaltlichen Änderun-gen zu erwarten, sondern vielmehr eine Klarstellung[54] des bisher von der herrschenden Meinung erarbeiteten Verständnisses von Art. 34 EGBGB[55].

---

46 Umfangreiche Darstellung des Schrifttums bei Palandt-*Heldrich*, Art. 34 EGBGB, Rdnr. 3 f.

47 *Wilderspin*, in: Baur/Mansel, Systemwechsel, Die Vergemeinschaftung des in-ternationalen Schuldrechts (Rom I, Rom II): Stand und Perspektiven, S. 78 f.

48 Vertrag von Amsterdam zur Änderung des Vertrags über die Europäische Uni-on, der Verträge zur Gründung der Europäischen Gemeinschaften sowie eini-ger damit zusammenhängender Rechtsakte, in Deutschland verkündet im BGBl. 1998 II, S. 386. Wenn nicht anders ausgeführt, sind im folgenden der EG-Vertrag bzw. der EU-Vertrag in ihrer Fassung durch den Amsterdamer Vertrag gemeint.

49 ABl. EG 1999 C 19/1 unter Teil II B II Nr. 40 lit. c).

50 Hierzu ausführlich *Junker*, IPRax 2000, 65 ff.

51 Vgl. hierzu auch Palandt/*Heldrich*, Vorbemerkung vor Art. 27 EGBGB, Rdnr. 1; *Wagner*, IPRax 2000, 249 (252).

52 U.a. eine Einbeziehung des bisher nicht geregelten Rechts der Stellvertretung, *Junker*, IPRax 2000, 65.

53 IPRax 2000, 65.

54 *Junker*, IPRax 2000, 65, schlägt sogar eine gesetzliche Niederlegung vor.

55 *Mansel* in: Baur/Mansel, Systemwechsel, Zum Systemwechsel im europäischen Kollisionsrecht nach Amsterdam und Nizza, S. 1 ff., sieht dagegen sogar einen grundsätzlichen Systemwechsel herannahen, vor allem wegen des sog. Her-kunftslandprinzips, welches im Kollisionsrecht immer weitere Verbreitung fin-de.

3. Entsendungen nach Deutschland aus Ländern innerhalb und außerhalb der Europäischen Union

Zahlenmäßig stammen wohl die meisten der vorübergehend nach Deutschland entsandten Arbeitnehmer aus anderen Mitgliedsländern der Europäischen Gemeinschaft, so dass für diese Fälle der Klärungsbedarf in der Praxis am höchsten sein dürfte[56]. Rechtlich stellt sich aber die Frage, ob sich bei der Anwendung von Vorschriften des deutschen Rechts über Art. 34 EGBGB Unterschiede ergeben, wenn sich die Entsendung nicht innerhalb der Europäischen Gemeinschaft vollzieht, sondern ein Arbeitnehmer aus einem Drittland nach Deutschland entsandt wird.

Innerhalb der Europäischen Gemeinschaft ist die Rechtsvereinheitlichung, trotz aller verbleibenden Unterschiede, weit fortgeschritten. Diese Vereinheitlichung erleichtert den grenzüberschreitenden Einsatz von Arbeitnehmern aus praktischer Sicht erheblich und könnte auch für eine rechtlich gesonderte Behandlung von Staatsangehörigen der Mitgliedsländer sprechen. Die Freizügigkeit der Arbeitnehmer ist durch Art. 39 Abs. 1 EG[57] garantiert. Große Teile des deutschen Arbeitsrechts beruhen auf umgesetzten Richtlinien der Europäischen Gemeinschaft, die in ähnlicher Form in allen anderen Mitgliedsstaaten der Gemeinschaft umgesetzt wurden oder umgesetzt werden müssen. Flankiert wird diese Vereinheitlichung im für Arbeitnehmer praktisch besonders wichtigen Sozialversicherungsrecht durch die Verordnung 1408/71/EWG[58], deren Regelungen in allen Mitgliedsländern der Europäischen Gemeinschaft unmittelbar geltendes Recht sind.

Wird dagegen ein Arbeitnehmer aus einem Land, welches nicht Mitglied der Europäischen Gemeinschaft ist, vorübergehend nach Deutschland entsandt, ist es wahrscheinlich, dass das Rechtssystem seines Heimatstaates – und insbesondere das Arbeitsrecht, welches durch national unterschiedliche Traditionen geprägt ist – von dem deutschen Recht erheblich abweicht. Dies ist beispielsweise bei den Vereinigten Staaten der Fall, also einem Land, aus dem aufgrund der engen Wirtschaftsverbindungen relativ viele Arbeitnehmer nach Deutschland entsandt werden. Mit der unterschiedlichen arbeitsrechtlichen Ausgangslage einher geht die unterschiedliche sozialversicherungsrechtliche Lage. Mit Drittstaaten müssen entweder Sozialversicherungsabkommen geschlossen werden, oder es kommt eine Einstrahlung gemäß § 5 SGB IV in Betracht. Die be-

---

[56] So beispielsweise auch *Borgmann*, Entsendung von Arbeitnehmern, S. 7.

[57] Früher: Art. 48 EWG-Vertrag.

[58] Verordnung 1408/71/EWG über die Anwendung der Systeme der sozialen Sicherheit auf Arbeitnehmer und Selbständige sowie deren Familienangehörige, die innerhalb der Gemeinschaft zu- und abwandern.

stehenden Sozialversicherungsabkommen[59] gelten darüber hinaus nur für die Renten-, zum Teil auch für die Arbeitslosenversicherung, nicht aber für alle Zweige der gesetzlichen Sozialversicherung. Von einer Vereinheitlichung oder auch nur Ähnlichkeit der Rechtssysteme kann also bei einer Entsendung aus einem Drittstaat nicht die Rede sein.

Die Vereinheitlichung des Rechts innerhalb der Europäischen Gemeinschaft könnte ein Indiz für eine unterschiedliche Behandlung von Staatsangehörigen aus Mitgliedsstaaten der Europäischen Gemeinschaft einerseits und von Drittstaatsangehörigen andererseits sein. Dabei soll am Rande darauf hingewiesen werden, dass diese zunehmende Rechtsvereinheitlichung das internationale Privatrecht innerhalb der Europäischen Gemeinschaft auch überflüssig machen könnte. Gälten in allen Mitgliedsstaaten dieselben Rechtsnormen, käme es nicht mehr darauf an, welche Rechtsordnung Anwendung fände, da sämtliche Rechtsordnungen der Europäischen Gemeinschaft dieselben materiellen Regelungen enthielten. Der Regelungen des internationalen Privatrechts bedürfte es dann nicht mehr. Da aber viele Vorgaben der Europäischen Gemeinschaft in Richtlinien niedergelegt sind, bei deren Umsetzung den Mitgliedsstaaten die Wahl der Form und der Mittel überlassen bleibt (Art. 249 Abs. 3 EG), ist eine genaue Übereinstimmung der materiellen Regelungen nicht zu erwarten. Es ist daher meines Erachtens nicht zu erwarten, dass die Rechtsvereinheitlichung in der Europäischen Gemeinschaft das internationale Privatrecht überflüssig machen wird; diese Problemstellung soll hier aber nicht vertieft werden. Erörtert werden soll in diesem Zusammenhang nur, ob die unterschiedliche rechtliche Situation von Staatsangehörigen der Europäischen Gemeinschaft und von Drittstaatsangehörigen auch in internationalprivatrechtlicher Hinsicht zu einer unterschiedlichen Behandlung führt.

Dagegen spricht aber die gesetzeshistorische Grundlage von Art. 34 EGBGB. Art. 34 EGBGB beruht auf Art. 7 Abs. 2 EVÜ. Das Europäische Vertragsübereinkommen ist zwar von Mitgliedsstaaten der Europäischen Gemeinschaft geschlossen worden. Es bestimmt aber in Art. 2 EVÜ, dass das von ihm bezeichnete Recht auch dann anzuwenden ist, wenn es das Recht eines Nichtvertragsstaats ist. Die Regelungen sollen demzufolge nicht nur im Verhältnis der Mitgliedsstaaten untereinander das Kollisionsrecht regeln, sondern generell auf dem Gebiet der Mitgliedsstaaten für alle internationalprivatrechtlichen Fragestellungen einschlägig sein, ohne eine Beschränkung auf das Gebiet der Europäischen Gemeinschaft. Dem entspricht auch die systematische Stellung des Art. 34 EGBGB. Er gilt für alle vertraglichen Schuldverhältnisse, über die vor deutschen Gerichten entschieden wird. Er enthält also keinerlei Be-

---

59   Unter „www.bfa-berlin.de" kann der jeweilige Stand der Sozialversicherungs-
      abkommen abgerufen werden.

schränkung auf Schuldverhältnisse, die sich innerhalb der Europäischen Gemeinschaft abspielen. Art. 34 EGBGB greift also unabhängig davon ein, ob eine Entsendung nach Deutschland aus der Europäischen Gemeinschaft oder aus Drittstaaten erfolgt.

Trotz der unterschiedlichen arbeits- und sozialversicherungsrechtlichen Ausgangssituation ist daher festzustellen, dass Entsendungen innerhalb der Europäischen Gemeinschaft und Entsendungen aus Drittstaaten nach deutschem internationalen Privatrecht gleich behandelt werden. Aus internationalprivatrechtlicher Sicht spielt es keine Rolle, ob ein Arbeitnehmer aus einem anderen Staat der Europäischen Gemeinschaft nach Deutschland entsandt wird oder aus einem Drittstaat kommt. Art. 34 EGBGB ist in beiden Fällen gleichermaßen anzuwenden. Die Frage, ob sich rechtliche Unterschiede ergeben, wenn die Entsendung nicht innerhalb der Europäischen Gemeinschaft erfolgt, sondern ein Arbeitnehmer aus einem Drittland nach Deutschland entsandt wird, ist daher zu verneinen. Die internationalprivatrechtliche Behandlung des Arbeitsverhältnisses und die Anwendung des Art. 34 EBGBB sind in beiden Konstellationen gleich.

II. Gang der Untersuchung

Aus den Erwägungen unter I. folgt die dieser Arbeit zugrunde liegende Fragestellung, ob es sich bei § 8 TzBfG um eine international zwingende Vorschrift im Sinne von Art. 34 EGBGB handelt. Ergibt die Untersuchung des § 8 TzBfG, dass dies der Fall ist, so kann auch ein nur vorübergehend nach Deutschland entsandter Arbeitnehmer den Anspruch auf Verringerung der Arbeitszeit gemäß § 8 TzBfG geltend machen.

Zunächst soll daher in § 2 dieser Arbeit der Untersuchungsgegenstand, § 8 TzBfG, dargestellt werden. Ist der Untersuchungsgegenstand beschrieben, muss Klarheit über die Maßstäbe der Untersuchung hergestellt werden. In § 3 dieser Arbeit wird daher der Untersuchungsmaßstab, Art. 34 EGBGB, dargestellt werden. In § 4 der Arbeit wird § 8 TzBfG unter Art. 34 EGBGB anhand der in § 3 gefundenen Maßstäbe subsumiert werden. Hier soll die der Arbeit zugrunde liegende Frage beantwortet werden, ob es sich bei § 8 TzBfG um eine international zwingende Vorschrift im Sinne von Art. 34 EGBGB handelt. § 5 der Arbeit enthält sodann die Zusammenfassung des Untersuchungsergebnisses und die hieraus entwickelten Thesen.

§ 2 DER UNTERSUCHUNGSGEGENSTAND: § 8 TZBFG

Um untersuchen zu können, ob es sich bei dem Anspruch auf Verringerung der Arbeitszeit gemäß § 8 TzBfG um eine international zwingende Vorschrift im Sinne von Art. 34 EGBGB handelt, ist es zunächst erforderlich, die Voraussetzungen des § 8 TzBfG darzustellen. Dies soll unter II. geschehen, um die Grundlage für die in § 4 dieser Arbeit vorzunehmende Subsumtion zu bilden. Unter I. soll jedoch zunächst ein kurzer Überblick über das Gesetz über Teilzeitarbeit und befristete Arbeitsverträge gegeben werden. Dieser Überblick stellt zum einen kurz die Entstehungsgeschichte des Gesetzes dar, um zu verdeutlichen, vor welchem europarechtlichen Hintergrund das Gesetz zustande gekommen ist. Zum anderen dient er der Einordnung des § 8 TzBfG in den Gesamtzusammenhang der Regelungen des Gesetzes. Nicht nur die Regelungen des § 8 TzBfG selbst, sondern auch die anderen Vorschriften des Gesetzes können Hinweise darauf geben, ob es sich bei § 8 TzBfG um eine international zwingende Vorschrift handelt; diese Vorschriften sollen daher in der gebotenen Kürze dargestellt werden.

I. Überblick über das Gesetz über Teilzeitarbeit und befristete Arbeitsverträge

1. Entstehungsgeschichte des Gesetzes

Das Gesetz über Teilzeitarbeit und befristete Arbeitsverträge, welches in seinem § 8 den Anspruch auf Verringerung der Arbeitszeit enthält, ist durch das Gesetz über Teilzeitarbeit und befristete Arbeitsverträge und zur Änderung und Aufhebung arbeitsrechtlicher Bestimmungen vom 21. Dezember 2000[60] eingeführt worden[61]. Bei diesem Gesetz handelt es sich um ein Artikelgesetz[62]. Art. 1 enthält das jetzige Gesetz über Teilzeitarbeit und befristete Arbeitsverträge. Art. 2 betrifft eine Änderung des Bürgerlichen Gesetzbuchs, Art. 2 a eine Änderung des Betriebsver-

---

60   BGBl. 2000 I, S. 1966.
61   *Boewer*, Einleitung, Rdnr. 10; *Buschmann/Dieball/Stevens-Bartol*, Teilzeitarbeit, TzBfG, Vorbemerkungen, Rdnr. 6.
62   Zum Aufbau auch *Boewer*, Einleitung, Rdnr. 12 ff.

fassungsgesetzes. Art. 3 hebt das Gesetz über arbeitsrechtliche Vorschriften zur Beschäftigungsförderung auf. Gemäß Art. 4 ist das Gesetz am 1. Januar 2001 in Kraft getreten[63].

Das Gesetz über Teilzeitarbeit und befristete Arbeitsverträge dient der Umsetzung zweier Richtlinien der Europäischen Gemeinschaft. Dabei handelt es sich, was die Regelungen zur Teilzeitarbeit betrifft, um die Teilzeit-Richtlinie[64]. Die Regelungen des Gesetzes zu befristeten Arbeitsverhältnissen dienen der Umsetzung der Richtlinie 99/70/EG des Rates vom 28. Juni 1999 zu der Rahmenvereinbarung über befristete Arbeitsverträge[65]. Der Abschluss solcher Rahmenvereinbarungen durch die Europäischen Sozialpartner[66] auf Gemeinschaftsebene war in Art. 4 Abs. 1 des Abkommens zwischen den Mitgliedsstaaten der Europäischen Gemeinschaft mit Ausnahme des Vereinigten Königreichs Großbritannien und Nordirland über die Sozialpolitik vorgesehen[67]. Die Rahmenvereinbarung über Teilzeitarbeit vom 6. Juni 1997[68] legt die nach Auffassung der Sozialpartner allgemeinen Grundsätze und Mindestvorschriften für die Teilzeitarbeit nieder und enthält Regelungen zu den Beschäftigungsbedingungen von Teilzeitarbeitnehmern[69]. Die Sozialpartner haben die Europäische Kommission ersucht, die Rahmenvereinbarung dem Rat vorzulegen, um sie durch Beschluss des Rates verbindlich zu machen[70]. Dies ist mit Erlass der Teilzeit-Richtlinie durch den Rat der Europäischen Union auf Vorschlag der Europäischen Kommission geschehen. Die Teilzeit-Richtlinie selbst enthält keine inhaltlichen Regelungen, sondern

---

63 *Meinel/Heyn/Herms*, Einleitung, Rdnr. 2, heben die Geschwindigkeit des Gesetzgebungsverfahrens hervor.

64 ABl. EG 1998, L 14, S. 9.

65 ABl. EG 1999, L 175, S. 43.

66 Kritisch zu der gegenwärtigen Rolle der Sozialpartner *Arnold*, NZA 2002, 1261 (1268).

67 Dieses Abkommen war dem Protokoll des EUV über die Sozialpolitik (BGBl. 1992 II, S. 1253) beigefügt. Das Protokoll über die Sozialpolitik und das diesem beigefügte Abkommen über die Sozialpolitik sind mittlerweile durch Art. 2 Nr. 58 des Vertrags von Amsterdam aufgehoben worden. Die Möglichkeit, Vereinbarungen zwischen den Sozialpartnern zu schließen, ist aber nicht entfallen (*Buschmann/Dieball/Stevens-Bartol*, Teilzeitarbeit, Stichwort: Richtlinie zur Rahmenvereinbarung über Teilzeitarbeit, Rdnr. 14), sondern nunmehr in ähnlicher Weise in Art. 137 ff. EG-Vertrag geregelt; vgl. hierzu *Krimphove*, Europäisches Arbeitsrecht, Rdnr. 53 f.

68 Diese ist der Teilzeit-Richtlinie, ABl. EG 1998, L 14, S. 9, als Anhang beigefügt.

69 2. Absatz der Präambel der Rahmenvereinbarung.

70 4. Absatz der Präambel der Rahmenvereinbarung.

verweist auf die Regelungen der Rahmenvereinbarung[71]. Die Teilzeit-Richtlinie musste gemäß ihrem Art. 2 Abs. 1 Satz 1 durch die Mitgliedsstaaten bis zum 20. Januar 2000[72] umgesetzt werden[73].

2. Überblick über die Regelungen zur Teilzeitarbeit

Das Gesetz über Teilzeitarbeit und befristete Arbeitsverträge gilt für alle Arbeitnehmer; es gilt der allgemeine Arbeitnehmerbegriff[74]. Gemäß § 2 Abs. 1 Satz 1 TzBfG ist ein Arbeitnehmer teilzeitbeschäftigt, wenn seine regelmäßige Wochenarbeitszeit kürzer ist als die eines vergleichbaren vollzeitbeschäftigten Arbeitnehmers[75]. Darüber hinaus werden Regelungen für die Fälle getroffen, dass keine regelmäßige Wochenarbeitszeit vereinbart ist oder dass es keinen vergleichbaren vollzeitbeschäftigten Arbeitnehmer gibt. Diese Regelungen fehlten in der Vorgängervorschrift des § 2 Abs. 2 BeschFG[76]. Sie dienen der Umsetzung des § 3 der Rahmenvereinbarung über Teilzeit[77]. Klargestellt wird in § 2 Abs. 2 TzBfG, dass auch geringfügig Beschäftigte Teilzeitbeschäftigte im Sinne des TzBfG sind[78]. Zwar nennt die Vorschrift nur die Entgeltgeringfügigkeit gemäß § 8 Abs. 1 Nr. 1 SGB IV. Ob daraus aber geschlossen werden kann, dass die Zeitgeringfügigkeit nach § 8 Abs. 1 Nr. 2 SGB IV nicht vom TzBfG erfasst sei[79], erscheint zweifelhaft[80]. Überzeugend ist meines Erachtens die Argumentation von *Meinel/Heyn/Herms*[81], wonach

---

71   Kritisch zu dem erreichten Ergebnis und dem Verfahren der Rechtsetzung durch die Sozialpartner *Schmidt*, NZA 1998, 576 (582).

72   *Boewer*, Einleitung, Rdnr. 3; *Hromadka*, NJW 2001, 400; *Preis/Gotthardt*, DB 2000, 2065.

73   *Buschmann/Dieball/Stevens-Bartol*, Teilzeitarbeit, Stichwort: Richtlinie zur Rahmenvereinbarung über Teilzeitarbeit, Rdnr. 28, führen, jedoch ohne dies zu belegen, aus, die Kommission habe Deutschland eine Fristverlängerung bis zum 20. Januar 2001 gewährt. Diesen Termin nennen auch Annuß/Thüsing/*Annuß*, Einführung, Rdnr. 11, sowie *Lindemann/Simon*, BB 2001, 146.

74   *Meinel/Heyn/Herms*, § 1 TzBfG, Rdnr. 3 ff; zu den Besonderheiten bei Berufsausbildungsverhältnissen vgl. *dies.*, § 1 TzBfG, Rdnr. 5 ff.

75   *Link/Fink*, AuA 2001, 59.

76   *Meinel/Heyn/Herms*, § 2 TzBfG, Rdnr. 1.

77   Anhang zur Teilzeit-Richtlinie (ABl. EG 1998, L 14, S. 9); BT-DS. 14/4374, S. 15.

78   Die Gesetzesbegründung, BT-DS. 14/4374, S. 15, bezeichnet die Ansicht, geringfügig Beschäftigte seien keine „echten" teilzeitbeschäftigten Arbeitnehmer, zu Recht als weit verbreiteten Irrtum; vgl. hierzu auch *Rolfs*, RdA 2001, 129 (130).

79   So wohl *Hanau*, NZA 2001, 1168 (1173).

80   Dies ablehnend auch *Buschmann/Dieball/Stevens-Bartol*, Teilzeitarbeit, § 2 TzBfG, Rdnr. 7.

81   § 2 TzBfG, Rdnr. 19.

der Gesetzgeber nur die Entgeltgeringfügigkeit ausdrücklich erwähnt habe, weil diese per se in Teilzeit (nämlich regelmäßig weniger als 15 Stunden in der Woche) erbracht werde, während das bei der Zeitgeringfügigkeit nicht notwendigerweise der Fall sei. Das Gesetz enthält zur Teilzeitarbeit – neben dem Anspruch auf Verringerung der Arbeitszeit in § 8 TzBfG – Diskriminierungs- und Benachteiligungsverbote (§§ 4 Abs. 1, 5, und 11[82] TzBfG), Regelungen zur Förderung der Teilzeitarbeit (§§ 6, 7 Abs. 1 und 2[83], 10[84] TzBfG), Informationsrechte des Betriebsrats (§ 7 Abs. 3 TzBfG[85]) sowie mit § 9 TzBfG eine Regelung zur Verlängerung der Arbeitszeit.

Gemäß § 22 Abs. 1 TzBfG handelt es sich bei den Regelungen des Gesetzes über Teilzeitarbeit und befristete Arbeitsverträge, also auch bei

---

82 § 11 TzBfG verbietet dem Arbeitgeber, das Arbeitsverhältnis wegen der Weigerung eines Arbeitnehmers, von einem Vollzeit- in ein Teilzeitarbeitsverhältnis oder umgekehrt zu wechseln, zu kündigen. Wie bei § 613 a Abs. 4 Satz 2 BGB bleibt das Recht zur Kündigung des Arbeitsverhältnisses aus anderen Gründen unberührt, *Buschmann/Dieball/ Stevens-Bartol*, Teilzeitarbeit, § 11 TzBfG, Rdnr. 4. *Meinel/Heyn/Herms*, § 11 TzBfG, Rdnr. 10, sind der Ansicht, § 11 TzBfG greife nur ein, wenn Gegenstand der Weigerung des Arbeitnehmers die Dauer der Arbeitszeit sei, nicht dagegen bei einer Weigerung, einer anderen Lage oder Verteilung der Arbeitszeit zuzustimmen. Dieses Verständnis der Vorschrift stimmt mit ihrem Wortlaut überein.

83 Gemäß § 7 Abs. 2 TzBfG hat der Arbeitgeber einen Arbeitnehmer, der ihm seinen Wunsch nach einer Veränderung von Dauer und Lage seiner vertraglich vereinbarten Arbeitszeit angezeigt hat, über entsprechende Arbeitsplätze zu informieren, die im Betrieb oder Unternehmen besetzt werden sollen. Eine ähnliche Informationspflicht, allerdings beschränkt auf den Betrieb, enthielt bereits § 3 Satz 1 BeschFG. Aus der Streichung des § 3 Satz 2 BeschFG, welcher die Unterrichtungsmöglichkeit durch Aushang vorsah, muss gefolgert werden, dass der Arbeitnehmer nunmehr individuell zu informieren ist. Dies ergibt auch eine Zusammenschau mit § 18 TzBfG, der die Information durch Aushang weiterhin zulässt, vgl. *Rolfs*, RdA 2001, 129 (141); a.A. *Kliemt*, NZA 2001, 63 (68).

84 Ein genereller Anspruch auf betriebliche Aus- und Weiterbildung ist in § 10 TzBfG nicht enthalten, so auch *Buschmann/Dieball/Stevens-Bartol*, Teilzeitarbeit, § 10 TzBfG, Rdnr. 9; *Kliemt*, NZA 2001, 63 (69); *Lindemann/Simon*, BB 2001, 146 (151); *Meinel/Heyn/Herms*, § 10 TzBfG, Rdnr. 2; *Preis/Gotthardt*, DB 2000, 2065 (2066).

85 Durch diese Vorschrift wird der bisherige Rechtszustand in zweierlei Hinsicht geändert. Zum einen umfasst der Begriff der Arbeitnehmervertretung nicht nur den Betriebsrat, sondern auch den Personalrat und die Mitarbeitervertretung in kirchlichen Betrieben. Mit letzterem geht einher, dass eine dem bisherigen § 6 Abs. 3 BeschFG vergleichbare Vorschrift, wonach die Kirchen abweichende Regelungen anwenden können, im TzBfG fehlt, *Meinel/Heyn/Herms*, § 22 TzBfG, Rdnr. 4, m.w.N. Dieses Gesetz gilt damit auch für Arbeitnehmer der Kirchen und öffentlich-rechtlichen Religionsgemeinschaften.

§ 8 TzBfG[86], grundsätzlich um zwingendes Recht[87]. Ausnahmen bilden §§ 12 Abs. 3, 13 Abs. 4 und 14 Abs. 2 Satz 3 und 4 TzBfG, die eine Abweichung durch Tarifvertrag gestatten[88]. § 22 Abs. 2 TzBfG enthält eine Sonderregelung zur arbeitsvertraglich vereinbarten Anwendbarkeit der Tarifverträge des öffentlichen Dienstes[89]. Unabhängig von der zwingenden Natur der Regelungen ist jedoch eine für den Arbeitnehmer günstigere Regelung[90] durch die Arbeitsvertragsparteien möglich[91].

II. Die Regelungen des § 8 TzBfG im Einzelnen

§ 8 TzBfG enthält die Voraussetzungen für den Anspruch auf Verringerung der Arbeitszeit sowie Regelungen für dessen Geltendmachung. Die sieben Absätze des § 8 TzBfG sind allerdings nicht stringent in dieser Reihenfolge gegliedert. Zum besseren Verständnis werden daher zunächst der Anspruch selbst und die Ablehnungsgründe dargestellt. Danach sollen die Regelungen zur Geltendmachung und praktischen Durchsetzung des Anspruchs geschildert werden.

---

86 Annuß/Thüsing/*Mengel*, § 8 TzBfG, Rdnr. 2.

87 *Boewer*, Einleitung, Rdnr. 74; *ders.*, § 22 TzBfG, Rdnr. 1.

88 *Buschmann/Dieball/Stevens-Bartol*, Teilzeitarbeit, § 22 TzBfG, Rdnr. 1.

89 *Ring*, § 22 TzBfG, Rdnr. 6 ff.

90 Dies folgt aus dem Günstigkeitsprinzip, vgl. MünchArbR-*Buchner*, § 39, Rdnr. 41. Dies zeigt sich beispielsweise bei der Entgeltfortzahlung im Krankheitsfall. Wird eine Arbeitszeitreduzierung einvernehmlich oder gemäß § 8 Abs. 4, 5 TzBfG wirksam, während der Arbeitnehmer erkrankt ist, so erhält er gemäß § 4 Abs. 1 EFZG ab dem Zeitpunkt der Reduzierung nur noch das reduzierte Entgelt fortgezahlt, MünchArbR-*Boecken*, § 84, Rdnr. 33 und 42; *Müller/Berenz*, § 4 EFZG, Rdnr. 6; *Schmitt*, § 4 EFZG, Rdnr. 18. Es ist den Parteien aber unbenommen, eine für den Arbeitnehmer günstigere Regelung, etwa die vorübergehende Fortzahlung der Vollzeitvergütung, zu vereinbaren.

91 Annuß/Thüsing/*Thüsing*, § 22 TzBfG, Rdnr. 1; Annuß/Thüsing/*Mengel*, § 8 TzBfG, Rdnr. 51, zur einvernehmlichen Verkürzung der Dreimonatsfrist gemäß § 8 Abs. 2 Satz 1 TzBfG; *Boewer*, § 22 TzBfG, Rdnr. 6; *Ring*, § 22 TzBfG, Rdnr. 2. Vgl. auch für den Fall der erneuten Verringerung der Arbeitszeit innerhalb der "Sperrfrist" nach § 8 Abs. 6 TzBfG MünchArbR-*Schüren*, Ergänzungsband, § 162, Rdnr. 61.

1. Anspruchsvoraussetzungen

a) § 8 Abs. 1 TzBfG

Gemäß § 8 Abs. 1 TzBfG kann ein Arbeitnehmer[92], dessen Arbeitsverhältnis länger als sechs Monate[93] bestanden hat, verlangen, dass seine vertraglich vereinbarte Arbeitszeit verringert wird[94]. Diese vermeintlich klare Voraussetzung des mehr als sechsmonatigen Bestehens des Arbeitsverhältnisses wirft allerdings zwei Fragen auf. Zunächst stellt sich die Frage, ob der Arbeitnehmer den Anspruch erst nach Ablauf von sechs Monaten erheben kann[95] oder ob der Anspruch bereits vorher geltend gemacht werden kann, aber erst nach Ablauf von sechs Monaten gewährt werden muss[96].

In den hier interessierenden Entsendefällen stellt sich zudem die weitere Frage, ob es auf das sechsmonatige Bestehen des Arbeitsvertrags ankommt oder ob auf das sechsmonatige Bestehen des Entsendevertrags abzustellen ist. Da sich die erste Frage nicht nur in den Entsendefällen, sondern bei jedem Arbeitnehmer stellt, der seine Arbeitszeit reduzieren möchte, soll sie als erstes untersucht werden.

aa) Sechsmonatiges Bestehen des Arbeitsverhältnisses

Die Formulierung „kann verlangen" allein lässt nicht mit Sicherheit erkennen, ob die 6-Monats-Frist eine materielle Voraussetzung des Anspruchs selbst ist[97] oder ob es sich nur um eine Wartefrist[98] vor Inkraft-

---

92 Der Geltungsbereich des § 8 TzBfG umfasst weder Organmitglieder noch freie Mitarbeiter oder Personen, die vorwiegend zu ihrer Heilung beschäftigt werden, vgl. *Boewer*, § 8 TzBfG, Rdnr. 19.

93 Auch wenn – anders als in § 1 Abs. 1 KSchG – nicht von einem *ununterbrochenen* Bestand die Rede ist, wird dies von der h.M. als Erfordernis in den Gesetzeswortlaut hineingelesen, vgl. *Boewer*, § 8 TzBfG, Rdnr. 26; *Ring*, § 8 TzBfG, Rdnr. 17, m.w.N.

94 *Worzalla/Will/Mailänder/Worch/Heise*, Teilzeitarbeit, S. 231.

95 Erfurter Kommentar-*Preis*, § 8 TzBfG, Rdnr. 9; *Viethen*, NZA 2001, Beil. zu Heft 24, S. 3 (4).

96 *Bauer*, NZA 2000, 1039; *Kliemt*, NZA 2001, 63 (64); *Schiefer*, DB 2000, 2118 (2119). In diesem Zusammenhang sei darauf hingewiesen, dass die Aufsätze, welche aus der Zeit vor Verabschiedung des endgültigen Gesetzesentwurfs stammen (hier sind vor allem zu nennen: *Bauer*, NZA 2000, 1039; *Däubler*, ZIP 2000, 1962; *Preis/Gotthardt*, DB 2000, 2065; *Schiefer*, DB 2000, 2118), aufgrund vielfältiger Änderungen im Gesetzgebungsverfahren nur noch eingeschränkt herangezogen werden können.

97 So *Hansen/Kelber/Zeißig*, Neues Arbeitsrecht, Rdnr. 49.

treten der Verringerung handelt. Der Nebensatz „dessen Arbeitsverhältnis länger als sechs Monate bestanden hat" bezieht sich allerdings auf den Arbeitnehmer und damit auf dessen Berechtigung zur Geltendmachung des Anspruchs. Der Arbeitnehmer kann den Anspruch überhaupt erst nach sechsmonatigem Bestehen geltend machen[99]. Ein solches Verständnis des § 8 Abs. 1 TzBfG steht auch im Einklang mit der Gesetzesbegründung, die davon spricht, dass es dem Arbeitgeber nicht zumutbar sei, dass ein Arbeitnehmer vor Ablauf der Wartefrist von sechs Monaten die Änderung der Arbeitszeit verlangt[100]. Die herrschende Meinung[101] teilt dieses Verständnis der Regelung[102] mit der Folge, dass die Arbeitszeitverringerung frühestens nach Ablauf von neun Monaten nach Beginn des Arbeitsverhältnisses umgesetzt werden kann[103]. Wird die Wartezeit nicht eingehalten, ist der Antrag unwirksam, da der sechsmonatige Bestand des Arbeitsverhältnisses zu den Voraussetzungen des Anspruchs auf Verringerung der Arbeitszeit gehört[104]. Ein zu früh gestellter Antrag löst bei Nichtbeachtung durch den Arbeitgeber nicht die Rechtsfolgen gemäß § 8 Abs. 5 Satz 2, 3 TzBfG aus[105]; eine Umdeutung auf den nächstzulässigen Termin findet nicht statt[106].

bb) Maßgeblichkeit des Arbeitsvertrags oder des Entsendevertrags

Die Frage, ob es auf das sechsmonatige Bestehen des Arbeitsvertrags oder des Entsendevertrags ankommt, stellt sich anders als die unter aa) erörterte Frage nur in Entsendekonstellationen. Für das Abstellen auf den Arbeitsvertrag spricht der Wortlaut der Norm. § 8 Abs. 1 TzBfG

---

98 Der Sprachgebrauch ist unklar. So verwendet *Boewer*, § 8 TzBfG, Rdnr. 23, den Begriff „Wartezeit", hält diese aber für eine materielle Voraussetzung des Anspruchs.

99 Aus der Sicht der Praxis hat *Bauer*, NZA 2000, 1039 (1040), recht, wenn er ausführt, dass sich ein Arbeitnehmer hüten wird, den Anspruch auf Verringerung der Arbeitszeit vor Ablauf von sechs Monaten – und damit vor Eintritt des Kündigungsschutzes nach dem KSchG – geltend zu machen.

100 BT-DS. 14/4374, S. 17.

101 *Hansen/Kelber/Zeißig*, Neues Arbeitsrecht, Rdnr. 35; *Meinel/Heyn/Herms*, § 8 TzBfG, Rdnr. 20, m.w.N.

102 Offengelassen in ArbG Mönchengladbach, NZA 2001, 970 (971).

103 Annuß/Thüsing/*Mengel*, § 8 TzBfG, Rdnr. 33; *Meinel/Heyn/Herms*, § 8 TzBfG, Rdnr. 20.

104 Annuß/Thüsing/*Mengel*, § 8 TzBfG, Rdnr. 21; *Boewer*, § 8 TzBfG, Rdnr. 23, 39 und 280; *Meinel/Heyn/Herms*, § 8 TzBfG, Rdnr. 25.

105 *Boewer*, § 8 TzBfG, Rdnr. 41.

106 Annuß/Thüsing/*Mengel*, § 8 TzBfG, Rdnr. 35.

spricht vom sechsmonatigen Bestand „des Arbeitsverhältnisses" in seiner Gesamtheit. Die Begriffe Arbeitsverhältnis und Arbeitsvertrag werden zwar im praktischen Sprachgebrauch häufig gleichgesetzt, sind aber rechtlich nicht gleichbedeutend[107]. Der Arbeitsvertrag enthält – schriftlich oder mündlich – die Willenserklärungen als Rechtsgrundlage des Arbeitsverhältnisses. Das Arbeitsverhältnis ist demgegenüber der weitere Begriff und war inhaltlich umstritten[108]. Eine Zusatzvereinbarung zum Arbeitsvertrag stellt auch der Entsendevertrag dar. Folgt man dem Wortlaut des § 8 Abs. 1 TzBfG, kommt man daher zu dem Ergebnis, dass es allein auf den sechsmonatigen Bestand des Arbeitsverhältnisses ankommt, nicht dagegen auf die Dauer des Bestehens des Entsendevertrags.

Dagegen spricht allerdings, dass es sich bei § 8 TzBfG um eine Vorschrift des deutschen Rechts handelt, in deren Genuss der entsandte Arbeitnehmer allein aufgrund seiner Entsendung nach Deutschland kommen kann. Dies könnte ein Hinweis darauf sein, dass allein auf die Dauer des in Deutschland ausgeübten Entsendevertrags – oder eines eventuell eigenständig mit der deutschen Tochtergesellschaft abgeschlossenen Arbeitsvertrags – abzustellen ist. Ob dieses Verständnis zutrifft, ist aber zweifelhaft. Würde man bei Arbeitnehmern, die ihre Arbeit regelmäßig in Deutschland erbringen, auf den Arbeitsvertrag abstellen, bei entsandten Arbeitnehmern dagegen nur auf den Entsendevertrag, weil nur dieser in Deutschland ausgeübt wird, würde dies im umgekehrten Fall einer Entsendung aus Deutschland ins Ausland dazu führen, dass ein Arbeitnehmer, der für seinen deutschen Arbeitgeber jahrelang nur im Ausland tätig war und dann nach Deutschland kommt, sich zunächst nicht auf § 8 TzBfG berufen könnte, während ein hier ansässiger Arbeitnehmer dies nach einer Betriebszugehörigkeit von sechs Monaten und einem Tag tun könnte. Der Sinn und Zweck des § 8 Abs. 1 TzBfG ist aber an der Dauer des Bestehens des Arbeitsverhältnisses insgesamt orientiert, nicht an der Dauer eines einzelnen Vertrags. Dem entspricht, dass sogar die Anrechnung von früheren Arbeitsverhältnissen verlangt wird, wenn diese in einem sachlichen Zusammenhang zum jetzigen Arbeitsverhältnis stehen[109]. Ein solcher Zusammenhang besteht erst recht, wenn das Arbeitsverhältnis nicht unterbrochen, sondern nur durch eine Entsendung modifiziert wurde, mag das Arbeitsverhältnis auch im übrigen im Ausland durchgeführt werden. Dies würde – die international zwingende Natur des § 8 TzBfG angenommen – allerdings dazu führen, dass ein nach Deutschland entsandter Arbeitnehmer den Anspruch auf Verringerung der Arbeitszeit an seinem ersten Arbeitstag in Deutschland

---

107 Vgl. hierzu *Schaub*, Handbuch, § 29 Rdnr. 1 und 9.

108 *Schaub*, Handbuch, § 29 Rdnr. 9 f.

109 *Meinel/Heyn/Herms*, § 8 TzBfG, Rdnr. 22.

geltend machen könnte, wenn nur sein Arbeitsverhältnis zuvor schon sechs Monate bestanden hat. Dieses Ergebnis muss aber vor dem Hintergrund hingenommen werden, dass auch die Gesetzesbegründung nur davon spricht, dass es dem Arbeitgeber nicht zumutbar sei, dass ein Arbeitnehmer vor Ablauf der Wartefrist von sechs Monaten die Änderung der Arbeitszeit verlangt[110]. Bestand das Arbeitsverhältnis im Ausland schon mehr als sechs Monate, ist es dem Arbeitgeber daher nach der Wertung der Gesetzesbegründung zumutbar, wenn der entsandte Arbeitnehmer am ersten Tag seiner Entsendung einen Verringerungsantrag stellt. Hinzuweisen ist aber darauf, dass dies nur dann gilt, wenn das Arbeitsverhältnis im Ausland mit demselben Arbeitgeber[111] besteht, bei dem der Arbeitnehmer auch während der Entsendung angestellt ist. Eine Anrechnung der Betriebszugehörigkeit im Konzern findet ohne eine entsprechende Vereinbarung der Parteien nicht statt[112].

Die zweite Frage ist somit dahingehend zu beantworten, dass es auf das sechsmonatige Bestehen des Arbeitsverhältnisses insgesamt, nicht auf die Dauer des Bestehens des Entsendevertrags ankommt. Wird allerdings während der Entsendung ein Arbeitsverhältnis mit einem anderen Arbeitgeber begründet, so läuft die Wartefrist des § 8 Abs. 1 TzBfG für dieses Arbeitsverhältnis eigenständig.

b) § 8 Abs. 7 TzBfG

aa) Beschäftigtenzahl des Arbeitgebers

§ 8 Abs. 7 TzBfG bestimmt, dass der Anspruch auf Verringerung der Arbeitszeit nur besteht, wenn der Arbeitgeber, unabhängig von der Anzahl der Personen in Berufsbildung, in der Regel mehr als 15 Arbeitnehmer beschäftigt[113]. Es kommt also auf die Beschäftigtenzahl des Arbeitgebers an. Der Arbeitgeber ist die andere Vertragspartei des Arbeitsvertrags[114]. Demgegenüber stellt § 23 Abs. 1 Satz 1 KSchG auf die Beschäftigtenzahl im Betrieb ab[115]. Der Betrieb ist die organisatorische Einheit, in der der

---

110 BT-DS. 14/4374, S. 17.

111 So auch *Caamano Rojo*, Teilzeitarbeit, S.205, allerdings nicht im Zusammenhang mit einer Entsendung.

112 Annuß/Thüsing/*Mengel*, § 8 TzBfG, Rdnr. 26 a.E.

113 Diese Voraussetzung ist nur in § 8 Abs. 7 TzBfG enthalten. Zutreffend führt *Fischer*, BB 2002, 94, aus, dass die übrigen Regelungen des TzBfG auch für Kleinunternehmen Geltung beanspruchen.

114 *Herrmann*, Anmerkung zu BAG vom 17. Nov. 1998, SAE 2000, 132 (134).

115 *Meinel/Heyn/Herms*, § 8 TzBfG, Rdnr. 111, m.w.N.

Arbeitgeber mit seinen Arbeitnehmern einen arbeitstechnischen Zweck verfolgt[116]. Der Begriff des Arbeitgebers stimmt nicht mit dem Begriff des Betriebs überein. Häufig wird der Begriff des Arbeitgebers aber mit dem Begriff des Unternehmens gleichgesetzt[117], obwohl auch diese Begriffe nicht gleichbedeutend sind. Eine Gleichsetzung ist bei juristischen Personen in der Regel möglich, da die juristische Person sowohl Partei des Arbeitsvertrags[118] („Unternehmensträger") als auch Unternehmen („Unternehmung") selbst sein wird. Bei natürlichen Personen muss dies jedoch nicht so sein, da eine natürliche Person zwei oder mehr verschiedene „Unternehmungen" führen kann. Auch wenn diese Unternehmungen organisatorisch nichts miteinander zu tun haben, müsste für die Berechnung der Arbeitnehmerzahl zumindest nach dem Wortlaut des § 8 Abs. 7 TzBfG auf die Gesamtzahl der Beschäftigten des Arbeitgebers, nicht der einzelnen Unternehmung, abgestellt werden[119].

bb) Berechnung der Mindestbeschäftigtenzahl

Des weiteren muss es sich um die Beschäftigung von in der Regel mehr als 15 Arbeitnehmern handeln[120]. Wie auch bei § 23 Abs. 1 Satz 2 KSchG werden Personen in Berufsbildung nicht mitgezählt[121]. Eine nur teilweise Berücksichtigung von Teilzeitbeschäftigten ist – anders als in § 23 Abs. 1 Satz 3 KSchG – nicht vorgesehen, es wird nach Köpfen gezählt[122]. Diese Regelung hat im Schrifttum überwiegend Kritik erfahren, da sie dazu führt, dass Arbeitgeber, die bereits Arbeitnehmer in Teilzeit beschäftigen, wegen der Einstellung von zusätzlichen Kräften eher den Schwellenwert des § 8 Abs. 7 TzBfG überschreiten als Arbeitgeber, die

---

116   *Schaub*, Handbuch, § 18 Rdnr. 1.

117   So etwa *Boewer*, § 8 TzBfG, Rdnr. 47, obwohl er in Rdnr. 42 und 45 richtig vom „Arbeitgeber als dem Unternehmensträger" spricht.

118   Annuß/Thüsing/*Mengel*, § 8 TzBfG, Rdnr. 5.

119   *Hansen/Kelber/Zeißig*, Neues Arbeitsrecht, Rdnr. 39, legen den Arbeitgeberbegriff dagegen restriktiv aus, wenn eine natürliche Person mehrere Unternehmungen betreibt, die vom Unternehmenszweck her nichts miteinander zu tun haben.

120   § 8 Abs. 7 TzBfG bewirkt keine mittelbare Diskriminierung von Frauen, da in kleinen Unternehmen nicht überdurchschnittlich mehr Frauen arbeiten (welche dann wegen § 8 Abs. 7 TzBfG keinen Verringerungsanspruch geltend machen könnten) als in größeren Unternehmen, vgl. LAG Köln, NZA-RR 2002, 511 (512).

121   *Meinel/Heyn/Herms*, § 8 TzBfG, Rdnr. 113.

122   So auch ArbG Mönchengladbach, NZA 2001, 970 (971); Annuß/Thüsing/*Mengel*, § 8 TzBfG, Rdnr. 7; *Buschmann/Dieball/Stevens-Bartol*, Teilzeitarbeit, § 8 TzBfG, Rdnr. 16; *Däubler*, ZIP 2000, 1961 (1962); *Schiefer*, DB 2000, 2118 (2119).

bisher nur Vollzeitkräfte beschäftigen[123]. Es kann nur gemutmaßt werden, dass der Gesetzgeber wohl auch deswegen auf eine nur anteilige Anrechnung von Teilzeitkräften verzichtet hat, um nicht den Eindruck entstehen zu lassen, es handle sich doch um „Arbeitnehmer zweiter Klasse"[124].

cc) Einbeziehung von Arbeitnehmern im Ausland?

Bei der Berechnung der Arbeitnehmerzahl gemäß § 8 Abs. 7 TzBfG stellt sich die Frage, ob auch Arbeitnehmer des Arbeitgebers in Betrieben außerhalb Deutschlands mitzuzählen sind. Praktisch relevant wird dies in Entsendefällen, bei denen der Arbeitgeber seinen Hauptsitz im Ausland hat und in Deutschland nur eine kleinere Niederlassung unterhält, die nicht mehr als 15 Arbeitnehmer beschäftigt. Werden die im Ausland beschäftigten Arbeitnehmer mitgezählt, kann sich der in eine solche kleinere Niederlassung entsandte Arbeitnehmer in Deutschland auf § 8 TzBfG berufen. Diese Frage stellt sich unabhängig davon, ob § 8 TzBfG überhaupt auf ein Arbeitsverhältnis eines entsandten Arbeitnehmers Anwendung findet. Während die letztere Frage nach den Regelungen des internationalen Privatrechts zu beantworten ist[125], also nach dem Kollisionsrecht, ist die hier interessierende Frage keine des internationalen Privatrechts, sondern stellt sich bei den materiellen Voraussetzungen des § 8 TzBfG. Für ihre Beantwortung kommt es nur darauf an, ob auch Arbeitnehmer, die der Arbeitgeber im Ausland beschäftigt, bei der Berechnung gemäß § 8 Abs. 7 TzBfG mitzuzählen sind. Dies kann nicht nur bei der Geltendmachung des Anspruchs auf Verringerung der Arbeitszeit durch einen entsandten Arbeitnehmer eine Rolle spielen. Vielmehr kommt es hierauf bei jedem in Deutschland tätigen Arbeitnehmer an, dessen Arbeitgeber in Deutschland nicht mehr als 15 Arbeitnehmer beschäftigt, der im Ausland aber weitere Arbeitnehmer hat.

Es liegt nahe, diese Fragestellung vor dem Hintergrund der ähnlich gelagerten Problematik des § 23 Abs. 1 Satz 2 KSchG zu sehen, wonach die Vorschriften des ersten Abschnitts des Kündigungsschutzgesetzes nicht für Betriebe gelten, in denen in der Regel fünf oder weniger Arbeitnehmer beschäftigt werden. Zu beachten ist allerdings, dass das Kündigungsschutzgesetz vom Betrieb spricht, das Gesetz über Teilzeitarbeit und befristete Arbeitsverträge dagegen vom Arbeitgeber. Die Begriffe sind, wie oben unter aa) dargestellt, nicht gleichbedeutend. Das Bundes-

---

123 *Fischer*, BB 2002, 94 (95).

124 Diesen Begriff verwendet *Viethen*, NZA 2001, Beil. zu Heft 24, S. 3 (7).

125 Ebenso wie die von *Boewer*, § 8 TzBfG, Rdnr. 53, erörterte Konstellation einer Auslandstätigkeit als Ausstrahlung des Inlandsbetriebs mit der Folge der weiterbestehenden Zugehörigkeit des Arbeitnehmers zum Inlandsbetrieb.

arbeitsgericht stellt folgerichtig beim Kündigungsschutzgesetz nur auf den Begriff des Betriebs ab und argumentiert mit der Belegenheit eines Betriebs in Deutschland[126]. Da sich der räumliche Geltungsbereich des Kündigungsschutzgesetzes auf Deutschland und damit auf in Deutschland belegene Betriebe beschränke, würden nur Arbeitnehmer, die in Deutschland beschäftigt würden, im Rahmen des § 23 Abs. 1 KSchG[127] mitgerechnet[128]. Den davon abweichenden Begriff des Arbeitgebers hervorhebend, ist *Fischer*[129] beim Gesetz über Teilzeitarbeit und befristete Arbeitsverträge der Ansicht, Arbeitnehmer in ausländischen Betrieben desselben Arbeitgebers würden im Rahmen des § 8 Abs. 7 TzBfG mitgerechnet. Er führt dazu aus, gerade das Abstellen auf den Arbeitgeber als Vertragspartner, nicht auf die örtliche Einheit des Betriebs, spreche gegen die Anwendung des Territorialitätsprinzips[130].

Die Frage ist ausgehend vom Sinn und Zweck des § 8 Abs. 7 TzBfG zu beantworten. Schwellenwerte, seien sie betriebs-, unternehmens- oder arbeitgeberbezogen, haben den Zweck, die jeweils in Bezug genommene Einheit vor unzumutbarem Verwaltungsaufwand zu schützen[131]; zugleich sollen sie dem in einer kleinen Einheit in der Regel bestehenden persönlichen Verhältnis zwischen Arbeitnehmer und Arbeitgeber Rechnung tragen[132]. Daraus ist zu folgern, dass Einheiten, die den jeweiligen Schwellenwert überschreiten, eines solchen Schutzes nicht bedürfen. Diese Folgerung ist aber nicht auf das Inland beschränkt. Vielmehr bedarf auch ein Großunternehmen mit Sitz im Ausland, welches in Deutschland nur eine kleine Niederlassung unterhält, weder des Schutzes vor einem gewissen Verwaltungsaufwand noch besteht ein besonderes persönliches Verhältnis zwischen Arbeitgeber und Arbeitnehmern. Stellt nun § 8 Abs. 7 TzBfG allein auf die Beschäftigtenzahl des Arbeitgebers ab, nicht auf den Betrieb, so spricht mit *Fischer*[133] viel dafür, auch die Beschäftigten dieses Arbeitgebers im Ausland miteinzubeziehen, ohne dass dies gegen das von *Mengel*[134] angeführte Territorialprinzip versto-

---

[126]   BAG AP Nr. 16 zu § 23 KSchG.

[127]   Zum Kündigungsschutz im Kleinbetrieb *Gragert/Kreutzfeldt*, NZA 1998, 567 ff.

[128]   BAG AP Nr. 16 zu § 23 KSchG; *Gotthardt*, MDR 2001, 961 (963).

[129]   BB 2002, 94 (95).

[130]   *Fischer*, BB 2002, 94 (95).

[131]   *Boewer*, § 8 TzBfG, Rdnr. 47, unter Berufung auf BVerfG DB 1998, 826 (829).

[132]   So für § 8 Abs. 7 TzBfG auch *Ring*, § 8 TzBfG, Rdnr. 122, m.w.N.

[133]   BB 2002, 94 (95).

[134]   Annuß/Thüsing/*Mengel*, § 8 TzBfG, Rdnr. 9.

ßen würde. Arbeitnehmer des Arbeitgebers, die im Ausland beschäftigt werden, sind daher im Rahmen des § 8 Abs. 7 TzBfG mitzurechnen[135].

2. Einwand entgegenstehender betrieblicher Gründe

a) § 8 Abs. 4 TzBfG

Der Arbeitgeber hat gemäß § 8 Abs. 4 Satz 1 TzBfG der Verringerung der Arbeitszeit zuzustimmen und ihre Verteilung entsprechend den Wünschen des Arbeitnehmers festzulegen, soweit betriebliche Gründe nicht entgegenstehen[136]. Bei dem Vorbringen entgegenstehender betrieblicher Gründe handelt es sich um eine Einwendung[137]. Aus dem Begriff „soweit" ergibt sich, dass betriebliche Gründe nicht pauschal vorgebracht werden dürfen, sondern nur, soweit sie im Einzelfall der Verringerung oder auch der gewünschten Verteilung der Arbeitszeit[138] entgegenstehen. § 8 Abs. 4 Satz 2 TzBfG nennt einige Beispiele[139] („insbesondere")[140] für entgegenstehende betriebliche Gründe. Ein solcher liegt etwa vor, wenn die Verringerung der Arbeitszeit die Organisation[141], den Arbeitsablauf oder die Sicherheit im Betrieb wesentlich beeinträchtigt oder unverhältnismäßige Kosten verursacht. Weniger starke Beeinträchtigungen oder nicht übermäßig hohe Kosten hat der Arbeitgeber demnach hinzunehmen[142]. Die Gesetzesbegründung spricht von rationalen, nachvollziehbaren Gründen[143]; unzumutbare Anforderungen an die Ablehnung durch den Arbeitgeber seien ausgeschlossen[144]. *Boewer*[145] weist darauf

---

135 A.A. Annuß/Thüsing/*Mengel*, § 8 TzBfG, Rdnr. 9, und *Boewer*, § 8 TzBfG, Rdnr. 53, unter entsprechender Heranziehung der zu § 23 Abs. 1 Satz 2 KSchG entwickelten Grundsätze. Dies wird m.E. den unterschiedlichen Bezugsobjekten (Betrieb bzw. Arbeitgeber) in den Vorschriften nicht gerecht.

136 Vgl. zum maßgeblichen Zeitpunkt für die Beurteilung entgegenstehender betrieblicher Gründe ArbG Arnsberg, NZA 2002, 563 (564 f.).

137 Annuß/Thüsing/*Mengel*, § 8 TzBfG, Rdnr. 121.

138 *Boewer*, § 8 TzBfG, Rdnr. 162.

139 *Meinel/Heyn/Herms*, § 8 TzBfG, Rdnr. 54.

140 Zum Unterschied zwischen „Beispielen" und „Regelbeispielen" vgl. *Rolfs*, RdA 2001, 129 (136, Fußnote 110).

141 Vgl. zum Begriff der betrieblichen Organisation *Ihlenfeld/Kles*, Teilzeitarbeit, Rdnr. 29.

142 *Boewer*, § 8 TzBfG, Rdnr. 167 und 171.

143 BT-DS. 14/4374, S. 17.

144 *Boewer*, § 8 TzBfG, Rdnr. 160; *Meinel/Heyn/Herms*, § 8 TzBfG, Rdnr. 48; Annuß/Thüsing/*Mengel*, § 8 TzBfG, Rdnr. 122, verweist auf den Widerspruch

hin, dass sich die in § 8 Abs. 4 Satz 2 TzBfG genannten Beispiele wörtlich allein auf die Verringerung der Arbeitszeit, nicht auf die Verteilung beziehen. Dies trifft zwar zu. Angesichts der auch an anderen Stellen unklaren Wortwahl in § 8 TzBfG liegt es aber nahe, dass es sich dabei um ein Redaktionsversehen handelt; zumindest können die Beispiele auch zur Auslegung herangezogen werden, wenn es um die Untersuchung des Vorliegens eines betrieblichen Grunds nur gegen die Verteilung der Arbeitszeit geht[146].

Als einziges konkretes Beispiel führt die Gesetzesbegründung[147] aus, der Einwand des Arbeitgebers, keine geeignete zusätzliche Arbeitskraft finden zu können, sei nur beachtlich, wenn der Arbeitgeber nachweise, dass eine dem Berufsbild des Arbeitnehmers, der seine Arbeitszeit reduziere, entsprechende zusätzliche Arbeitskraft auf dem für ihn maßgeblichen Arbeitsmarkt nicht zur Verfügung stehe[148]. Die genaue Klärung des unbestimmten Rechtsbegriffs der betrieblichen Gründe hat der Gesetzgeber der Rechtsprechung überlassen[149]. Die Bestimmung von betrieblichen Gründen im Einzelfall wird sich dabei an den in § 8 Abs. 4 Satz 2 TzBfG genannten Beispielen orientieren, die daher im Folgenden beschrieben werden.

Die Beeinträchtigung der Organisation des Betriebs setzt voraus, dass der Arbeitgeber ein Organisationskonzept hat[150], also beispielsweise eine Planung, wieviele Arbeitnehmer mit welcher Stundenzahl benötigt werden, um ein bestimmtes Arbeitsergebnis zu erreichen[151]. Es ist streitig, ob nicht das Organisationskonzept selbst bereits als betrieblicher Grund ausreicht, weil es sich bei den in § 8 Abs. 4 Satz 2 TzBfG genannten Fällen lediglich um Beispiele handelt, die andere Fälle von betrieblichen

---

zwischen diesem nicht besonders hohen Maßstab und der hohen Meßlatte der Beispiele.

145   § 8 TzBfG, Rdnr. 164 ff.

146   Hiervon scheinen sowohl Rechtsprechung als auch Schrifttum auszugehen, da zwar zwischen Verringerung und Verteilung unterschieden wird, nicht aber zwischen den jeweils erforderlichen betrieblichen Gründen zur Ablehnung, vgl. BAG NZA 2003, 911 (912); Annuß/Thüsing/*Mengel*, § 8 TzBfG, Rdnr. 121; *Reiserer/Penner*, BB 2002, 1694 (1696); *Ring*, § 8 TzBfG, Rdnr. 50 ff.

147   BT-DS. 14/4374, S. 17.

148   Hierin sieht *Ring*, § 8 TzBfG, Rdnr. 62, eine praxisferne Argumentation, da nicht jeder Arbeitsbedarf, der durch eine Arbeitszeitverringerung entstehe, durch eine Neueinstellung aufgefangen werden könne.

149   Vgl. hierzu *Beckschulze*, DB 2000, 2598 (2599); *Ring*, § 8 TzBfG, Rdnr. 65; *Schiefer*, NZA-RR 2002, 393.

150   *Boewer*, § 8 TzBfG, Rdnr. 175.

151   *Boewer*, § 8 TzBfG, Rdnr. 184.

Gründen nicht ausschließen[152]. So hat das Bundesarbeitsgericht entschieden[153], dass eine Kinderbetreuungseinrichtung den Wunsch eines Arbeitnehmers nach Verringerung der Arbeitszeit aus betrieblichen Gründen ablehnen darf, wenn eine Verringerung der Arbeitszeit über ein bestimmtes Maß hinaus nicht mehr mit dem pädagogischen Konzept vereinbar ist[154]. Gemäß § 8 Abs. 4 Satz 2 TzBfG muss die Organisation durch die gewünschte Arbeitszeitverringerung wesentlich beeinträchtigt werden. Es reicht also nicht aus, dass eine Beeinträchtigung durch die Arbeitszeitverringerung an sich eintritt, da dies etwa bei einem Konzept, welches nur von Vollzeitbeschäftigten ausgeht, unausweichlich wäre; es muss sich um eine wesentliche Beeinträchtigung handeln[155]. Es ist dem Arbeitgeber daher zuzumuten, sein Konzept zu überdenken und Möglichkeiten der Schaffung von Teilzeitarbeitsplätzen zu prüfen[156]. Je kleiner die organisatorische Einheit ist, desto schwerer wird dies dem Arbeitgeber fallen, und desto leichter wird die Schwelle einer wesentlichen Beeinträchtigung erreicht sein[157]. Der Begriff des Arbeitsablaufs geht eng mit dem der Organisation einher[158]. Hierbei kommt es darauf an, in welcher Form die Arbeit erbracht wird (einfach erlernbare[159] oder hochspezialisierte Tätigkeit, Schicht-, Gruppen[160]- oder Einzelarbeit[161], Eigenheiten der Arbeitsleistung wie Außendienst[162], Kundenkontakt[163], Telear-

---

152 ArbG Nienburg, NZA 2002, 382 (384); a.A. LAG Köln, AuR 2002, 189 (190), welches verlangt, dass der Arbeitgeber nicht nur ein Konzept vorträgt, sondern dieses auch tatsächlich durchführt; *Boewer*, § 8 TzBfG, Rdnr. 175.

153 BAG AP Nr. 3 zu § 8 TzBfG.

154 A.A. ArbG Bonn, NZA 2001, 973, in einem ähnlich gelagerten Fall. Zu einem anderen Ergebnis kommt in dem von ihm zu entscheidenden Rechtsstreit auch das LAG Köln, AuR 2002, 189 ff., da der Arbeitgeber sein pädagogisches Konzept selbst nicht konsequent durchführte.

155 ArbG Freiburg, NZA 2002, 216 (217).

156 Annuß/Thüsing/*Mengel*, § 8 TzBfG, Rdnr. 130, und *Preis/Gotthardt*, DB 2001, 145 (148), fordern eine Mißbrauchskontrolle, die m.E. zu keinem anderen Ergebnis führt.

157 Annuß/Thüsing/*Mengel*, § 8 TzBfG, Rdnr. 125; *Boewer*, § 8 TzBfG, Rdnr. 172.

158 Annuß/Thüsing/*Mengel*, § 8 TzBfG, Rdnr. 128, spricht davon, dass eine Differenzierung in der Praxis nicht möglich sei.

159 Zur Tätigkeit einer Stanzerin ArbG Stuttgart, NZA 2001, 968 ff.

160 *Flatten/Coeppicus*, ZIP 2001, 1477 (1479).

161 Annuß/Thüsing/*Mengel*, § 8 TzBfG, Rdnr. 125.

162 Das ArbG Hannover, NZA-RR 2002, 294 (296), hat einen Verringerungsanspruch unter Hinweis auf die Unteilbarkeit von Arbeitsaufgaben im konkreten Fall (Außendienst) abgelehnt; so auch Annuß/Thüsing/*Mengel*, § 8 TzBfG, Rdnr. 131, in den von ihr genannten Beispielsfällen.

beit). Eine wesentliche Beeinträchtigung der ebenfalls in § 8 Abs. 4 Satz 2 TzBfG aufgeführten Sicherheit im Betrieb kommt in Betracht, wenn der Arbeitgeber komplexe Anlagen betreibt, bei denen im Falle von Teilzeitarbeit häufigere Übergaben stattfinden müssen, wodurch es zu Informationsverlusten kommen könnte, die die Sicherheit gefährden[164].

Unverhältnismäßige Kosten müssen solche Kosten sein, die über den erhöhten Arbeits- und Verwaltungsaufwand für Teilzeitarbeitnehmer oder Neueinstellungen hinausgehen, da diese systemimmanent sind[165]; in Betracht kommen etwa Kosten für die Anschaffung von zusätzlichen Fahrzeugen für Außendienstmitarbeiter[166] oder von zusätzlichen sehr kostspieligen Betriebsmitteln[167]. Die Reduzierung der Arbeitszeit darf auch nicht zu einer für den Arbeitgeber unzumutbaren Relation zwischen Personalkostenaufwand und Wertschöpfung des Arbeitgebers führen[168]. Die Überschreitung von kostenrelevanten arbeitsrechtlichen Schwellenwerten kann dagegen nicht gegen den Verringerungsanspruch geltend gemacht werden[169], sondern ist dem Arbeitgeber zuzumuten[170], da sie lediglich eine gesetzliche Rechtsfolge darstellt[171]; dies ergibt auch ein Vergleich mit § 21 Abs. 7 BErzGG, der eine Ausnahmeregelung zur Berechnung der Arbeitnehmerzahl bei Elternzeitvertretung enthält[172].

Es wird erörtert, ob neben betrieblichen Gründen auch andere Gesichtspunkte, wie etwa die persönlichen oder sozialen Umstände des Arbeitnehmers, der die Verringerung geltend macht, zu berücksichtigen sind,

---

163 Auch bei Tätigkeiten mit Kundenkontakt muss der Arbeitgeber eine wesentliche Beeinträchtigung darlegen und beweisen, vgl. ArbG Mönchengladbach, NZA 2001, 970 (973).

164 Annuß/Thüsing/*Mengel*, § 8 TzBfG, Rdnr. 132.

165 Annuß/Thüsing/*Mengel*, § 8 TzBfG, Rdnr. 134; *Meinel/Heyn/Herms*, § 8 TzBfG, Rdnr. 68; *Reiserer/Penner*, BB 2002, 1694 (1695).

166 *Boewer*, § 8 TzBfG, Rdnr. 182.

167 Erfurter Kommentar-*Preis*, § 8 TzBfG, Rdnr. 31.

168 So LAG Düsseldorf vom 19. April 2002, EzA-SD 2002, Nr. 16, 9 (11), die gewünschte Verringerung der Arbeitszeit auf 10 h/Woche ablehnend, da allein 5 h/Woche für die Aneignung der erforderlichen Produktkenntnisse notwendig waren.

169 So aber Annuß/Thüsing/*Mengel*, § 8 TzBfG, Rdnr. 133, und *Reiserer/Penner*, BB 2002, 1694 (1697), m.w.N.; zweifelnd *Flatten/Coeppicus*, ZIP 2001, 1477 (1480).

170 *Däubler*, ZIP 2001, 217 (220); *Hansen/Kelber/Zeißig*, Neues Arbeitsrecht, Rdrn. 146.

171 Erfurter Kommentar-*Preis*, § 8 TzBfG, Rdnr. 38.

172 Vgl. hierzu MünchArbR-*Heenen*, § 229, Rdnr. 66.

auch wenn diese nicht in § 8 Abs. 4 Satz 1 TzBfG aufgeführt sind[173]. Zumindest dürften solche Umstände dann eine Rolle spielen, wenn mehrere Arbeitnehmer einen Verringerungswunsch geltend gemacht haben und der Arbeitgeber nach billigem Ermessen zwischen ihnen zu entscheiden hat.

Gemäß § 8 Abs. 4 Satz 3 TzBfG können Ablehnungsgründe durch Tarifvertrag festgelegt werden[174]. Im Geltungsbereich eines solchen Tarifvertrags können auch nicht tarifgebundene Arbeitgeber und Arbeitnehmer die Anwendung dieser tariflichen Regelungen vereinbaren, § 8 Abs. 4 Satz 4 TzBfG[175].

b) Vergleich mit ähnlichen Begriffen in anderen Vorschriften

Für die Auslegung des unbestimmten Rechtsbegriffs der betrieblichen Gründe in § 8 Abs. 4 TzBfG könnte der Vergleich mit anderen arbeitsrechtlichen Vorschriften, die ähnliche unbestimmte Rechtsbegriffe verwenden, ergiebig sein[176]. Dabei ist allerdings festzustellen, dass nur der Begriff der *dringenden* betrieblichen Gründe Verwendung findet, und zwar in § 7 Abs. 2 Satz 1, Abs. 3 Satz 2 BUrlG und § 15 Abs. 7 Satz 1 Nr. 4 BErzGG. § 7 Abs. 1 BUrlG spricht von dringenden betrieblichen Belangen, § 1 Abs. 2 Satz 1 KSchG und § 6 Abs. 4 Satz 1 ArbZG fordern dringende betriebliche Erfordernisse[177]. Alle diese Vorschriften fordern also eine Dringlichkeit der entgegenstehenden Gründe; darüber hinaus ist der Begriff „Gründe" nicht gleichbedeutend mit den Begriffen „Belange" und „Erfordernisse"[178]. Daher ist eine Heranziehung dieser Vorschriften zur Auslegung des Begriffs der betrieblichen Gründe nur eingeschränkt möglich[179], kann aber gleichwohl Anhaltspunkte liefern. Das Verständnis dieser unbestimmten Rechtsbegriffe soll daher im Folgenden dargestellt werden.

---

173   Ablehnend Annuß/Thüsing/*Mengel*, § 8 TzBfG, Rdnr. 126.

174   Wobei der Rahmen des § 8 Abs. 4 TzBfG wegen § 22 Abs. 1 TzBfG nicht verlassen werden darf, *Boewer*, § 8 TzBfG, Rdnr. 208.

175   Annuß/Thüsing/*Mengel*, § 8 TzBfG, Rdnr. 141; *Ring*, § 8 TzBfG, Rdnr. 69 ff.

176   *Flatten/Coeppicus*, ZIP 2001, 1477 (1479).

177   *Preis/Gotthardt*, DB 2001, 145 (147).

178   MünchArbR-*Heenen*, Ergänzungsband, § 229, Rdnr. 16.

179   *Meinel/Heyn/Herms*, § 8 TzBfG, Rdnr. 49.

aa) Bundesurlaubsgesetz

§ 7 BUrlG regelt die zeitliche Lage des Urlaubs (Abs. 1), die zusammenhängende Urlaubsgewährung (Abs. 2) und die Übertragung des Urlaubs auf das nächste Kalenderjahr (Abs. 3). Während der zeitlichen Festlegung des Urlaubs dringende betriebliche Belange oder Urlaubswünsche anderer Arbeitnehmer, die unter sozialen Gesichtspunkten vorrangig sind, entgegenstehen können, dürfen der zusammenhängenden Gewährung des Urlaubs und seiner Gewährung im laufenden Kalenderjahr dringende betriebliche Gründe entgegengehalten werden. Dabei werden die Begriffe „Gründe" und „Belange" ohne weitere Erörterung gleichgesetzt[180]. Hierunter fallen etwa die Erfüllung termingebundener Aufträge[181], krankheits- oder urlaubsbedingte Ausfälle anderer Arbeitnehmer[182], Saison- oder Kampagnebetriebe[183] oder Messen[184]. Eine bloße Störung des Betriebsablaufs reicht nicht aus[185], da diese dem Urlaub immanent ist; es ist aber auch nicht erforderlich, dass dem Betrieb bei Urlaubsgewährung erheblicher Schaden droht[186].

Aus den aufgeführten Beispielen lässt sich ersehen, dass bei den von § 7 BUrlG geforderten *dringenden* betrieblichen Belangen oder Gründen keine unerreichbar hohen Anforderungen an das Vorliegen dieser Gründe gestellt werden. Dies deutet darauf hin, dass bei einfachen betrieblichen Gründen noch geringere Anforderungen gestellt werden müssen. Allerdings geht es bei der Urlaubsgewährung auch nur um einen befristeten Zeitraum, in dem der Arbeitnehmer keinen Urlaub nehmen darf. Die damit für den Arbeitnehmer verbundene Einschränkung ist hinnehmbar, da er seinen Urlaub zu einem späteren Zeitpunkt nehmen kann, so dass an die Ablehnungsgründe keine zu hohen Anforderungen gestellt werden müssen. Dagegen betrifft § 8 TzBfG die dauerhafte[187] Reduzierung der Arbeitszeit. Liegen betriebliche Gründe im Sinne von § 8 Abs. 4 TzBfG vor, ist der Arbeitgeber berechtigt, den Verringerungs-

---

180 MünchArbR-*Leinemann*, § 89, Rdnr. 47.

181 *Beckschulze*, DB 2000, 2598 (2600); MünchArbR-*Leinemann*, § 89, Rdnr. 47.

182 *Schaub*, Handbuch, § 102, Rdnr. 61 a, zu § 7 Abs. 1 Satz 1 BUrlG.

183 *Beckschulze*, DB 2000, 2598 (2600), zu § 7 Abs. 1 Satz 1 BUrlG.

184 *Schaub*, Handbuch, § 102, Rdnr. 75, zu § 7 Abs. 3 Satz 2 BUrlG.

185 Annuß/Thüsing/*Mengel*, § 8 TzBfG, Rdnr. 123; so auch Erfurter Kommentar-*Dörner*, § 7 BUrlG, Rdnr. 23.

186 *Schaub*, Handbuch, § 102, Rdnr. 61 a.

187 Einen Anspruch auf eine befristete Arbeitszeitverringerung gibt § 8 TzBfG nach ganz überwiegender Ansicht nicht, vgl. Annuß/Thüsing/*Mengel*, § 8 TzBfG, Rdnr. 72; *Beckschulze*, DB 2000, 2598 (2600); *Boewer*, § 8 TzBfG, Rdnr. 106; *Hansen/Kelber/Zeißig*, Neues Arbeitsrecht, Rdnr. 64 ff.; a.A. *Buschmann/Dieball/Stevens-Bartol*, Teilzeitarbeit, § 8 TzBfG, Rdnr. 21.

antrag abzulehnen, und der Arbeitnehmer kann einen erneuten Antrag erst nach Ablauf von zwei Jahren stellen, § 8 Abs. 6 TzBfG. Die damit für den Arbeitnehmer verbundene Einschränkung ist deutlich weitgehender als bei der Verlegung des Urlaubs. Dementsprechend können die für § 7 BUrlG angeführten Beispiele nur bedingt auf den Verringerungsanspruch gemäß § 8 TzBfG übertragen werden, etwa bei der Beurteilung der gewünschten Verteilung der Arbeitszeit[188].

bb) Arbeitszeitgesetz

§ 6 Abs. 4 Satz 1 ArbZG regelt den Anspruch eines Nachtarbeitnehmers[189] auf Umsetzung auf einen Tagesarbeitsplatz, wenn einer der in § 6 Abs. 4 Satz 1 lit. a) bis c) ArbZG genannten Fälle – Gesundheitsgefährdung oder Betreuung eines Kindes oder schwerpflegebedürftigen Angehörigen – vorliegt. Diesem Anspruch braucht der Arbeitgeber nicht zu entsprechen, sofern dem dringende betriebliche Erfordernisse entgegenstehen. Außerdem muss ein geeigneter Tagesarbeitsplatz vorhanden sein; eine Pflicht des Arbeitgebers, einen solchen neu zu schaffen, besteht nicht[190]. Hierbei kommt es darauf an, ob die Umsetzung des Nachtarbeitnehmers dem Betrieb bei Abwägung der beiderseitigen Interessen zumutbar ist[191]; dabei sind an die betrieblichen Erfordernisse um so höhere Anforderungen zu stellen, je schwerer die dem Arbeitnehmer drohenden Nachteile sind[192]. Dringende betriebliche Erfordernisse können technische, wirtschaftliche oder organisatorische Gründe sein, beispielsweise die Tatsache, dass für einen qualifizierten Nachtarbeitnehmer kein geeigneter Ersatz zur Verfügung steht[193]. Allerdings ist aus den in § 6 Abs. 4 Satz 1 lit. a) - c) ArbZG genannten Varianten ersichtlich, dass der Umsetzungsanspruch auf besonders schutzbedürftige Arbeitnehmer beschränkt ist; es handelt sich um eine abschließende Aufzählung[194]. Daraus ergibt sich im Gegenschluss, dass an die Ablehnungsgründe hohe Anforderungen gestellt werden müssen, um den Anspruch nicht ins Leere laufen zu lassen. Da der Umsetzungsanspruch die Verteilung der Arbeitszeit betrifft, ist er zwar nicht mit der Verringerung der Arbeitszeit an sich, wohl aber mit der vom Arbeitnehmer gewünschten Verteilung

---

188 *Beckschulze*, DB 2000, 2598 (2600).

189 Der Begriff des Nachtarbeitnehmers ist in § 2 Abs. 5 ArbZG definiert.

190 *Baeck/Deutsch*, § 6 ArbZG, Rdnr. 56.

191 *Annuß/Thüsing/Mengel*, § 8 TzBfG, Rdnr. 123; Erfurter Kommentar-*Wank*, § 6 ArbZG, Rdnr. 22.

192 *Baeck/Deutsch*, § 6 ArbZG, Rdnr. 61.

193 *Baeck/Deutsch*, § 6 ArbZG, Rdnr. 61.

194 *Baeck/Deutsch*, § 6 ArbZG, Rdnr. 50.

der Arbeitszeit im Rahmen des § 8 Abs. 1 TzBfG vergleichbar. Da der Umsetzungsanspruch aus § 6 Abs. 4 Satz 1 ArbZG nur besonders schutzbedürftigen Arbeitnehmern zusteht und nur aus entgegenstehenden dringenden betrieblichen Erfordernissen abgelehnt werden kann, kann aus einem Vergleich mit § 8 TzBfG der Schluss gezogen werden, dass an die gemäß § 8 Abs. 4 TzBfG erforderlichen betrieblichen Ablehnungsgründe geringere Anforderungen zu stellen sind als an die dringenden betrieblichen Erfordernisse[195] im Sinne von § 6 Abs. 4 Satz 1 ArbZG.

cc) Bundeserziehungsgeldgesetz

§ 15 Abs. 7 Satz 1 Nr. 4 BErzGG nennt den Begriff der dringenden betrieblichen Gründe. Beispiele nennt das Bundeserziehungsgeldgesetz nicht[196]; allerdings weist die Gesetzesbegründung darauf hin, dass der Begriff wie in § 7 Abs. 2 Satz 1 BUrlG zu verstehen sei[197]. Dabei bestehen Zweifel an der Vergleichbarkeit der zugrunde liegenden Situationen[198], da es bei der Teilzeit in der Elternzeit um deutlich längere Zeiträume geht als bei der zusammenhängenden Gewährung des Jahresurlaubs[199]. Als Beispiele für entgegenstehende betriebliche Gründe im Sinne des § 15 Abs. 7 Satz 1 Nr. 4 BErzGG werden etwa genannt die durch objektive Gegebenheiten bedingte Unteilbarkeit des Arbeitsplatzes[200], übermäßig hohe Kosten durch die Teilung des Arbeitsplatzes[201] oder die Schwierigkeit des Findens einer geeigneten Ersatzkraft[202]. Diese Schwierigkeit muss sich allerdings – anders als beim Teilzeit- und Befristungsgesetz – unmittelbar auf die gewünschte Teilzeitarbeit oder ihre Verteilung beziehen, da der Arbeitnehmer in Elternzeit auch das Recht hätte, überhaupt nicht zu arbeiten[203].

---

195 Auch hier wird der begriffliche Unterschied zwischen Gründen und Erfordernissen im Schrifttum nicht erwähnt.

196 *Hansen/Kelber/Zeißig*, Neues Arbeitsrecht, Rdnr. 306.

197 BT-DS. 14/3553, S. 22; *Schulte*, DB 2001, 2715, nimmt wohl an, diese Gesetzesbegründung bezöge sich auf das TzBfG.

198 MünchArbR-*Heenen*, Ergänzungsband, § 229, Rdnr. 15; *Schaub*, Handbuch, § 102, Rdnr. 178.

199 Darüber hinaus wird eine zusammenhängende Gewährung des Jahresurlaubs von Arbeitnehmern nur selten verlangt.

200 MünchArbR-*Heenen*, Ergänzungsband, § 229, Rdnr. 18.

201 *Hansen/Kelber/Zeißig*, Neues Arbeitsrecht, Rdnr. 309.

202 *Schaub*, Handbuch, § 102, Rdnr. 178.

203 *Hansen/Kelber/Zeißig*, Neues Arbeitsrecht, Rdnr. 310; MünchArbR-*Heenen*, Ergänzungsband, § 229, Rdnr. 19.

Während der Anspruch gemäß § 8 TzBfG jedem Arbeitnehmer, der die Anspruchsvoraussetzungen erfüllt, ohne Rücksicht auf bestimmte Motive zusteht, dient der Verringerungsanspruch während der Elternzeit der besseren Vereinbarkeit von Berufstätigkeit und Kindererziehung. Der allgemeine Verringerungsanspruch kann – etwa bei Kindern im Schulalter – zwar auch zu diesem Zweck geltend gemacht werden, dies ist aber keine Anspruchsvoraussetzung. Der mit § 15 Abs. 7 BErzGG in Zusammenhang stehende Schutz der Familie genießt Verfassungsrang, Art. 6 Abs. 1 GG[204]. Dies rechtfertigt es, höhere Anforderungen an eine Ablehnung durch den Arbeitgeber zu stellen als bei dem allgemeinen Verringerungsanspruch gemäß § 8 TzBfG. Da sowohl das Bundeserziehungsgeldgesetz als auch das Teilzeit- und Befristungsgesetz zum 1. Januar 2001 in Kraft getreten sind[205], ist davon auszugehen, dass der Gesetzgeber bewusst unterschiedliche Anforderungen an die beiden Verringerungsansprüche stellen wollte, so dass aus der Wertung der zu § 15 Abs. 7 Satz 1 Nr. 4 BErzGG genannten Beispiele nur gefolgert werden kann, dass für § 8 Abs. 4 TzBfG auch andere, weniger bedeutende Gründe als betriebliche Ablehnungsgründe ausreichen müssen.

dd) Kündigungsschutzgesetz

Von dringenden betrieblichen Erfordernissen spricht § 1 Abs. 2 Satz 1 KSchG bei der betriebsbedingten Kündigung. Angesichts der Bedeutung des unbestimmten Rechtsbegriffs der dringenden betrieblichen Erfordernisse in der Praxis sind Judikatur und Schrifttum zu diesem Begriff überaus zahlreich. Es kommen sowohl außerbetriebliche Faktoren wie Rezession oder technologische Entwicklung[206] als auch innerbetriebliche Gründe wie Änderungen des Arbeitsablaufs oder Rationalisierungsmaßnahmen[207] in Betracht. Diese dringenden betrieblichen Erfordernisse müssen einer Weiterbeschäftigung des Arbeitnehmers in diesem Betrieb entgegenstehen. Anders als die oben unter aa) bis cc) geschilderten ähnlichen oder gleichen unbestimmten Rechtsbegriffe bezieht sich § 1 Abs. 2 Satz 1 KSchG jedoch nicht auf die Durchführung des Arbeitsverhältnisses, sondern auf die Rechtfertigung seiner Beendigung. Die Interessenlage, die bei der Auslegung des unbestimmten Rechtsbegriffs zu beachten ist, ist daher eine grundsätzlich andere. § 1 Abs. 2 Satz 1 KSchG gibt dem Arbeitgeber mehr Freiheit, da die unternehmerische Entscheidung zur Kündigung nur auf offensichtliche

---

204 MünchArbR-*Heenen*, Ergänzungsband, § 229, Rdnr. 16; *Schulte*, DB 2001, 2715 (2716).

205 Annuß/Thüsing/*Mengel*, Einführung, Rdnr. 3.

206 KR-*Etzel*, § 1 KSchG, Rdnr. 516.

207 KR-*Etzel*, § 1 KSchG, Rdnr. 516.

Unsachlichkeit oder Willkür überprüft werden kann[208]. Bei der Untersuchung der Frage, ob der Arbeitgeber dem Teilzeitverlangen seines Arbeitnehmers betriebliche Gründe entgegenhalten könne, muss ein Gericht dagegen diese Gründe selbst überprüfen und kann sich nicht auf eine Willkürkontrolle beschränken[209]. Daher erscheint zweifelhaft, ob die zu § 1 Abs. 2 Satz 1 KSchG ergangene Judikatur für die Auslegung des § 8 TzBfG herangezogen werden kann[210].

Mengel[211] leitet aus dem Vergleich zum Kündigungsschutzrecht ab, dass der Schutz nach dem Teilzeit- und Befristungsgesetz nicht weitgehender sein dürfe, da es nicht um die Beendigung des Arbeitsverhältnisses, sondern nur um die Verringerung der Arbeitszeit gehe[212]. Dies spricht ebenfalls dagegen, vergleichbare Maßstäbe zur Prüfung der betrieblichen Gründe nach § 8 TzBfG und der dringenden betrieblichen Erfordernisse gemäß §§ 1, 2 KSchG anzulegen[213]. Die entgegenstehenden betrieblichen Gründe müssen nicht die Qualität eines dringenden betrieblichen Erfordernisses aufweisen[214]. Andererseits kann auch nicht gefolgert werden, ein Grund, der sogar die Kündigung des Arbeitsverhältnisses rechtfertige, könne jedenfalls auch die Ablehnung des Verringerungsanspruchs rechtfertigen. Zum einen kann eine Verringerung der Arbeitszeit den wirtschaftlichen Interessen des Arbeitgebers etwa bei Umsatzrückgang durchaus entgegenkommen; zum anderen kann die Lage bei Beendigung des Arbeitsverhältnisses nicht mit der Lage bei Geltendmachung des Teilzeitwunsches im laufenden Arbeitsverhältnis verglichen werden. § 1 Abs. 2 Satz 1 KSchG kann daher bei der Auslegung des unbestimmten Rechtsbegriffs in § 8 Abs. 4 TzBfG inhaltlich nicht weiterhelfen.

ee)   Vergleich mit § 8 Abs. 4 TzBfG

Die unter aa) bis cc) aufgeführten Beispiele aus anderen arbeitsrechtlichen Vorschriften helfen bei der Auslegung des unbestimmten Rechtsbegriffs der betrieblichen Gründe in § 8 Abs. 4 Satz 1 TzBfG, da aus ih-

---

208 So etwa BAG EzA § 1 KSchG Betriebsbedingte Kündigung Nr. 13; KR-*Etzel*, § 1 KSchG, Rdnr. 522.

209 *Richardi/Annuß*, BB 2000, 2201 (2202); *Ring*, § 8 TzBfG, Rdnr. 66.

210 *Ring*, § 8 TzBfG, Rdnr. 65.

211 Annuß/Thüsing/*Mengel*, § 8 TzBfG, Rdnr. 129.

212 So auch MünchArbR-*Heenen*, Ergänzungsband, § 229, Rdnr. 16.

213 So Annuß/Thüsing/*Mengel*, § 8 TzBfG, Rdnr. 225, zur Möglichkeit einer späteren Änderungskündigung, um die verringerte Arbeitszeit wieder zu ändern, wenn zuvor die Zustimmung des Arbeitgebers zur Verringerung durch Rechtskraft des Urteils eingetreten ist.

214 LAG Baden-Württemberg vom 27. März 2002, 12 Sa 124/01 (unveröffentlicht).

nen hervorgeht, dass an diese Einwendung des Arbeitgebers geringere Anforderungen zu stellen sind als an das Entgegenhalten von *dringenden* betrieblichen Gründen[215]. Rationale, nachvollziehbare Gründe[216], die die Gesetzesbegründung bei § 8 Abs. 4 Satz 1 TzBfG ausreichen lässt[217]; reichen bei § 15 Abs. 7 Satz 1 Nr. 4 BErzGG, § 6 Abs. 4 Satz 1 ArbZG und § 7 Abs. 2 Satz 1, Abs. 3 Satz 1 BUrlG nicht. Dies hat seinen Grund darin, dass der Verringerungsanspruch gemäß § 8 TzBfG jedem Arbeitnehmer ohne besondere Begründung offensteht, so dass die Gegengründe des Arbeitgebers weitgehend sein können[218]. Dagegen dient der Verringerungsanspruch während der Elternzeit der Kindererziehung (Art. 6 Abs. 1 GG)[219], ebenso die Umsetzung auf einen Tagesarbeitsplatz (§ 6 Abs. 4 Satz 1 b) ArbZG); die Urlaubsgewährung dient der Erholung des Arbeitnehmers. Diese gewichtigen Güter ziehen hohe Anforderungen an eine negative Entscheidung durch den Arbeitgeber nach sich. Dass dem Gesetzgeber diese Unterscheidung bewusst gewesen sein muss, zeigt sich auch daran, dass das Adjektiv „dringend" in der Gesetz gewordenen Fassung von § 8 Abs. 4 Satz 1 TzBfG fehlt[220]. Die ursprüngliche Fassung des § 8 Abs. 4 TzBfG hatte noch die Notwendigkeit *dringender* betrieblicher Gründe vorgesehen[221] und ist dann entschärft worden[222]. Da sowohl das Bundeserziehungsgeldgesetz als auch das Teilzeit- und Befristungsgesetz zum 1. Januar 2001 in Kraft getreten sind[223], mussten die unterschiedlichen Begriffe dem Gesetzgeber bewusst sein. Dies spricht dagegen, an eine Ablehnung aus betrieblichen Gründen gleich hohe Anforderungen zu stellen wie an eine Ablehnung aus dringenden betrieblichen Gründen[224].

Allerdings entstammen die in § 8 Abs. 4 Satz 2 TzBfG genannten Beispiele noch der ursprünglichen Fassung[225], wurden also nicht im Zuge

---

215 So auch *Preis/Gotthardt*, DB 2001, 145 (147). *Flatten/Coeppicus*, ZIP 2001, 1477 (1479), sind dagegen der Ansicht, der Vergleich mit anderen Vorschriften helfe nicht weiter.

216 *Hansen/Kelber/Zeißig*, Neues Arbeitsrecht, Rdnr. 131.

217 BT-DS. 14/4374, S. 17.

218 *Preis/Gotthardt*, DB 2001, 145 (147 f.).

219 MünchArbR-*Heenen*, Ergänzungsband, § 229, Rdnr. 16; *Schulte*, DB 2001, 2715 (2716).

220 *Schulte*, DB 2001, 2715.

221 Hierzu *Bauer*, NZA 2000, 1039 (1040).

222 *Beckschulze*, DB 2000, 2598; *Flatten/Coeppicus*, ZIP 2001, 1477 (1478).

223 Annuß/Thüsing/*Mengel*, Einführung, Rdnr. 3.

224 Annuß/Thüsing/*Mengel*, § 8 TzBfG, Rdnr. 124; *Reiserer/Penner*, BB 2002, 1694; *Schulte*, DB 2001, 2715.

225 *Hansen/Kelber/Zeißig*, Neues Arbeitsrecht, Rdnr. 309, Fußnote 299.

der Abschwächung auf betriebliche Gründe ebenfalls angepasst[226]. Da in den Beispielen wesentliche Beeinträchtigungen und unverhältnismäßige Kosten gefordert werden, fragt sich mit *Langmaack*[227] zu Recht, wie diese Anforderungen – etwa im Rahmen des § 15 Abs. 7 Satz 1 Nr. 4 BErzGG – noch gesteigert werden können. Dass der Gesetzgeber diese Beispiele nicht geändert hat, spricht darum gegen erheblich niedrigere Anforderungen an eine Ablehnung durch den Arbeitgeber. Dies ist aber vor dem Hintergrund, dass der Gesetzgeber Teilzeitarbeit bewusst fördern wollte[228], nicht überraschend. Eine meßbare Steigerung der Teilzeitbeschäftigung kann nur erreicht werden, wenn der Arbeitgeber den Wunsch des Arbeitnehmers nicht ohne weiteres ablehnen kann. Es genügt also nicht jeder Grund, der aus Sicht des Unternehmers einer rationalen Unternehmensführung entgegensteht[229]. Die hohen Anforderungen an die Ablehnung spiegeln also die Bedeutung wider, die der Gesetzgeber dem Teilzeitanspruch beigemessen hat und die sich auch in der in § 4 dieser Arbeit zu untersuchenden Frage niederschlägt, ob auch nur vorübergehend nach Deutschland entsandte Arbeitnehmer den Anspruch auf Verringerung ihrer Arbeitszeit geltend machen können. Dennoch sind die Anforderungen an das Vorliegen eines betrieblichen Grunds niedriger anzusetzen als an das Vorliegen eines dringenden betrieblichen Grunds[230], da die Unterscheidung sonst keinen Sinn hätte[231]. So kann gemäß § 9 TzBfG der Wunsch eines teilzeitbeschäftigten Arbeitnehmers nach Verlängerung seiner Arbeitszeit nur aus dringenden betrieblichen Gründen (oder wegen Arbeitszeitwünschen anderer Teilzeitbeschäftigter) zurückgewiesen werden[232]. Daraus ist zu folgern, dass trotz der vom Gesetzgeber beabsichtigten Förderung der Teilzeitarbeit keine zu hohen Anforderungen an die Ablehnung durch den Arbeitgeber zu stellen sind. Die Unteilbarkeit eines Arbeitsplatzes muss etwa für § 15 Abs. 7 Satz 1 Nr. 4 BErzGG objektiv zwingend gegeben sein, während es für § 8 Abs. 4 TzBfG ausreicht, dass eine Teilung des Arbeitsplatzes zu wesentlichen Beeinträchtigungen führen würde. Diese Abstufung ist bei der Auslegung und bei der Bestimmung des Schutzzwecks von § 8 TzBfG[233] zu beachten.

---

226 *Ring*, § 8 TzBfG, Rdnr. 55.

227 Teilzeitarbeit, Rdnr. 396.

228 *Boewer*, § 8 TzBfG, Rdnr. 170.

229 So aber *Hromadka*, NJW 2001, 400 (402).

230 Erfurter Kommentar-*Preis*, § 8 TzBfG, Rdnr. 23.

231 *Flatten/Coeppicus*, ZIP 2001, 1477 (1478).

232 *Flatten/Coeppicus*, ZIP 2001, 1477 (1481); *Preis/Gotthardt*, DB 2001, 145 (148).

233 Hierzu unten unter § 2 III.

3. Geltendmachung des Anspruchs

a) § 8 Abs. 2 TzBfG

Gemäß § 8 Abs. 2 TzBfG muss der Arbeitnehmer die Verringerung seiner Arbeitszeit und den Umfang der Verringerung spätestens drei Monate vor deren Beginn geltend machen. Er soll dabei die gewünschte Verteilung der Arbeitszeit angeben[234]. Ausgehend von der oben unter 1. a) aa) erarbeiteten Auslegung des Zeitpunkts der Geltendmachung muss daher ein Arbeitsverhältnis bis zum Wirksamwerden der Arbeitszeitverringerung mindestens neun Monate bestanden haben[235]. Dabei kommt es, wie oben unter 1. a) bb) dargelegt, auf das sechsmonatige Bestehen des Arbeitsverhältnisses insgesamt, nicht auf die Dauer des Bestehens des Entsendevertrags, sondern auf die Dauer des Arbeitsverhältnisses insgesamt an. Eine bestimmte Form ist weder für die Geltendmachung durch den Arbeitnehmer noch für die Angabe der gewünschten Verteilung vorgeschrieben[236], aber in der Praxis sinnvoll[237]. Es ist umstritten[238], ob es sich bei der Frist gemäß § 8 Abs. 2 Satz 1 TzBfG um eine materielle Wirksamkeitsvoraussetzung handelt[239] mit der Folge, dass die Nichteinhaltung dieser Frist zur Unwirksamkeit des Antrags des Arbeitnehmers auf Verringerung seiner Arbeitszeit führt, oder ob die Nichteinhaltung der Dreimonatsfrist nur zur Folge hat, dass die Verringerung zum nächstzulässigen Termin beginnt, der Antrag aber im übrigen wirksam ist[240]. Für die Einordnung als materielle Wirksamkeitsvoraussetzung spricht zwar, dass ein Missbrauch durch den Arbeitnehmer nicht ausgeschlossen werden kann, indem er seinen Verringerungsantrag so kurzfristig stellt, dass der Arbeitgeber diesen nicht mehr spätestens einen Monat

---

234 Dabei handelt es sich nicht um eine zwingend erforderliche Angabe, Annuß/ Thüsing/*Mengel*, § 8 TzBfG, Rdnr. 57; *Boewer*, § 8 TzBfG, Rdnr. 117; *Caamano Rojo*, Teilzeitarbeit, S. 207; *Meinel/Heyn/Herms*, § 8 TzBfG, Rdnr. 33.

235 Vgl. zur Fristberechnung *Rolfs*, RdA 2001, 129 (134); *Straub*, NZA 2001, 919 (921); so auch *Meinel/Heyn/Herms*, § 8 TzBfG, Rdnr. 37; MünchArbR-*Schüren*, Ergänzungsband, § 162, Rdnr. 54.

236 *Richardi/Annuß*, BB 2000, 2201 (2202); *Straub*, NZA 2001, 919 (923); anders § 15 Abs. 7 Satz 1 Nr. 5 BErzGG.

237 *Buschmann/Dieball/Stevens-Bartol*, Teilzeitarbeit, § 8 TzBfG, Rdnr. 19.

238 *Boewer*, § 8 TzBfG, Rdnr. 125; offengelassen von BAG NZA 2003, 911 (912).

239 So Annuß/Thüsing/*Mengel*, § 8 TzBfG, Rdnr. 48; *Caamano Rojo*, Teilzeitarbeit, S. 209; Erfurter Kommentar-*Preis*, § 8 TzBfG, Rdnr. 13; *Langmaack*, Teilzeitarbeit, Rdnr. 232; *Preis/Gotthardt*, DB 2001, 145.

240 So LAG Hamm ArbRB 2003, 39; ArbG Oldenburg, NZA 2002, 908 (909); *Däubler*, ZIP 2001, 217 (221); *Hansen/Kelber/Zeißig*, Neues Arbeitsrecht, Rdnr. 51; *Richardi/Annuß*, BB 2000, 2201 (2202); *Ring*, § 8 TzBfG, Rdnr. 35.

vor dem gewünschten Beginn der Verringerung ablehnen kann, mit der Folge, dass die Fiktion des § 8 Abs. 5 Satz 2 und 3 TzBfG einträte[241]. Abgesehen davon, dass es sich dabei um Rechtsmissbrauch handeln dürfte, kann einer solchen Gestaltung aber auch dadurch begegnet werden, dass der Verringerungsantrag als zum nächstzulässigen Termin gestellt behandelt wird, denn dann steht dem Arbeitgeber die Dreimonatsfrist für eventuelle Umorganisationen zur Verfügung.

Gegen die Einordnung als materielle Wirksamkeitsvoraussetzung spricht auch der Vergleich mit § 15 Abs. 7 Nr. 5 BErzGG, da der Gesetzgeber in diesem Zusammenhang die rechtzeitige Mitteilung des Verringerungsverlangens als Anspruchsvoraussetzung verstanden wissen will[242]. Entsprechende Ausführungen fehlen zu § 8 Abs. 2 Satz 1 TzBfG[243]. Darüber hinaus behandelt der Gesetzgeber den Anspruch aus § 15 Abs. 7 BErzGG auch formal anders, da eine schriftliche Geltendmachung erforderlich ist. Bei der Dreimonatsfrist des § 8 Abs. 2 Satz 1 TzBfG handelt es sich daher um eine Vorschrift zur Geltendmachung des Anspruchs, nicht um eine materielle Voraussetzung[244]. Auf einen unter Nichtbeachtung der Frist gestellten Verringerungsantrag muss der Arbeitgeber daher gemäß § 8 Abs. 5 Satz 1 TzBfG reagieren[245].

b) § 8 Abs. 3 TzBfG

Nach Antragstellung hat der Arbeitgeber gemäß § 8 Abs. 3 Satz 1 TzBfG mit dem Arbeitnehmer die gewünschte Verringerung der Arbeitszeit mit dem Ziel zu erörtern, zu einer Vereinbarung zu gelangen. Eine einklagbare Verpflichtung zur Erörterung kann daraus aber nicht hergeleitet werden[246]. Außerdem hat der Arbeitgeber nach § 8 Abs. 3 Satz 2 TzBfG mit dem Arbeitnehmer Einvernehmen über die von ihm festzulegende Verteilung der Arbeitszeit zu erzielen. Hier liegt eine weitere sprachliche Unklarheit. Bei der Formulierung „über die von ihm festzulegende Ver-

---

241 *Preis/Gotthardt*, DB 2001, 145 (146).

242 BT-DS. 14/3553, S. 22; *Boewer*, § 8 TzBfG, Rdnr. 126.

243 So Annuß/Thüsing/*Mengel*, § 8 TzBfG, Rdnr. 47, die dieser Argumentation allerdings nicht folgt, obwohl sie in Rdnr. 48 eine bloße Verschiebung des Beginns als praktikabelste Lösung bezeichnet.

244 Dem entspricht die Einordnung in dieser Untersuchung.

245 Hierfür spricht laut *Boewer*, § 8 TzBfG, Rdnr. 132, auch, dass die vom Gesetzgeber gewünschte Verbreitung der Teilzeitarbeit nicht an formalistischen Vorgaben scheitern solle.

246 BAG NZA 2003, 911 (913); a.A. LAG Düsseldorf, DB 2002, 1778, sowie LAG Düsseldorf, NZA-RR 2002, 407 (410); wie das BAG Annuß/Thüsing/*Mengel*, § 8 TzBfG, Rdnr. 86; Erfurter Kommentar-*Preis*, § 8 TzBfG, Rdnr. 15.

teilung der Arbeitszeit" ist auf den ersten Blick nicht klar, wer mit „ihm" gemeint ist[247], der Arbeitgeber oder der Arbeitnehmer[248]. Außerdem legt diese Formulierung nahe, dass Arbeitgeber und Arbeitnehmer sich in jedem Fall einigen müssten. Eine solche Pflicht zur Einigung kann aber nicht auferlegt werden[249]. Grammatikalisch deutet die Formulierung auf den Arbeitgeber hin[250]. Auch der Begriff des „Einvernehmens" bestätigt dieses Verständnis, denn anders als der Begriff der „Vereinbarung" in § 8 Abs. 3 Satz 1 TzBfG legt der Begriff des „Einvernehmens" in § 8 Abs. 3 Satz 2 TzBfG nahe, dass eine Partei eine bestimmte Regelung einseitig festlegt, wenn auch unter Mitwirkung der anderen Partei. Hierfür spricht auch, dass § 8 Abs. 1 TzBfG nur einen Anspruch auf Verringerung der Arbeitszeit enthält, nicht dagegen auf eine bestimmte Verteilung der Arbeitszeit[251]. Die Verteilung der Arbeitszeit bleibt letztlich Sache des Arbeitgebers[252]. Dies leiten *Hromadka*[253] und *Preis/Gotthardt*[254] auch aus einem Vergleich mit § 8 Abs. 4 TzBfG ab, aus dem sich ergibt, dass der Arbeitgeber die Verteilung der Arbeitszeit festzulegen hat. In der Aufforderung, Einvernehmen zu erzielen, ist daher nur ein „Hinweis auf das vom Gesetzgeber gewünschte Konsensprinzip"[255] zu sehen[256]. Im Rahmen seines Direktionsrechts kann der Arbeitgeber grundsätzlich die Verteilung der Arbeitszeit festlegen[257].

---

247 *Boewer*, § 8 TzBfG, Rdnr. 143.

248 *Caamano Rojo*, Teilzeitarbeit, S. 211.

249 Annuß/Thüsing/*Mengel*, § 8 TzBfG, Rdnr. 92; *Hromadka*, NJW 2001, 400 (402); *Meinel/Heyn/Herms*, § 8 TzBfG, Rdnr. 43.

250 So im Ergebnis auch *Kliemt*, NZA 2001, 63 (66).

251 *Schiefer*, DB 2000, 2118 (2119).

252 So auch die Gesetzesbegründung, BT-DS. 14/4625, S. 20.

253 NJW 2001, 400 (402).

254 DB 2001, 145 (146).

255 *Meinel/Heyn/Herms*, § 8 TzBfG, Rdnr. 43; so auch *Boewer*, § 8 TzBfG, Rdnr. 146.

256 A.A. ArbG Düsseldorf, NZA-RR 2001, 571 (572).

257 Für ein eingeschränktes Direktionsrecht Annuß/Thüsing/*Mengel*, § 8 TzBfG, Rdnr. 95.

c) § 8 Abs. 5 TzBfG

Der Arbeitgeber hat dem Arbeitnehmer die Entscheidung über die Verringerung der Arbeitszeit und ihre Verteilung spätestens einen Monat[258] vor dem gewünschten Beginn der Verringerung schriftlich[259] mitzuteilen, § 8 Abs. 5 Satz 1 TzBfG. Die folgenden drei Reaktionsmöglichkeiten des Arbeitgebers sind denkbar:

aa) Zustimmung des Arbeitgebers

Der Arbeitgeber stimmt sowohl der Verringerung an sich als auch der Verteilung der Arbeitszeit zu. Dann tritt die Neuregelung mit Ablauf der dreimonatigen Ankündigungsfrist in Kraft.

bb) Form- und fristgerechte Ablehnung des Arbeitgebers

Der Arbeitgeber lehnt entweder die Verringerung oder die Verteilung oder aber beides form- und fristgerecht ab. Eine Begründung der Ablehnung ist – anders als in § 15 Abs. 7 Satz 2 BErzGG – nicht[260] vorgeschrieben[261]. In § 8 TzBfG ist – ebenfalls anders als in § 15 Abs. 7 Satz 3 BErzGG – nicht geregelt, wie der Arbeitnehmer auf eine solche Ablehnung reagieren kann. Will der Arbeitnehmer geltend machen, dass die Voraussetzungen für eine Ablehnung nicht vorlagen, muss er aber Klage erheben können[262]. Da er vom Arbeitgeber die Abgabe einer zu-

---

258 Der ursprüngliche Gesetzentwurf, BT-DS. 14/4374, S. 2, sah noch eine Frist von vier Wochen vor; auf dieser Grundlage auch *Bauer*, NZA 2000, 1039 (1041); *Däubler*, ZIP 2000, 1962 (1963); *Schiefer*, DB 2000, 2118 (2119). § 15 Abs. 7 Satz 2 BErzGG enthält dagegen eine Frist von vier Wochen.

259 Vgl. § 126 Abs. 1 BGB: eigenhändige Unterschrift. A.A. *Hanau*, NZA 2001, 1168 (1171), da es sich bei der Ablehnung der Verringerung nicht um eine Willenserklärung handle, sowie Erfurter Kommentar-*Preis*, § 8 TzBfG, Rdnr. 17. Dies würde allerdings zu dem seltsamen Ergebnis führen, dass für die zustimmende Erklärung des Arbeitgebers, bei der es sich unstreitig um eine Willenserklärung handelt, eine andere – und noch dazu strengere – Form erforderlich wäre als für eine ablehnende Entscheidung des Arbeitgebers. Es ist daher m.E. davon auszugehen, dass die Mitteilung der Entscheidung des Arbeitgebers immer der gesetzlichen Schriftform des § 126 Abs. 1 BGB bedarf; so auch *Boewer*, § 8 TzBfG, Rdnr. 242; *Ring*, § 8 TzBfG, Rdnr. 83, unter Berufung auf *Richardi/Annuß*, BB 2000, 2201 (2203); dies für die Praxis empfehlend Annuß/Thüsing/*Mengel*, § 8 TzBfG, Rdnr. 105.

260 Annuß/Thüsing/*Mengel*, § 8 TzBfG, Rdnr. 106; *Boewer*, § 8 TzBfG, Rdnr. 263; *Meinel/Heyn/Herms*, § 8 TzBfG, Rdnr. 88.

261 Im Ergebnis a.A. *Buschmann/Dieball/Stevens-Bartol*, Teilzeitarbeit, § 8 TzBfG, Rdnr. 39.

262 *Boewer*, § 8 TzBfG, Rdnr. 271.

stimmenden Willenserklärung begehrt, muss er Leistungsklage auf Abgabe dieser Willenserklärung erheben[263]. Das Gericht prüft, ob der gewünschten Verringerung und/oder der gewünschten Verteilung der Arbeitszeit betriebliche Gründe entgegenstehen. Dabei können der Verringerung andere Gründe entgegenstehen als der Verteilung[264]. Die Darlegungs- und Beweislast für das Vorliegen betrieblicher Gründe gemäß § 8 Abs. 4 TzBfG trägt der Arbeitgeber[265], da aus der Verwendung des Satzes „soweit betriebliche Gründe nicht entgegenstehen" deutlich wird, dass es sich um eine Einwendung handelt. Gemäß § 894 ZPO[266] wird die Abgabe der zustimmenden Willenserklärung des Arbeitgebers mit Rechtskraft des stattgebenden Urteils fingiert[267].

cc) Keine oder nicht rechtzeitige Reaktion des Arbeitgebers

Für den Fall, dass der Arbeitgeber nicht reagiert oder den Anspruch nicht schriftlich[268] oder nicht spätestens einen Monat vor dem gewünschten Beginn ablehnt, bestimmt § 8 Abs. 5 Satz 2 und 3 TzBfG, dass mit Ablauf der dreimonatigen Ankündigungsfrist die Verringerung als solche und/oder die Verteilung der Arbeitszeit entsprechend den Wünschen des Arbeitnehmers eintritt[269]. Eine gerichtliche Geltendmachung ist dann zwar nicht erforderlich; will der Arbeitnehmer das Risiko einer Kündigung des Arbeitsverhältnisses durch den Arbeitgeber wegen vermeintlicher Arbeitsverweigerung aber nicht tragen, kann er Klage auf Feststellung erheben, dass sich die Arbeitszeit aufgrund der Fiktion verringert hat[270].

---

263 Annuß/Thüsing/*Mengel*, § 8 TzBfG, Rdnr. 195; *Hromadka*, NJW 2001, 400 (403); *Meinel/Heyn/Herms*, § 8 TzBfG, Rdnr. 117.

264 LAG Berlin vom 18. Jan. 2002 m. Anm. *Schiefer*, NZA-RR 2002, 393 (401).

265 ArbG Bonn, NZA 2001, 973 (974); ArbG Mönchengladbach, NZA 2001, 970 (972); ArbG Stuttgart, NZA 2001, 968 (969); vgl. auch *Boewer*, § 8 TzBfG, Rdnr. 281; *Hanau*, NZA 2001, 1168 (1171); *Meinel/Heyn/Herms*, § 8 TzBfG, Rdnr. 125, *Rolfs*, RdA 2001, 129 (136).

266 *Grobys/Bram*, NZA 2001, 1175 (1178).

267 *Boewer*, § 8 TzBfG, Rdnr. 277; MünchArbR-*Schüren*, Ergänzungsband, § 162, Rdnr. 84.

268 Annuß/Thüsing/*Mengel*, § 8 TzBfG, Rdnr. 113.

269 § 15 Abs. 7 Satz 3 BErzGG sieht den Verweis auf die Klage auch für den Fall vor, dass der Arbeitgeber *nicht rechtzeitig* zustimmt; eine automatische Verringerung tritt – anders als bei § 8 Abs. 5 Satz 2 und 3 TzBfG – nicht ein, vgl. hierzu *Richardi/Annuß*, BB 2000, 2201 (2204).

270 Annuß/Thüsing/*Mengel*, § 8 TzBfG, Rdnr. 196.

dd) Nachträgliche Änderung der Verteilung

Die Verteilung der Arbeitszeit (nicht aber die Verringerung an sich)[271] kann vom Arbeitgeber gemäß § 8 Abs. 5 Satz 4 TzBfG später einseitig geändert werden, wenn das betriebliche Interesse daran das Interesse des Arbeitnehmers an der Beibehaltung erheblich überwiegt und der Arbeitgeber die Änderung spätestens einen Monat vorher angekündigt hat. Die Rechtsnatur dieser einseitigen Änderungsbefugnis ist umstritten[272]. *Däubler*[273] folgert aus dem Wortlaut des § 8 Abs. 5 Satz 4 TzBfG, dass die Änderung der Verteilung der Arbeitszeit nur möglich sein solle, wenn die Verteilung auf einer freiwilligen oder fingierten Einigung der Parteien beruhe; das Zustandekommen der Verteilung durch gerichtliche Entscheidung sei nicht erfasst[274]. Angesichts der Tatsache, dass der Gesetzgeber die Rechtsfolgen einer form- und fristgemäßen Ablehnung aber überhaupt nicht ausdrücklich geregelt hat, liegt es nicht fern, hierin ein Redaktionsversehen zu sehen[275]. Gerade im Fall der gerichtlichen Verurteilung zu einer bestimmten Lage der Arbeitszeit muss der Arbeitgeber die Möglichkeit haben, sich davon aus betrieblichen Gründen später wieder lösen zu können[276].

Der Arbeitnehmer muss die für ihn maßgeblichen Gründe für die Verteilung der Arbeitszeit offenlegen, um dem Arbeitgeber die Möglichkeit der Überprüfung der Interessenlage zu geben[277]; dies gilt umgekehrt auch für den Arbeitgeber hinsichtlich der von ihm behaupteten betrieblichen Gründe[278]. Die betrieblichen Gründe müssen die Interessen des Arbeitnehmers erheblich überwiegen[279]. Ist der Arbeitnehmer der Ansicht,

---

271 H.M., vgl. Annuß/Thüsing/*Mengel*, § 8 TzBfG, Rdnr. 168; *Buschmann/Dieball/ Stevens-Bartol*, Teilzeitarbeit, § 8 TzBfG, Rdnr. 42; *Meinel/Heyn/Herms*, § 8 TzBfG, Rdnr. 96; *Preis/Gotthardt*, DB 2001, 145 (148); *Rolfs*, RdA 2001, 129 (137).

272 Während Erfurter Kommentar-*Preis*, § 8 TzBfG, Rdnr. 44, *Preis/Gotthardt*, DB 2001, 145 (148), und *Ring*, § 8 TzBfG, Rdnr. 102, hierin ein Teilkündigungsrecht des Arbeitgebers sehen, geht Annuß/Thüsing/*Mengel*, § 8 TzBfG, Rdnr. 158, von einer Änderung im Wege des Direktionsrecht aus; *Richardi/Annuß*, BB 2000, 2201 (2203), sprechen von einem einseitig gestaltenden Vertragseingriff durch den Arbeitgeber, *Boewer*, § 8 TzBfG, Rdnr. 295, spricht von einem gesetzlichen Gestaltungsrecht.

273 *Däubler*, ZIP 2001, 217 (221).

274 A.A. *Preis/Gotthardt*, DB 2001, 145 (148).

275 Annuß/Thüsing/*Mengel*, § 8 TzBfG, Rdnr. 156.

276 So auch *Boewer*, § 8 TzBfG, Rdnr. 293; *Meinel/Heyn/Herms*, § 8 TzBfG, Rdnr. 99; *Ring*, § 8 TzBfG, Rdnr. 99.

277 *Boewer*, § 8 TzBfG, Rdnr. 299; *Hansen/Kelber/Zeißig*, Neues Arbeitsrecht, Rdnr. 104.

278 *Ring*, § 8 TzBfG, Rdnr. 101.

279 Annuß/Thüsing/*Mengel*, § 8 TzBfG, Rdnr. 162.

ein überwiegendes betriebliches Interesse sei nicht gegeben, kann er Klage[280] erheben[281].

d)   § 8 Abs. 6 TzBfG

Nach § 8 Abs. 6 TzBfG kann der Arbeitnehmer, wenn der Arbeitgeber einer Verringerung zugestimmt oder sie berechtigt abgelehnt hat, eine erneute Verringerung seiner Arbeitszeit frühestens nach Ablauf von zwei Jahren[282] verlangen. Was im Fall der unter c) cc) geschilderten dritten Variante (keine oder keine form-/fristgemäße Reaktion des Arbeitgebers mit der Rechtsfolge des § 8 Abs. 5 Satz 2 und 3 TzBfG) gelten soll, hat der Gesetzgeber nicht geregelt[283]. Für diesen Fall muss § 8 Abs. 6 TzBfG aber wohl analog gelten, da sich ja auch dann die Arbeitszeit kraft Gesetzes entsprechend den Wünschen des Arbeitnehmers verringert[284]. Handelt es sich wegen des Fehlens eines entgegenstehenden betrieblichen Grunds um eine unberechtigte Ablehnung, greift § 8 Abs. 6 TzBfG nicht ein[285]. An einer Ablehnung im Sinne des § 8 Abs. 6 TzBfG fehlt es auch, wenn die Anspruchsvoraussetzungen des § 8 TzBfG (Mindestbeschäftigungszeit und Arbeitnehmerzahl)[286] bereits nicht vorgelegen haben[287]. Dies hat zur Folge, dass der Arbeitnehmer zu einem späteren Zeitpunkt einen neuen Verringerungsantrag ohne die zeitliche Einschränkung des § 8 Abs. 6 TzBfG stellen kann, wenn die Voraussetzungen des § 8 TzBfG zu diesem späteren Zeitpunkt vorlie-

---

280 Feststellungsklage: Annuß/Thüsing/*Mengel*, § 8 TzBfG, Rdnr. 214; *Meinel/Heyn/Herms*, § 8 TzBfG, Rdnr. 122; Leistungsklage: *Boewer*, § 8 TzBfG, Rdnr. 308.

281 Aus der Sicht der Praxis ist dem Arbeitnehmer zu raten, zunächst unter Vorbehalt zu den geänderten Bedingungen zu arbeiten, um möglichen Sanktionen des Arbeitgebers bei Nichtbefolgung zu entgehen, so auch Annuß/Thüsing/*Mengel*, § 8 TzBfG, Rdnr. 166 und 217; *Ring*, § 8 TzBfG, Rdnr. 104.

282 Die Frist beginnt mit Zugang der zustimmenden oder berechtigt ablehnenden Entscheidung des Arbeitgebers, nicht bei Beginn der Umsetzung, vgl. *Hansen/Kelber/Zeißig*, Neues Arbeitsrecht, Rdnr. 85; *Meinel/Heyn/Herms*, § 8 TzBfG, Rdnr. 109.

283 Annuß/Thüsing/*Mengel*, § 8 TzBfG, Rdnr. 77.

284 So auch *Blanke*, AiB 2000, 728 (731); *Meinel/Heyn/Herms*, § 8 TzBfG, Rdnr. 107; *Richardi/Annuß*, BB 2000, 2201 (2203).

285 *Buschmann/Dieball/Stevens-Bartol*, Teilzeitarbeit, § 8 TzBfG, Rdnr. 44.

286 Vertritt man die Ansicht, auch bei § 8 Abs. 2 Satz 1 TzBfG handle es sich um eine Wirksamkeitsvoraussetzung, gälte die Sperre gemäß § 8 Abs. 6 TzBfG auch bei einer Ablehnung wegen der Fristversäumung; differenzierend Annuß/Thüsing/*Mengel*, § 8 TzBfG, Rdnr. 49 f. und Rdnr. 79.

287 *Boewer*, § 8 TzBfG, Rdnr. 316; *Meinel/Heyn/Herms*, § 8 TzBfG, Rdnr. 108, m.w.N.

gen[288]. § 8 Abs. 6 TzBfG hat den Zweck, dem Arbeitgeber für die Dauer von zwei Jahren Planungssicherheit zu geben[289] und ihn vor ständiger Erörterung über die Verringerung der Arbeitszeit zu bewahren[290].

III. Würdigung des § 8 TzBfG

Der Rechtsanspruch auf Verringerung der Arbeitszeit gemäß § 8 TzBfG ist ein Novum[291] im deutschen Arbeitsrecht[292]. Nur einzelne Tarifverträge sahen bisher eine ähnliche Regelung vor, zum Beispiel § 15 b BAT[293]. Diese Tarifnorm gibt aber einen Anspruch auf Teilzeitbeschäftigung nur in den ausdrücklich genannten Fällen des § 15 b Abs. 1 Satz 1 lit. a) und b) BAT, nämlich bei Betreuung eines minderjährigen Kindes oder eines pflegebedürftigen Angehörigen. In anderen Fällen ist nur der Anspruch des Arbeitnehmers festgeschrieben, mit dem Arbeitgeber die Möglichkeit einer Teilzeitbeschäftigung zu erörtern, § 15 b Abs. 2 BAT. Eine vergleichbare Regelung enthält § 14 b BMT-G[294]. Bestimmte Gründe für eine Verringerung der Arbeitszeit werden auch von § 15 Abs. 4 bis 7 BErzGG und § 81 Abs. 5 SGB IX verlangt. Diese Normen gelten nur für Arbeitnehmer, die aus den dort genannten Gründen (Kinderbetreuung, Schwerbehinderung) ein besonderes, uneigennütziges Interesse an der Verringerung der Arbeitszeit haben. Dagegen ist für den Anspruch aus § 8 TzBfG kein besonderes Interesse erforderlich. Jeder Arbeitnehmer, der die Voraussetzungen der Norm erfüllt, kann – aus welchen Gründen auch immer – verlangen, dass seine vertraglich vereinbarte Arbeitszeit verringert wird. Da sich der Arbeitnehmer bei Abschluss des Arbeitsvertrags bewusst und freiwillig auf eine bestimmte Arbeitszeit eingelassen hat, liegt mit der Gewährung des Anspruchs aus § 8 TzBfG in der Tat

---

288   *Boewer*, § 8 TzBfG, Rdnr. 63.

289   Erfurter Kommentar-*Preis*, § 8 TzBfG, Rdnr. 48.

290   Annuß/Thüsing/*Mengel*, § 8 TzBfG, Rdnr. 75.

291   *Link/Fink*, AuA 2001, 107 (110).

292   So auch *Rolfs*, RdA 2001, 129 (143).

293   *Kliemt*, NZA 2001, 63 (64).

294   Vgl. zu § 15 b BAT und § 14 b BMT-G auch *Meinel/Heyn/Herms*, § 8 TzBfG, Rdnr. 8.

ein Eingriff in die Vertragsfreiheit des Arbeitgebers vor[295], der aber nach der bisher hierzu ergangenen Judikatur gerechtfertigt ist[296].

Mit der Einräumung eines solchen Anspruchs ist der Gesetzgeber auch über die Vorgaben der Teilzeit-Richtlinie[297] deutlich hinausgegangen[298]. Aus der Rahmenvereinbarung und der Teilzeit-Richtlinie kann kein europarechtliches Gebot[299] zur Einführung eines Rechtsanspruchs auf Teilzeit hergeleitet werden[300]. Die Rahmenvereinbarung der Sozialpartner über Teilzeitarbeit, auf der die Teilzeit-Richtlinie und damit auch das Gesetz über Teilzeitarbeit und befristete Arbeitsverträge beruhen, sieht keinen solchen Rechtsanspruch vor. Die Rahmenvereinbarung spricht in ihrem § 5 Nr. 3 lit. a) und b) nur davon, dass Arbeitgeber, soweit dies möglich ist, Anträge von Arbeitnehmern auf Wechsel in ein Voll- oder Teilzeitarbeitsverhältnis berücksichtigen sollten. Sie enthält damit gleich zwei Abschwächungen: Die Berücksichtigung gilt nur, soweit dies möglich ist. Die Arbeitgeber sollten[301] (nicht einmal: sollen) dementsprechende Anträge berücksichtigen. Außerdem spricht § 5 Nr. 3 der Rahmenvereinbarung, wie *Rolfs*[302] zutreffend ausführt, von einem „im Betrieb zur Verfügung stehenden Teilzeitarbeitsverhältnis", nicht von einer Verpflichtung, solche Arbeitsplätze auf Verlangen einzurichten. § 1 b) der Rahmenvereinbarung legt fest, dass diese die Entwicklung der Teilzeitarbeit „auf freiwilliger Basis" fördern soll; damit scheint ein Zwang zur Einrichtung von Teilzeitarbeitsplätzen eigentlich unvereinbar.

§ 8 TzBfG steht dennoch mit der Teilzeit-Richtlinie im Einklang, da § 6 Nr. 1 der Rahmenvereinbarung ausdrücklich die Beibehaltung oder Einführung günstigerer Bestimmungen zulässt[303]. Von dieser Ermächtigung hat der deutsche Gesetzgeber Gebrauch gemacht. Offensichtlich war der Gesetzgeber der Ansicht, die in der Rahmenvereinbarung ent-

---

295   BDA in: Sachverständigenanhörung zum Gesetzentwurf am 8. November 2000, BT-DS. 14/4625, S. 17; *Schiefer*, DB 2000, 2118 (2120).

296   Dies lässt sich m.E. daraus folgern, dass die Gerichte auf diese Frage überhaupt nicht eingehen.

297   ABl. EG 1998, L 14, S. 9.

298   *Blanke*, AiB 2000, 729.

299   So auch das Schrifttum, vgl. Annuß/Thüsing/*Mengel*, § 8 TzBfG, Rdnr. 1; *Bauer*, NZA 2000, 1039; *Caamano Rojo*, Teilzeitarbeit, S. 204; *Kliemt*, NZA 2001, 63 (64); *Link/Fink*, AuA 2001, 107 (109).

300   Ebenso die CDU/CSU-Fraktion bei den Ausschussberatungen zum Gesetzentwurf, BT-DS. 14/4625, S. 19.

301   Erfurter Kommentar-*Preis*, § 8 TzBfG, Rdnr. 1.

302   RdA 2001, 129 (132).

303   BT-DS. 14/4374, S. 16.

haltene Aufforderung zur Einigung könne nicht weit genug gehen[304].
§ 8 TzBfG kann daher auch als eine Vorschrift bezeichnet werden, die
den in § 1 TzBfG niedergelegten Zielen (Förderung der Teilzeitarbeit,
Verhinderung der Diskriminierung Teilzeitbeschäftigter) in der betrieblichen Praxis zum Durchbruch verhelfen soll.

Es stellt sich daher die Frage, ob die von § 8 TzBfG eröffnete Möglichkeit
der Verringerung der Arbeitszeit so bedeutend ist, dass sie auch nur
vorübergehend nach Deutschland entsandten Arbeitnehmern offenste-
hen muss. Der im Jahre 2000 in den Niederlanden eingeführte Rechtsanspruch auf Teilzeit gilt beispielsweise laut *Waas*[305] für alle niederländi-
schen Arbeitsverhältnisse, unabhängig davon, ob der Arbeitnehmer seine Arbeit in den Niederlanden oder im Ausland erbringt. Dies zeigt die
Bedeutung des Anspruchs nach niederländischem Rechtsverständnis.
Die Einordnung des § 8 TzBfG im Hinblick auf nur vorübergehend nach
Deutschland entsandte Arbeitnehmer soll daher anhand von deutschen
internationalprivatrechtlichen Maßstäben untersucht werden. Für diese
Einordnung kommt es darauf an, welchem Zweck § 8 TzBfG dient und
wen er schützen soll. Der Gesetzgeber hat mit der Einräumung eines individuellen Anspruchs auf Verringerung der Arbeitszeit dem Arbeitnehmer die einseitige Verringerung seiner Arbeitszeit ermöglicht. Dahinter stand die Einschätzung, dass durch die dann notwendige Auftei-
lung der Arbeit Einstellungen gefördert und so die Arbeitslosenquote
gesenkt werden könne[306]. Außerdem stellt die Gesetzesbegründung fest,
die Teilzeitarbeit habe große gleichstellungspolitische Bedeutung[307]; ihr
Ausbau fördere die Chancengleichheit zwischen Männern und Frauen[308].
Dementsprechend bestimmt § 1 TzBfG, dass es Ziel des Gesetzes ist,
Teilzeitarbeit zu fördern und die Diskriminierung von teilzeitbeschäftigten Arbeitnehmern zu verhindern.

Aus der Gesetzesbegründung in Verbindung mit § 1 TzBfG geht hervor,
dass der Anspruch auf Verringerung der Arbeitszeit gemäß § 8 TzBfG
der praktischen Umsetzung des gesetzgeberischen Ziels dient, mehr
Teilzeitarbeit zu ermöglichen. Vor diesem Hintergrund dürfen die Anforderungen an die formellen und materiellen Anspruchsvoraussetzungen des § 8 TzBfG nicht zu hoch angesetzt werden. Die eigentlichen An-

---

304 Hierauf deutet die Gesetzesbegründung, BT-DS. 14/4374, S. 16, hin, wenn sie
     ausführt, die Regelung trage dazu bei, eine ablehnende Haltung von Arbeit-
     gebern gegenüber realisierbaren Teilzeitarbeitswünschen der Arbeitnehmer zu
     überwinden.
305 NZA 2000, 583.
306 BT-DS. 14/4374, S. 11.
307 BT-DS. 14/4374, S. 11 und S. 23.
308 BT-DS. 14/4374, S. 11.

spruchsvoraussetzungen sind in § 8 Abs. 1 und 7 TzBfG geregelt[309] und verlangen nur eine Betriebszugehörigkeit von mehr als sechs Monaten sowie eine Beschäftigtenzahl des Arbeitgebers von mehr als 15 Arbeitnehmern. Besondere Gründe für die Verringerung der Arbeitszeit sind nicht erforderlich; dies dient den Interessen des Arbeitnehmers. Dem Schutz des Arbeitgebers dient dagegen § 8 Abs. 4 TzBfG, ebenso wie die Sperrzeit von zwei Jahren in § 8 Abs. 6 TzBfG, die den Arbeitgeber vor ständigen Organisationsänderungen und Verringerungsverlangen schützt[310].

§ 8 Abs. 2, 3 und 5 TzBfG enthalten Regelungen zum Verfahren der Geltendmachung des Anspruchs. Dabei hat der Gesetzgeber einen Ausgleich zwischen den widerstreitenden Interessen versucht, indem er einerseits dem Arbeitgeber die Obliegenheit aufgibt, über das Verringerungsverlangen zu verhandeln (§ 8 Abs. 3 TzBfG), andererseits aber die Ablehnung durch den Arbeitgeber letztlich ohne Begründung möglich ist (§ 8 Abs. 5 Satz 1 TzBfG). Die Verfahrensregelungen müssen daher in ihrer Gesamtheit als Regelungen zum Zwecke des Ausgleichs der Interessen beider Parteien betrachtet werden.

§ 8 TzBfG enthält daher sowohl Regelungen zum Schutze der Arbeitnehmer- als auch Regelungen zum Schutze der Arbeitgeberinteressen. Vor dem Hintergrund, dass der Gesetzgeber die Teilzeitarbeit gerade fördern wollte, wie bereits aus der Zielsetzung des Gesetzes in § 1 TzBfG sowie aus der Gesetzesbegründung[311] hervorgeht, folgt aber aus der Gewährung des Anspruchs auf Verringerung der Arbeitszeit als solchem, dass der Schutz des Arbeitnehmers im Vordergrund steht. Dem Arbeitgeber ist im Wege der Einwendung nur die Möglichkeit eröffnet, den Anspruch aus bestimmten Gründen abzulehnen. Der Anspruch des Arbeitnehmers steht aber im Vordergrund. Dies steht auch im Einklang mit den vom Gesetzgeber genannten Zwecken[312]. Nur wenn Arbeitnehmer die Möglichkeit haben, ohne allzu strenge Anforderungen ihre vertraglich vereinbarte Arbeitszeit zu reduzieren, lässt sich das vom Gesetzgeber beabsichtigte Ziel der Förderung der Teilzeitarbeit und mittelbar der Schaffung von Arbeitsplätzen erreichen. Dem entspricht die Gestaltung der entgegenstehenden betrieblichen Gründe als Einwen-

---

309 So ArbG Oldenburg, NZA 2002, 908 (909); *Däubler*, ZIP 2001, 217 (221); *Ring*, § 8 TzBfG, Rdnr. 35; a.A. Annuß/Thüsing/*Mengel*, § 8 TzBfG, Rdnr. 48; *Caamano Rojo*, Teilzeitarbeit, S. 209; *Langmaack*, Teilzeitarbeit, Rdnr. 232; *Preis/Gotthardt*, DB 2001, 145.

310 Annuß/Thüsing/*Mengel*, § 8 TzBfG, Rdnr. 75; Erfurter Kommentar-*Preis*, § 8 TzBfG, Rdnr. 48.

311 BT-DS. 14/4374, S. 11.

312 BT-DS. 14/4374, S. 11.

dung[313], die der Arbeitgeber darlegen und beweisen muss. Letztlich will § 8 TzBfG dem Arbeitnehmer ein Recht einräumen, welches zuvor nicht bestand, um die vom Gesetzgeber verfolgten Ziele zu erreichen. Die mit § 8 TzBfG verfolgten Ziele sind nach der zum Ausdruck gebrachten Einschätzung des Gesetzgebers bedeutend.

Es ist daher festzuhalten, dass § 8 TzBfG überwiegend dem Schutz des Arbeitnehmers dient. Es muss daher geprüft werden, ob es die Bedeutung des § 8 TzBfG auch erfordert, in ihm eine international zwingende Vorschrift im Sinne des Art. 34 EGBGB zu sehen. Welche Anforderungen im allgemeinen an eine international zwingende Vorschrift gestellt werden, soll in § 3 dieser Arbeit aufgezeigt werden.

---

313 Annuß/Thüsing/*Mengel*, § 8 TzBfG, Rdnr. 121.

§ 3 DER UNTERSUCHUNGSMAßSTAB: ART. 34 EGBGB

I. Der Anwendungsbereich des Art. 34 EGBGB

Unter § 1 I 2. b) dieser Arbeit wurde angedeutet, dass das Arbeitsverhältnis eines aus dem Ausland vorübergehend nach Deutschland entsandten Arbeitnehmers in aller Regel auch während seines Aufenthalts in Deutschland dem Recht seines Herkunftsstaats unterstellt bleibt. Diese Annahme soll nun auf der Grundlage des deutschen Internationalen Privatrechts genauer begründet und mit ihren Konsequenzen dargestellt werden. Dass ein solches Arbeitsverhältnis auch während der Entsendung nach Deutschland dem Recht des Herkunftsstaats unterstellt bleibt, kann sich auf zwei verschiedenen Wegen ergeben. Beide Wege führen über Art. 30 EGBGB. Art. 30 EGBGB erkennt eine Rechtswahl der Parteien unabhängig davon, welches Recht gewählt wird, grundsätzlich an[314]. Bei Art. 30 EGBGB handelt es sich um eine sogenannte allseitige Kollisionsnorm[315], das heißt, sie kann sowohl zur Anwendbarkeit deutschen als auch ausländischen Rechts führen[316]; sie schützt nicht (nur) die lex fori, sondern verhilft den zwingenden Bestimmungen des Rechts zur Anwendung, welches bei objektiver Anknüpfung maßgeblich wäre[317]. Haben die Parteien des Arbeitsvertrags eine Rechtswahl getroffen, so darf diese allerdings gemäß Art. 30 Abs. 1 EGBGB nicht dazu führen, dass dem Arbeitnehmer der Schutz entzogen wird, der ihm durch die zwingenden Bestimmungen des Rechts gewährt wird, das nach Art. 30 Abs. 2 EGBGB mangels einer Rechtswahl anzuwenden wäre. Dieses Recht ist in allen typischen Entsendungsfällen das Recht des Herkunftsstaates[318], da der Arbeitnehmer nur vorübergehend nach Deutschland entsandt ist, Art. 30 Abs. 2 Nr. 1 EGBGB. Haben die Parteien des Arbeitsvertrags keine Rechtswahl getroffen, so ergibt sich dasselbe Ergebnis unmittelbar aus Art. 30 Abs. 2 Nr. 1 EGBGB.

---

[314] Erfurter Kommentar-*Schlachter*, Art. 27, 30, 34 EGBGB, Rdnr. 4.

[315] Vgl. zu diesem Begriff Palandt/*Heldrich*, (IPR) Einl. vor Art. 3 EGBGB, Rdnr. 18.

[316] *Von Bar*, IPR, Rdnr. 428.

[317] MünchKomm-*Martiny*, Art. 30 EGBGB, Rdnr. 17.

[318] Nämlich das Recht des gewöhnlichen Arbeitsorts, lex loci laboris.

Gemäß Art. 30 EGBGB unterliegt das Arbeitsverhältnis daher unabhängig davon, ob eine Rechtswahl getroffen wurde oder nicht, in den typischen Entsendekonstellationen grundsätzlich den zwingenden Bestimmungen des Rechts des Herkunftsstaates.

Der Grundsatz der freien Rechtswahl im Arbeitsverhältnis ergibt sich also ohne weiteres aus Art. 30 EGBGB, welcher auf Art. 6 EVÜ beruht. Es besteht aber in Rechtsprechung[319] und Schrifttum[320] Einigkeit darüber, dass es mit der Anwendung des Heimatrechts des Entsandten auf sein Arbeitsverhältnis nicht sein Bewenden haben kann. Da das Arbeitverhältnis vorübergehend in Deutschland ausgeübt wird, muss es möglich sein, bestimmte Vorschriften des deutschen Rechts trotz der Unterworfenheit des Arbeitsvertrages unter eine fremde Rechtsordnung anzuwenden, solange sich der Arbeitnehmer in Deutschland aufhält. Dabei handelt es sich um Vorschriften des deutschen Rechts, welche in jedem Falle angewandt werden wollen, wenn ein Rechtsverhältnis in Deutschland von deutschen Gerichten zu entscheiden ist. Von der Existenz solcher Normen, auf deren Gewährleistung kein Staat verzichten könne[321], ist bereits *Savigny* ausgegangen. Er beschrieb diese Normen als solche Bestimmungen der lex fori, die unabhängig von dem sonst auf das Schuldverhältnis anwendbaren Recht Anwendung finden müssen („Gesetze von streng positiver, zwingender Natur"[322]).

Es ist unstreitig, dass es solche Normen gibt. Streit besteht allerdings zum einen über die rechtliche Lokalisierung solcher Normen, zum anderen und vor allem über die Kriterien, anhand derer sie zu ermitteln sind[323]. Selbst bei Zugrundelegung einheitlicher oder ähnlicher Maßstäbe besteht ferner Unklarheit darüber, welche Vorschriften des deutschen Rechts denn nun tatsächlich einen derartigen Geltungswillen beanspruchen, dass sie sich selbst gegen die objektive Anknüpfung eines fremden Rechts oder gegen die Wahl des fremden Rechts, welches sich bei objektiver Anknüpfung ergeben hätte, durchsetzen. Es wird heute im Allgemeinen Art. 34 EGBGB als Ausgangspunkt für diese Diskussion herangezogen; dem folgt auch diese Arbeit. Die Auslegung soll dabei anhand

---

319   BAG AP Nr. 10 zu Art. 30 EGBGB n.F., unter B. II. 1. der Gründe, m.w.N.

320   Palandt/*Heldrich*, Art. 34 EGBGB, Rdnr. 1.

321   MünchKomm-*Sonnenberger*, Einl. IPR, Rdnr. 34.

322   *Savigny*, System des heutigen Römischen Rechts, Band VIII, § 349 A. sowie § 374 III C. Knapp 100 Jahre später, im Jahre 1941, hat insbesondere *Wengler*, ZvglRWiss. 54 (1941), 168 ff., die Thematik der zwingenden Bestimmungen untersucht, allerdings mit besonderer Betonung der zwingenden Vorschriften ausländischer Rechtsordnungen.

323   *Däubler*, RIW 1987, 249 (255).

der üblichen Kriterien[324] (grammatikalische, systematische, historische und teleologische Auslegung) durchgeführt werden.

1. Auslegung anhand des Wortlauts des Art. 34 EGBGB

Das erste Kriterium, welches untersucht werden soll, ist der Wortlaut der Vorschrift. Art. 34 EGBGB springt für diese Fragestellung schon durch seine Überschrift „Zwingende Vorschriften" ins Auge. Der Wortlaut der Vorschrift lautet: „Dieser Unterabschnitt berührt nicht die Anwendung der Bestimmungen des deutschen Rechts, die ohne Rücksicht auf das auf den Vertrag anzuwendende Recht den Sachverhalt zwingend regeln." Dieser Wortlaut gibt in fast „gewalttätig" erscheinender Weise – „ohne Rücksicht"; „zwingend" – den oben entwickelten Grundsatz wieder, über den Einigkeit herrscht: Bestimmte Vorschriften des deutschen Rechts finden trotz der Unterworfenheit eines Vertrages unter eine fremde Rechtsordnung Anwendung. Mehr sagt der Wortlaut des Art. 34 EGBGB allerdings nicht. Er schweigt dazu, ob ein Inlandsbezug des Vertragsverhältnisses erforderlich ist. Er gibt auch keinerlei unmittelbare Anhaltspunkte dafür, welche Bestimmungen des deutschen Rechts unter Art. 34 EGBGB zu subsumieren sind. All dies muss durch die weitere Auslegung ermittelt werden.

2. Auslegung anhand der Gesetzesgeschichte

Für die weitere Auslegung soll die Gesetzesgeschichte hinzugezogen werden. Historisch beruht Art. 34 EGBGB auf Art. 7 Abs. 2 des Europäischen Schuldvertragsübereinkommens (EVÜ)[325], dessen Wortlaut er – an die nationale Sichtweise angepasst – wiedergibt. Das Europäische Schuldvertragsübereinkommen ist, wie oben unter § 1 I 2. ausgeführt, durch Gesetz vom 25. Juli 1986[326] in das Einführungsgesetz zum Bürgerlichen Gesetzbuch inkorporiert worden[327]. Es ist daher zu untersuchen, ob sich aus der Gesetzesgeschichte des Art. 34 EGBGB und des Art. 7 Abs. 2 EVÜ Erkenntnisse für die Auslegung von Art. 34 EGBGB gewinnen lassen. Art. 7 Abs. 2 EVÜ lautet: „Dieses Übereinkommen berührt nicht die Anwendung der nach dem Recht des Staates des angeru-

---

324 Vgl. Palandt/*Heinrichs*, Einleitung, Rdnr. 50 ff.
325 Sehr kritisch hierzu aus der Zeit vor seinem Inkrafttreten *Mann*, Festschr. Beitzke, S. 607 (616 ff.).
326 BGBl. I, S. 1142.
327 Vgl. dazu MünchKomm-*Martiny*, vor Art. 27 EGBGB, Rdnr. 14.

fenen Gerichts geltenden Bestimmungen, die ohne Rücksicht auf das auf den Vertrag anzuwendende Recht den Sachverhalt zwingend regeln." Hierzu führen

Giuliano/Lagarde aus, Art. 7 EVÜ bestätige lediglich die Grundsätze, die bereits in den Rechtsordnungen der Mitgliedsstaaten der Gemeinschaft enthalten seien[328]. Dem liegt die Ansicht zugrunde, bestimmte Normen trügen ihren Anwendungsbefehl in sich selbst. Diese Normen seien in jedem Falle unmittelbar anwendbar, ohne dass es einer Kollisionsnorm bedürfe, die ihre Anwendbarkeit anordne. Solche Normen werden als unmittelbar anwendbare Vorschriften[329] bezeichnet, die darauf beruhende Ansicht[330] daher auch als die Lehre von den unmittelbar anwendbaren Vorschriften[331]. Speziell zu Art. 7 Abs. 2 EVÜ schreiben *Giuliano/Lagarde*, dieser mache die Auswirkung von zwingenden Vorschriften („unmittelbar anwendbares Recht, Leggi di applicazione necessaria usw."[332]) lediglich unter einem anderen Aspekt als dem des Abs. 1 deutlich[333]. Art. 7 Abs. 1 EVÜ ist allerdings in Deutschland nicht Gesetz geworden; hierauf soll im Rahmen dieser Arbeit nicht näher eingegangen werden, da die hier zugrunde liegende Situation eine andere ist[334].

Übertragen auf Art. 34 EGBGB bedeutet dies, dass es sich bei zwingenden Vorschriften um solche handeln muss, die ihren Anwendungsbefehl in sich tragen. Daraus ist für die Frage, welche Vorschriften dies sind, allerdings nicht viel gewonnen, denn es ist nach wie vor unklar, woran man erkennen kann, dass eine Vorschrift ihren Anwendungsbefehl in sich trägt. Nur bei wenigen Vorschriften hat der Gesetzgeber diesen Anwendungsbefehl ausdrücklich formuliert. Bei allen anderen Normen muss er gerade durch Auslegung erst ermittelt werden. Aus der Gesetzesgeschichte des Art. 34 EGBGB lässt sich daher nicht herleiten, welche Kriterien an eine solche zwingende Vorschrift anzulegen sind.

---

328 *Giuliano/Lagarde*, Bericht, BR-DS. 224/83, S. 58.

329 Auch bekannt unter ihrem französischen und italienischen Namen („Lois d'application immédiate"; „Leggi di applicazione necessaria").

330 Sie wird u.a. vertreten von *Giuliano/Lagarde*, Bericht, BR-DS. 224/83, S. 58; *Vischer/Huber/Oser*, Internationales Vertragsrecht, Rdnr. 909 ff.

331 Zwar lehnt MünchKomm-*Sonnenberger*, Einl. IPR, Rdnr. 70, die Theorie von den unmittelbar wirksamen Sachnormen ausdrücklich ab; in Rdnr. 56 bezeichnet er aber die Regelung des Art. 34 EGBGB als eine „Banalität, die auch ohne Positivierung zu beachten wäre". Dies deutet m.E. zumindest in die Richtung der Lehre von den unmittelbar anwendbaren Vorschriften.

332 *Giuliano/Lagarde*, Bericht, BR-DS. 224/83, S. 60.

333 *Giuliano/Lagarde*, Bericht, BR-DS. 224/83, S. 60.

334 Diesbezüglich sei auf die umfangreichen Kommentierungen verwiesen, vgl. nur MünchKomm-*Sonnenberger*, Einl. IPR, Rdnr. 58 ff, m.w.N.

3. Systematische Auslegung

Anhaltspunkte für das inhaltliche Verständnis des Art. 34 EGBGB könnte aber die systematische Einordnung dieser Vorschrift liefern. Systematisch ist Art. 34 EGBGB eine Regelung im ersten Unterabschnitt („Vertragliche Schuldverhältnisse") des fünften Abschnitts („Schuldrecht") des Einführungsgesetzes zum Bürgerlichen Gesetzbuch. Art. 34 EGBGB gilt daher nur für vertragliche Schuldverhältnisse. Daraus folgt zugleich, dass er für alle vertraglichen Schuldverhältnisse gilt. Die hier erörterten Fragen beziehen sich daher nicht nur auf Arbeitsverträge. Während allerdings für andere Schuldverhältnisse nur die Einschränkungen der Artt. 27 und 28 EGBGB gelten[335], enthält das Einführungsgesetz zum Bürgerlichen Gesetzbuch mit Art. 30 EGBGB eine besondere Regelung für Arbeitsverträge[336]. Beide Vorschriften sprechen von „zwingenden Bestimmungen". Es stellt sich daher die Frage, wie sich Art. 30 Abs. 1 und Art. 34 EGBGB zueinander verhalten. Das Verhältnis der beiden Normen zueinander ist der Schlüssel zum Verständnis und damit zum Anwendungsbereich des Art. 34 EGBGB.

In Betracht kommen folgende Lösungen: Eine der beiden Vorschriften könnte lex specialis zu der anderen sein; eine der beiden Vorschriften könnte eine Auffangregelung (subsidiäre Vorschrift) zu der anderen sein; die beiden Vorschriften könnten sich bereits in ihrem Anwendungsbereich ausschließen. Sämtliche Lösungen werden im Schrifttum vertreten[337]. Es soll untersucht werden, welchem Ansatz der Vorzug zu geben ist. Um Klarheit herzustellen, soll zunächst kurz geschildert werden, welche Voraussetzungen abstrakt für die verschiedenen Ansätze gegeben sein müssen, um danach zu diskutieren, welche Einordnung von Art. 34 EGBGB zutreffend ist.

Ein Spezialitätsverhältnis zwischen zwei Vorschriften liegt vor, wenn die speziellere Norm alle Tatbestandsmerkmale der allgemeineren Norm und noch mindestens ein weiteres Tatbestandsmerkmal enthält[338]. Dabei dürfen sich die beiden Normen nicht bereits in ihrem Anwendungsbe-

---

335 Dies ist für die hier interessierende Frage vor allem Art. 27 Abs. 3 EGBGB mit der Einschränkung der Rechtswahl bei reinen Inlandsverträgen. Auch bei Art. 27 Abs. 3 EGBGB handelt es sich um eine allseitige Kollisionsnorm.

336 Dasselbe gilt für Verbraucherverträge mit Art. 29 und 29 a EGBGB. Daher wird auch dort die entsprechende Diskussion geführt, vgl. *Grundmann*, IPRax 1992, 1 ff.

337 Vgl. zum Stand der vertretenen Ansichten die Übersicht bei *Junker*, IPRax 2000, 65 (68).

338 *Larenz*, Methodenlehre, Kapitel 2, 4.

reich ausschließen[339]. Sind die Voraussetzungen der speziellen Norm nicht erfüllt, kann und muss eine Subsumtion unter die Voraussetzungen der allgemeinen Norm erfolgen.

Für ein Subsidiaritätsverhältnis ist anders als bei der Spezialität nicht erforderlich, dass die Normen in ihrem Tatbestand – bis auf ein oder mehrere zusätzliche Merkmale der vorrangigen Norm – übereinstimmen[340]. Auch bei der Subsidiarität dürfen sich die Normen allerdings nicht bereits in ihrem Anwendungsbereich ausschließen. Es muss zunächst unter die „vorrangige" Norm subsumiert werden; erst bei negativem Ergebnis kann und muss die subsidiäre Norm geprüft werden.

Kennzeichnend für eine abschließende Sonderregelung ist dagegen, dass sie eine andere Regelung bereits im Anwendungsbereich ausschließt. Darin liegt zugleich der Unterschied zur Spezialität und zur Subsidiarität. Sind die Voraussetzungen einer Norm, welche eine abschließende Sonderregelung darstellt, nicht erfüllt, darf nicht mehr geprüft werden, ob die Voraussetzungen einer anderen Regelung vorliegen; die nicht einschlägige Regelung ist abschließend.

a) Art. 30 EGBGB als lex specialis zu Art. 34 EGBGB

Geht man vom Wortlaut der Normen aus, so sprechen beide – Art. 30 EGBGB im Text, Art. 34 EGBGB in der Überschrift – von zwingenden Bestimmungen beziehungsweise Vorschriften. Da Art. 30 EGBGB jedoch speziell für Arbeitsverträge gilt, könnte in Art. 30 EGBGB eine spezielle Vorschrift zur Anwendbarkeit zwingender Bestimmungen im Arbeitsrecht gesehen werden[341]. Hiervon scheint auch der Gesetzgeber auszugehen. In der Gesetzesbegründung zum Vertragsgesetz zum Europäischen Schuldvertragsübereinkommen vom 25. Juli 1986[342] spricht er davon, dass es sich bei den Artt. 5 und 6 EVÜ – welche Artt. 29 und 30 EGBGB entsprechen – um leges speciales im Verhältnis zu Art. 7 EVÜ – auf dessen Abs. 2 Art. 34 EGBGB beruht – handle[343]. Nach den allgemeinen Grundsätzen der Auslegung von Rechtsvorschriften verdrängten diese Vorschriften die allgemeinere Norm[344] und schlössen ihre Anwendung aus[345]. Diese Ausführungen des Gesetzgebers

---

339 *Larenz*, Methodenlehre, Kapitel 2, 4.

340 *Larenz*, Methodenlehre, Kapitel 2, 4.

341 So z.B. MünchKomm-*Martiny*, Art. 30 EGBGB, Rdnr. 68, dies allerdings in Rdnr. 70 a wieder einschränkend.

342 BGBl. II, S. 809.

343 BR-DS. 224/83, S. 28.

344 Lex specialis derogat legi generali.

345 BR-DS. 224/83, S. 28.

sind nicht ganz klar. Sie scheinen zwar auf Spezialität hinzudeuten. Unklar ist aber die Verwendung des Ausdrucks, dass die Artt. 5 und 6 EVÜ die Anwendung des Art. 7 EVÜ ausschlössen. Dies steht etwa nicht im Einklang mit der oben dargestellten Definition von *Larenz*, wonach ein Spezialitätsverhältnis zwischen zwei Vorschriften nicht bedeute, dass sich diese Vorschriften bereits im Anwendungsbereich ausschlössen[346]. Allerdings kann die Verwendung des Ausdrucks „Ausschluss des Anwendungsbereichs" auch so zu verstehen sein, dass die spezielleren Normen Artt. 5 und 6 EVÜ nur bei Vorliegen ihrer Voraussetzungen die allgemeine Norm ausschließen. Ein solches Verständnis würde beispielsweise mit der von *Larenz* vertretenen Definition[347] in Einklang stehen. Diese Interpretation hat der Gesetzgeber aber an dieser Stelle[348] zumindest nicht klar zum Ausdruck gebracht.

Die Auffassung, Artt. 29 und 30 EGBGB seien leges speciales zu Art. 34 EGBGB[349], scheint der Gesetzgeber allerdings in der Gesetzesbegründung zum Gesetz zur Neuregelung des Internationalen Privatrechts[350] zu bestätigen. Dort[351] führt er aus, in den Artt. 29 und 30 EGBGB seien speziellere Regelungen für die dort normierten Bereiche getroffen. Allerdings beziehen sich diese Ausführungen wörtlich allein auf Art. 34 Abs. 1 EGBGB[352]. Diese Vorschrift, die auf Art. 7 Abs. 1 EVÜ beruhte und die Anwendbarkeit von ausländischem international zwingenden Recht betraf, ist aber nicht Gesetz geworden. Ob diese Aussage des Gesetzgebers zur Spezialität daher auf den damaligen Art. 34 Abs. 2 EGBGB, den jetzigen Art. 34 EGBGB, übertragen werden kann, ist zumindest nicht eindeutig. Angesichts dieser Unklarheiten in der Gesetzesbegründung erhalten die folgenden Erwägungen, die gegen ein Spezialitätsverhältnis sprechen, um so mehr Gewicht. Es wurde bereits ausgeführt, dass es sich bei Art. 30 EGBGB um eine allseitige, also rechtsordnungsneutrale Kollisionsnorm handelt. Dagegen will Art. 34 EGBGB ausdrücklich nur Vorschriften des deutschen Rechts zur Geltung verhelfen[353]. Dies spricht dagegen, Art. 34 EGBGB als bloße allgemeinere Regelung zum speziell auf Arbeitsverträge bezogenen Art. 30 EGBGB zu betrachten. Zwar enthält eine allseitige Kollisionsnorm formal alle Tatbestandsmerkmale einer einseitigen Kollisionsnorm,

---

346   Methodenlehre, Kapitel 2, 4.

347   Methodenlehre, Kapitel 2, 4.

348   BR-DS. 224/83, S. 28.

349   So auch *von Bar*, IPR, Rdnr. 453.

350   BGBl. I, S. 1142.

351   BT-DS. 10/504, S. 83.

352   Darauf weist auch *Kärcher*, Öffentliches Arbeitsrecht, S. 117, hin.

353   *Junker*, IPRax 1989, 69 (73).

weil sie ja auch an die eigene Rechtsordnung anknüpft, wenn diese die sachnächste Rechtsordnung ist. Die Zielrichtung beider Arten von Normen ist aber verschieden.

Entscheidende Bedenken gegen ein Spezialitätsverhältnis können zudem aus dem Wortlaut des Einführungsgesetzes zum Bürgerlichen Gesetzbuch und des Europäischen Schuldvertragsübereinkommens hergeleitet werden. Betrachtet man den Wortlaut von Art. 30 EGBGB einerseits und Art. 34 EGBGB andererseits genau, wird ein Unterschied im verwendeten Begriff der zwingenden Bestimmungen deutlich. Während Art. 30 EGBGB im Gesetzestext ausdrücklich von „zwingenden Bestimmungen" spricht, bezieht sich der Text des Art. 34 EGBGB wörtlich auf solche „Bestimmungen des deutschen Rechts, die ohne Rücksicht auf das auf den Vertrag anzuwendende Recht den Sachverhalt zwingend regeln". Hätte der Gesetzgeber denselben Begriff verwenden wollen, hätte er nicht diese komplizierte Ausdrucksweise wählen müssen, sondern einfach denselben Begriff verwenden können, zumal dieser in Art. 27 Abs. 3 EGBGB legaldefiniert ist. Danach sind zwingende Bestimmungen solche, von denen durch Vertrag nicht abgewichen werden kann (ius cogens). Systematisch gilt diese Legaldefinition grundsätzlich auch für die übrigen Regelungen im Unterabschnitt über vertragliche Schuldverhältnisse[354]. Sie würde daher auch für Art. 34 EGBGB gelten, wenn dieser nicht mit seiner komplizierten Umschreibung – die angesichts der vorhandenen Legaldefinition bewusst erfolgt sein muss – gerade etwas anderes besagen wollte.

Diese Auslegung des Gesetzestexts wird gestützt durch die Auslegung des deutschen, englischen und französischen Wortlauts der einschlägigen Bestimmungen des Europäischen Schuldvertragsübereinkommens, nämlich der Artt. 3 Abs. 3, 6 Abs. 1 und 7 Abs. 2 EVÜ[355]. Art. 3 Abs. 3 EVÜ enthält die Legaldefinition des Begriffs „zwingende Bestimmungen", welche in Art. 27 Abs. 3 EGBGB übernommen worden ist. Die englische Fassung spricht von „mandatory rules", die französische von „dispositions impératives". Art. 6 Abs. 1 EVÜ, welcher Art. 30 Abs. 1 EGBGB entspricht, bezieht sich erstens ausdrücklich auf Art. 3 EVÜ und spricht zweitens ebenfalls von „zwingenden Bestimmungen", „mandatory rules" bzw. „dispositions impératives". Dagegen enthält Art. 7 Abs. 2 EVÜ in der deutschen Fassung die oben bereits für Art. 34 EGBGB beschriebene komplizierte Umschreibung. Noch deutlicher sind die englische und die französische Fassung, welche von Normen „in a situation where they are mandatory" beziehungsweise „qui

---

354 *Weber*, IPRax 1988, 82 (84 f.), geht dagegen von einem einheitlichen Begriff der zwingenden Bestimmungen in Art. 30 Abs. 1 EGBGB und Art. 34 EGBGB aus.

355 BGBl. 1986 II, S. 809.

régissent impérativement la situation" sprechen, also deutlich zu erkennen geben, dass sie nicht die Legaldefinition aus Art. 3 Abs. 3 EVÜ verwenden wollen, sondern von besonderen Sachverhalten (Situationen) ausgehen, in der bestimmte Vorschriften eine „besonders" zwingende Wirkung entfalten[356].

Aufschlussreich ist in diesem Zusammenhang auch die französische Überschrift des Art. 7 EVÜ, die im Gegensatz zum deutschen und englischen Text („Zwingende Vorschriften"; „Mandatory rules") von „Lois de police" spricht, also eben nicht von den in Art. 3 Abs. 3 EVÜ und Art. 6 EVÜ genannten „dispositions impératives". Daraus geht hervor, dass der Begriff „zwingende Bestimmungen" in Art. 6 EVÜ einerseits und in Art. 7 Abs. 2 EVÜ unterschiedlich zu verstehen ist[357]. Diese Einordnung führt auch keineswegs dazu, dass der in Art. 6 EGBGB enthaltene ordre public überflüssig wird, wie Weber[358] meint. Der dort niedergelegte, sogenannte negative ordre public regelt die Nichtanwendung von bestimmten Normen des ausländischen Rechts wegen Verstoßes gegen den inländischen ordre public. Dagegen bestimmt Art. 34 EGBGB die Anwendung bestimmter Normen des inländischen Rechts, der lex fori, trotz der im übrigen gegebenen Anwendbarkeit eines ausländischen Rechts[359]. Dieser Grundsatz wurde früher auch entsprechend als „positiver ordre public" bezeichnet[360]. Wortlaut und Systematik des Einführungsgesetzes zum Bürgerlichen Gesetzbuch und des Europäischen Schuldvertragsübereinkommens sprechen also dagegen, dass Art. 30 EGBGB lex specialis zu Art. 34 EGBGB ist.

Gleiches ergibt sich aber nicht nur aus dem Wortlaut, sondern auch aus dem Regelungsbereich der beiden Normen. Dies hat Däubler[361] zutreffend dargelegt. Wäre Art. 30 EGBGB die im Verhältnis zu Art. 34 EGBGB speziellere Norm, so müsste Art. 34 EGBGB denselben Geltungsbereich wie Art. 30 EGBGB haben (mit Ausnahme der speziell auf das Arbeitsverhältnis bezogenen Sichtweise als zusätzlichem Tatbestandsmerkmal der lex specialis). Art. 34 EGBGB würde dann das gesamte zwingende deutsche Recht (ius cogens) erfassen. Dann aber könnte „das gesamte

---

356 Dies hat *Junker*, IPRax 1989, 69 (73), überzeugend dargelegt.

357 Wie *Junker*, IPRax 1989, 69, zu Recht ausführt, wird dies von *Weber*, IPRax 1988, 82 (83), verkannt. *Weber* zitiert den Sprachgebrauch des Art. 7 *Abs. 1* EVÜ, welcher nicht Gesetz geworden ist.

358 *Weber*, IPRax 1988, 82 (84).

359 *Junker*, IPRax 1989, 69 (75).

360 *Kegel/Schurig*, IPR, § 16 I; *Vischer/Huber/Oser*, Internationales Vertragsrecht, Rdnr. 913.

361 RIW 1987, 249 (255).

Vertragskollisionsrecht auf einen Satz zusammen"[362]gestrichen werden: „Fremde Rechtsordnungen könnten nur dispositive Normen des eigenen Rechts ersetzen"[363]. Dies wäre die Rechtsfolge dieses Verständnisses des Art. 34 EGBGB. Dass der Gesetzgeber dies gewollt hat, muss doch sehr bezweifelt werden. Darüber hinaus wäre die Regelung des Art. 30 EGBGB dann nicht spezieller, sondern zumindest teilweise überflüssig, da diese Regel bereits in Art. 34 EGBGB enthalten wäre. Außerdem wäre der praktische Anwendungsbereich des Vertragskollisionsrechts zumindest im Arbeitsrecht denkbar gering, da dort alle wesentlichen Normen[364] vertraglich nicht abdingbar sind.

Art. 30 EGBGB stellt daher im Verhältnis zu Art. 34 EGBGB keine speziellere Vorschrift dar.

b)   Art. 34 EGBGB als lex specialis zu Art. 30 EGBGB

Ebenso abzulehnen ist der Ansatz, dass es sich bei Art. 34 EGBGB um das im Verhältnis zu Art. 30 EGBGB speziellere Gesetz handle. Dies würde nämlich, wie oben unter a) dargelegt, erfordern, dass Art. 34 EGBGB alle Tatbestandsmerkmale der allgemeineren Norm und noch mindestens ein weiteres Tatbestandsmerkmal enthält[365]. Voraussetzung dafür wäre also, dass beide Vorschriften den Begriff der zwingenden Bestimmungen gleich verstehen. Dies ist aber, wie soeben unter a) erörtert, gerade nicht der Fall. Dagegen spricht auch, dass Art. 34 EGBGB nicht nur für Arbeitsverhältnisse, sondern für alle vertraglichen Schuldverhältnisse gilt. Er ist also in seinem Geltungsbereich weiter als Art. 30 EGBGB, während es eine speziellere Norm gerade auszeichnet, in ihrem Anwendungsbereich enger zu sein.

c)   Art. 34 EGBGB als gegenüber Art. 30 EGBGB subsidiäre Vorschrift

Mit der Ablehnung eines Spezialitätsverhältnisses ist aber noch nichts darüber gesagt, ob es sich bei Art. 34 EGBGB nicht um eine subsidiäre Vorschrift im Verhältnis zu Art. 30 EGBGB handelt. Dies wäre der Fall, wenn es sich bei Art. 34 EGBGB um eine Auffangregelung handeln würde. Dagegen könnte sprechen, dass Art. 34 EGBGB – im Gegensatz zu Art. 30 EGBGB – keine allseitige Kollisionsnorm ist, sondern eine Norm,

---

362 *Däubler*, RIW 1987, 249 (255).

363 *Däubler*, RIW 1987, 249 (255).

364 Beispielsweise Mindestkündigungsfristen, Kündigungsschutz, Schutz besonderer Arbeitnehmergruppen etc.

365 *Larenz*, Methodenlehre, Kapitel 2, 4.

welche nur das Recht der lex fori schützt. Beide Normen haben also unterschiedliche Zielrichtungen. Im Bericht *Giuliano/Lagarde*[366] wird ausgeführt, Art. 7 EVÜ bestätige lediglich die Grundsätze, die bereits in den Rechtsordnungen der Mitgliedsstaaten der Gemeinschaft enthalten seien[367]. Art. 6 EVÜ dagegen wird als eine durch Einigung der Mitgliedsstaaten zustande gekommene Lösung bezeichnet, die erst entwickelt werden musste[368]. Auch wenn diese Aussage zu Art. 7 EVÜ wohl von einem anderen Grundverständnis des Kollisionsrechts in diesem Zusammenhang ausgeht[369], so zeigt sie doch, dass Art. 7 EVÜ neben dem übrigen Vertragskollisionsrecht einen eigenständigen Anwendungsbereich haben soll. Dies muss auch für Art. 34 EGBGB gelten. Entsprechend lautet auch der Wortlaut des Art. 34 EGBGB: „Dieser Unterabschnitt berührt nicht die Anwendung (...)". Aus der Wendung „berührt nicht" geht hervor, dass sich Art. 34 EGBGB nicht in das allgemeine Vertragskollisionsrecht einfügt, sondern einen ganz eigenen Anwendungsbereich hat[370]. Außerdem ist Art. 34 EGBGB, wie soeben unter b) ausgeführt, nicht nur auf Arbeitsverträge, sondern auf alle vertraglichen Schuldverhältnisse anwendbar[371] und somit im Geltungsbereich weiter als Art. 30 EGBGB.

Dass Artt. 30 und 34 EGBGB verschiedene Anwendungsbereiche haben, spricht aber nicht ohne weiteres gegen die Annahme eines Subsidiaritätsverhältnisses. Nicht nur eine abschließende Sonderregelung, sondern auch eine subsidiäre Vorschrift kann einen eigenständigen Anwendungsbereich haben. So führt etwa *Heldrich*[372] aus, dass es sich bei Art. 30 Abs. 1 EGBGB um eine Sonderanknüpfung von Schutzvorschriften für Arbeitnehmer handle; zugleich bezeichnet *Heldrich* aber auch Art. 34 EGBGB als eine Sonderanknüpfung für zwingende Vorschriften des deutschen Rechts[373]. Die beiden Sonderanknüpfungen stehen also nebeneinander. Dabei versteht *Heldrich* Art. 34 EGBGB als Auffangregelung, da er ein Bedürfnis für dessen Anwendung nur sieht, soweit sich Art. 30 EGBGB als lückenhaft erweist[374]. Von einem Nebeneinander von Art. 30 und Art. 34 EGBGB geht auch die Judikatur aus. Das Bundesar-

---

366   *Giuliano/Lagarde*, Bericht, BR-DS. 224/83, S. 33 ff.

367   BR-DS. 224/83, S. 58.

368   BR-DS. 224/83, S. 58.

369   Nämlich von der Lehre von den unmittelbar anwendbaren Normen (leggi di applicazione necessaria), vgl. hierzu oben unter II. 2.

370   Soergel/*von Hoffmann*, Art. 30 EGBGB, Rdnr. 18.

371   Palandt/*Heldrich*, Art. 34 EGBGB, Rdnr. 3.

372   Palandt/*Heldrich*, Art. 34 EGBGB, Rdnr. 3 b.

373   Palandt/*Heldrich*, Art. 30 EGBGB, Rdnr. 3, 4 und 7 (a.E.).

374   Palandt/*Heldrich*, Art. 34 EGBGB, Rdnr. 3 b.

beitsgericht[375] prüft zunächst, welches Recht im konkreten Fall bei objektiver Anknüpfung gemäß Art. 30 Abs. 2 EGBGB anzuwenden wäre. Führt diese Prüfung nicht zu deutschem Recht, wird untersucht, ob die in Streit stehende Norm oder Anspruchsgrundlage des deutschen Rechts unter Art. 34 EGBGB fällt. Der Schwerpunkt der Urteile liegt dabei zwar nicht auf der systematischen Einordnung von Art. 30 und Art. 34 EGBGB, sondern auf der Subsumtion der Vorschriften des materiellen Rechts. Dennoch läßt sich aus der Prüfungsreihenfolge herleiten, dass das Bundesarbeitsgericht nicht von einer Ausschließlichkeit der einen oder der anderen Vorschrift ausgeht, sondern dass sowohl Art. 30 EGBGB als auch Art. 34 EGBGB angewandt werden. Das Bundesarbeitsgericht spricht davon, dass die Kollisionsnormen des vertraglichen Schuldrechts die sogenannten Eingriffsnormen unberührt lassen[376]. Aus der Prüfungsreihenfolge ist erkennbar, dass das Bundesarbeitsgericht Art. 34 EGBGB als eine Auffangregelung zu Art. 30 EGBGB ansieht. Das Bundesarbeitsgericht bezeichnet Art. 30 EGBGB als Sonderregelung[377]. Läßt sich eine Norm des deutschen Rechts nicht bereits über Art. 30 EGBGB durchsetzen, ist ihre Durchsetzbarkeit nach Art. 34 EGBGB zu prüfen.

Für die Einordnung von Art. 34 EGBGB als Auffangregelung spricht auch, dass diese es gestatten würde, günstigerem ausländischen Recht über Art. 30 EGBGB zur Anwendung zu verhelfen. Würde man Art. 34 EGBGB als abschließende Sonderregelung ansehen, bliebe bei Einordnung einer Norm als international zwingend kein Raum mehr für eine Anwendung einer ausländischen Rechtsnorm; die international zwingende deutsche Regelung schlösse deren Anwendung aus. Dies erscheint gerechtfertigt, wenn die Regelung des deutschen Rechts für den Arbeitnehmer günstiger ist. Wenn aber die ausländische Regelung für den Arbeitnehmer günstiger ist, stellt sich die Frage, ob Art. 34 EGBGB wirklich der deutschen Regelung in jedem Falle zum Durchbruch verhelfen will oder ob dann nicht die für den Arbeitnehmer günstigere Regelung eingreifen soll. Es wäre unverständlich, wenn man dem Arbeitnehmer die Berufung auf die günstigere Vorschrift des ausländischen Rechts unter Hinweis auf die abschließende Natur des Art. 34 EGBGB versagen müsste. Auch wenn es sich hier um eine internationalprivatrechtliche Fragestellung handelt, darf nicht außer acht bleiben, dass ein solches Verständnis auch nicht dem das gesamte Arbeitsrecht durchziehenden Rechtsgedanken des Günstigkeitsprinzips entspräche. Handelt es sich bei Art. 34 EGBGB um eine Auffangregelung, bleibt dagegen die

---

375 AP Nr. 30, 31 und 32 zu Internat. Privatrecht, Arbeitsrecht; AP Nr. 10 zu Art. 30 EGBGB n.F.

376 BAG AP Nr. 32 zu Internat. Privatrecht, Arbeitsrecht.

377 BAG AP Nr. 30 zu Internat. Privatrecht, Arbeitsrecht.

Berufung auf das ausländische Recht für den Arbeitnehmer möglich, falls dieses zu einem für ihn günstigeren Ergebnis führt.

Die soeben genannten Gründe sprechen dafür, Art. 34 EGBGB als Auffangvorschrift zu Art. 30 EGBGB anzusehen. Art. 34 EGBGB stellt daher eine zu Art. 30 EGBGB subsidiäre Vorschrift dar. Art. 30 EGBGB ist vorrangig anzuwenden; die Vorschriften schließen einander aber nicht bereits im Anwendungsbereich aus.

d) Art. 34 EGBGB als abschließende Sonderregelung

Da soeben unter c) festgestellt wurde, dass Art. 34 EGBGB subsidiär zu Art. 30 EGBGB ist, bleibt für die Annahme einer abschließenden Sonderregelung kein Raum mehr. Art. 34 EGBGB ist keine abschließende Sonderregelung, sondern eine Auffangvorschrift.

4. Auslegung nach dem Sinn und Zweck des Art. 34 EGBGB

Die Einordnung von Art. 34 EGBGB als Auffangvorschrift zu Art. 30 EGBGB steht auch im Einklang mit dem Sinn und Zweck der Norm. Wie bereits unter I. ausgeführt, gibt Art. 34 EGBGB den bereits seit *Savigny*[378] im Prinzip anerkannten Grundsatz wieder, wonach es der lex fori zustehen muss, einzelnen herausragenden Bestimmungen ihres eigenen Rechts bei jedem Rechtsverhältnis Geltung zu verleihen, welches vor ihre Gerichte gebracht wird. Zwar erkennt das deutsche Internationale Privatrecht an, dass die Parteien ihr Vertragsverhältnis unter den Geltungsbereich einer anderen Rechtsordnung stellen können oder dass bei Fehlen einer Rechtswahl eine objektive Anknüpfung – im Arbeitsrecht gemäß Art. 30 Abs. 2 EGBGB – stattfindet. Wird aber ein Rechtsstreit über dieses Vertragsverhältnis, aus welchen Gründen auch immer, vor deutschen Gerichten geführt, wäre es diesen nicht zuzumuten, bestimmte Grundprinzipien des deutschen Rechts nur aufgrund der Anwendbarkeit einer ausländischen Rechtsordnung außer acht zu lassen. Dem entspricht eine restriktive Auslegung des Geltungsbereichs des Art. 34 EGBGB[379]. Dieses Verständnis darf aber nicht dazu führen, dass die von Art. 34 EGBGB erfassten Grundprinzipien des deutschen Rechts in jedem Fall angewandt werden müssen. Deren Anwendung ergibt nur dann Sinn, wenn es darum geht, den Arbeitnehmer zu schützen. Hält dagegen die über Art. 30 EGBGB anwendbare Rechtsordnung eine für den Arbeitnehmer günstigere Regelung bereit, darf deren Anwendung

---

378 System des heutigen Römischen Rechts, Band VIII, § 349 A. sowie § 374 III C.

379 MünchKomm-*Sonnenberger*, Einl. IPR, Rdnr. 53.

nicht ausgeschlossen werden. Dem entspricht das Verständnis von Art. 34 EGBGB als Auffangregelung hinter Art. 30 EGBGB.

5. Ergebnis

Es bleibt also hinsichtlich des Anwendungsbereichs des Art. 34 EGBGB festzuhalten, dass es sich bei dieser Vorschrift um eine zu Art. 30 EGBGB subsidiäre Auffangregelung handelt[380].

II. International zwingende Normen im Sinne des Art. 34 EGBGB

1. Vorbemerkungen

Nachdem soeben unter I. der formale Anwendungsbereich des Art. 34 EGBGB als einer Auffangregelung zu Art. 30 EGBGB bestimmt wurde, soll nunmehr untersucht werden, welchen inhaltlichen Anwendungsbereich Art. 34 EGBGB hat. Hierfür kommt es auf das Verständnis des Begriffs der „zwingenden Vorschriften" an. Seit Inkrafttreten der Norm durch das Gesetz zur Neuregelung des Internationalen Privatrechts am 1. September 1986 wird diskutiert, wie dieser Begriff zu verstehen ist und welche Normen unter Art. 34 EGBGB einzuordnen sind. Der Untersuchung, ob eine Vorschrift des deutschen Rechts als international zwingend im Sinne von Art. 34 GBGB anzusehen ist, bedarf es aber nicht, wenn eine Vorschrift bereits als international zwingend gekennzeichnet ist[381]. In diesem Fall ergibt sich bereits aus der Kennzeichnung, dass es sich um eine international zwingende Vorschrift handelt. Eine solche Kennzeichnung stellt allerdings im deutschen Recht – anders als im englischen Recht[382] – die Ausnahme dar. Im hier besonders interessierenden Arbeitsrecht wird im wesentlichen nur ein Gesetz genannt, in dem als international zwingend gekennzeichnete Vorschriften enthalten sind. Dabei handelt es sich um das Arbeitnehmer-Entsendegesetz. Da es sich dabei um einen gesetzlich niedergelegten Fall von international zwingenden Bestimmungen handelt, soll dieses Gesetz vor den allgemeinen Ausführungen zum Tatbestand des Art. 34 EGBGB dargestellt werden.

---

380 A.A. *Zenz*, Rechtsanwendungsprobleme, S. 99.

381 MünchKomm-*Martiny*, Art. 34 EGBGB, Rdnr. 8.

382 *Junker*, IPRax 2000, 65 (69).

a) Terminologie

Um sprachliche Klarheit herzustellen, soll zuvor noch kurz auf die Begriffe eingegangen werden, welche für Bestimmungen im Sinne des Art. 34 EGBGB verwendet werden. Zu nennen sind vor allem die Begriffe „Eingriffsnormen" und „international zwingende Bestimmungen". Teilweise werden diese Begriffe im Schrifttum synonym und nebeneinander verwendet, zum Teil wird aber auch der eine Begriff dem anderen vorgezogen. Der häufiger verwendete Begriff scheint der Begriff der „Eingriffsnormen" zu sein. Dieser wird verwendet von *Heldrich*[383], *von Hoffmann*[384], *Junker*[385] *Kegel/Schurig*[386], *Lorenz*[387], *Magnus*[388], *Oetker*[389] und *Vischer/Huber/Oser*[390]. *Pirrung*[391] sowie *Reithmann/Martiny*[392] sprechen dagegen von „international zwingenden Bestimmungen". Das Bundesarbeitsgericht[393] sowie *Däubler*[394], *Martiny*[395] und *Sonnenberger*[396] verwenden beide Begriffe oder umschreiben sie.

Solange inhaltlich Übereinstimmung besteht, ist die Bezeichnung zwar eher nebensächlich. Ein einheitlicher Begriff ist aber dennoch vorzuziehen, da dadurch Missverständnisse ausgeschlossen werden können und durch eine einheitliche Terminologie auch inhaltliche Einigkeit erzielt werden kann. Der Begriff der „international zwingenden Bestimmungen" gibt dabei den Inhalt des Art. 34 EGBGB zutreffender wieder als der überwiegend verwandte Begriff der „Eingriffsnormen". Dieser erscheint für die Zwecke des Art. 34 EGBGB als zu eng. Der Begriff „Eingriffsnorm" impliziert quasi einen Eingriff „von oben". Er enthält damit einen zu starken Bezug zum öffentlichen Recht und verstellt damit den Blick auf „besonders zwingende" Vorschriften des Privatrechts. Gerade

---

383 Palandt/ *Heldrich*, Art. 34 EGBGB, Rdnr. 1.

384 Soergel/ *von Hoffmann*, Art. 30 EGBGB, Rdnr. 18; *ders.*, Art. 34 EGBGB, Rdnr. 3.

385 IPRax 1989, 69 (73).

386 *Kegel/Schurig*, IPR, § 1 VIII 1, bezeichnen den Begriff „international zwingende Bestimmungen" gar als irreführend.

387 RIW 1987, 569 (572).

388 Staudinger/ *Magnus*, Art. 34 EGBGB, Rdnr. 1.

389 In: Erfurter Kommentar, 3. Aufl., Art. 27, 30 und 34 EGBGB, Rdnr. 16.

390 *Vischer/Huber/Oser*, Internationales Vertragsrecht, Rdnr. 912.

391 Internationales Privat- und Verfahrensrecht, S. 26.

392 Internationales Vertragsrecht, Rdnr. 438.

393 BAG AP Nr. 30 zu Internat. Privatrecht, Arbeitsrecht; BAG AP Nr. 31 zu Internat. Privatrecht, Arbeitsrecht.

394 RIW 1987, 250.

395 MünchKomm- *Martiny*, Art. 34 EGBGB, Rdnr. 8.

396 MünchKomm- *Sonnenberger*, Einl. IPR, Rdnr. 53.

diese stellen aber zumeist die Zweifelsfälle des Art. 34 EGBGB dar. Daher ist dem Begriff der „international zwingenden Bestimmungen" der Vorzug zu geben. Dieser Begriff ist im Hinblick auf das Rechtsgebiet neutral und gibt zugleich den Geltungsbereich des Art. 34 EGBGB wieder; es handelt sich um Vorschriften, die sich auch in international ausgerichteten Vertragsverhältnissen zwingend durchsetzen. Im folgenden soll daher in der Regel von „international zwingenden Bestimmungen" die Rede sein, wenn Normen des deutschen Rechts gemeint sind, welche unter Art. 34 EGBGB fallen[397].

b) Restriktive Auslegung

Der Wortlaut des Art. 34 EGBGB spricht von „Bestimmungen des deutschen Rechts, die ohne Rücksicht auf das auf den Vertrag anzuwendende Recht den Sachverhalt zwingend regeln". Da, wie soeben unter I. dargelegt, damit nicht das gesamte zwingende deutsche Recht, nicht das gesamte ius cogens gemeint ist, muss den unter Art. 34 EGBGB fallenden Bestimmungen etwas „besonders Zwingendes" anhaften. Unabhängig vom rechtlichen Ansatzpunkt besteht daher Einigkeit darüber, dass Art. 34 EGBGB restriktiv auszulegen ist und dass international zwingende Vorschriften die Ausnahme bilden müssen[398]. Dies ergibt sich zwanglos aus der Sonderstellung der Norm im Vertragskollisionsrecht, wenn sie auch unterschiedlich begründet wird. Sowohl Normen, die eine abschließende Sonderregelung darstellen, als auch solche, die leges speciales oder subsidiäre Regelungen sind, verlangen nach einer engen Auslegung, um ihrer Sonderstellung Rechnung zu tragen. Da private vertragliche Schuldverhältnisse in der Regel dem gewählten Vertragsstatut unterliegen sollen, ist es erforderlich, international zwingende Bestimmungen einzugrenzen und genau zu erfassen, da sonst, wie *Sonnenberger*[399] ausführt, die Gefahr einer „schleichenden Unterstellung öffentlicher Zwecke" besteht, die weite Teile des Privatrechts den allgemeinen Regeln des deutschen Internationalen Privatrechts entziehen würde. Zu Recht kommt *Sonnenberger* daher zu dem plastisch ausgedrückten Ergebnis, dass bei einem „non liquet" keine international zwingende Vorschrift vorliege[400].

---

397 Der Begriff der „Eingriffsnorm" wird nur dann Verwendung finden, wenn er den Charakter einer Norm besonders gut beschreibt.

398 *Lorenz*, RIW 1987, 569 (579).

399 MünchKomm-*Sonnenberger*, Einl. IPR, Rdnr. 44.

400 MünchKomm-*Sonnenberger*, Einl. IPR, Rdnr. 53; so auch *Lorenz*, RIW 1987, 569 (578).

2. Als international zwingend gekennzeichnete Normen

a) Arbeitnehmer-Entsendegesetz

Das Arbeitnehmer-Entsendegesetz in seiner ursprünglichen Fassung[401] ist am 1. März 1996 in Kraft getreten[402]. Sein Geltungsbereich war auf die Baubranche beschränkt[403]. Entgegen seinem Namen galt[404] – und gilt – das Arbeitnehmer-Entsendegesetz nicht nur für ausländische Arbeitgeber, welche Arbeitnehmer nach Deutschland entsenden, sondern auch für alle inländischen Arbeitgeber[405]. Am 16. Dez. 1996 wurde dann die Richtlinie 96/71/EG des Europäischen Parlaments und des Rates über die Entsendung von Arbeitnehmern im Rahmen der Erbringung von Dienstleistungen[406] verabschiedet. Gemäß ihrem Art. 1 gilt sie für Unternehmen mit Sitz in einem Mitgliedsstaat der Europäischen Union, die im Rahmen der länderübergreifenden Erbringung von Dienstleistungen Arbeitnehmer in das Hoheitsgebiet eines anderen Mitgliedsstaats der Europäischen Union entsenden. Sie findet auf sämtliche Branchen ohne Beschränkung auf die Baubranche Anwendung[407]. An die Regelungen der Entsende-Richtlinie wurde das Arbeitnehmer-Entsendegesetz durch das Gesetz zu Korrekturen in der Sozialversicherung und zur Sicherung der Arbeitnehmerrechte vom 19. Dezember 1998[408] angepasst. Dieses Gesetz ist zum 1. Januar 1999 in Kraft getreten, so dass seitdem auch das Arbeitnehmer-Entsendegesetz – mit Ausnahme von einzelnen Vorschriften – keine Beschränkung auf die Baubranche[409] mehr enthält[410]. Ob das

---

401 Vgl. zur Vorgeschichte des AEntG *Sahl/Stang*, AiB 1996, 652.

402 BGBl. 1996 I, S. 227.

403 § 1 Abs. 1 AEntG a.F.

404 *Koberski/Asshoff/Hold*, Einleitung, Rdnr. 49.

405 *Hanau*, NJW 1996, 1369 (1370).

406 ABl. EG 1997 Nr. L. 18/1.

407 *Krimphove,* Europäisches Arbeitsrecht, Rdnr. 485 a.E., ist zwar der Ansicht, die Entsende-Richtlinie gelte nur für den Bausektor. Diese Ansicht findet in der Entsende-Richtlinie selbst allerdings keinerlei Stütze. Zutreffend ist aber, dass es beispielsweise allgemeine Mindestlohnregelungen in Deutschland derzeit nur für den Bausektor gibt. Die 3. Verordnung über zwingende Arbeitsbedingungen im Baugewerbe vom 21. August 2002 (BGBl. I, S. 3372) erklärt den Tarifvertrag zur Regelung der Mindestlöhne im Baugewerbe vom 4. Juli 2002 für allgemeinverbindlich. Art. 3 Abs. 1 lit. c) der Entsende-Richtlinie geht daher außerhalb der Baubranche ins Leere, solange nicht die Wuchergrenze aus § 138 BGB erreicht ist, so auch *Däubler*, NJW 1999, 601 (607).

408 BGBl. I, S. 3843.

409 *Ulber*, AÜG, Einleitung F, Rdnr. 52 a.

Arbeitnehmer-Entsendegesetz europarechtskonform ist, ob es insbesondere nicht gegen die in Art. 39 EG niedergelegte Freizügigkeit der Arbeitnehmer und die in Art. 49 EG enthaltene Dienstleistungsfreiheit der Unternehmen verstößt[411], ist zumindest im Hinblick auf die derzeitige Fassung des Gesetzes[412] noch nicht abschließend geklärt, da sich der Europäische Gerichtshof mit dieser noch nicht auseinandergesetzt hat[413].

aa) § 7 Abs. 1 AEntG

§ 7 Abs. 1 AEntG wurde in Umsetzung der Entsende-Richtlinie durch das Gesetz zu Korrekturen in der Sozialversicherung und zur Sicherung der Arbeitnehmerrechte[414] neu eingefügt[415]. Er beruht auf Art. 3 Abs. 1 der Entsende-Richtlinie[416]. Diese Bestimmung enthält einen „harten Kern" von Arbeitsbedingungen[417], die im Einsatzstaat auch für den entsandten Arbeitnehmer zur Anwendung kommen müssen[418]. Dementsprechend führt § 7 Abs. 1 AEntG bestimmte Regelungen des deutschen Rechts auf, welche auch auf ein Arbeitsverhältnis zwischen einem im

---

410   Anders noch *Pietras/Thomas*, RIW 2001, 691 (692 f.); auch *Hadeler*, FA 2002, 373 (375), scheint das AEntG auf die Baubranche beschränken zu wollen.

411   *Gerken/Löwisch/Rieble*, BB 1995, 2370 (2375), sowie *Koenigs*, DB 1995, 1710 (1711), DB 1997, 225 (231) und DB 2002, 1270 (1273), bejahen einen solchen Verstoß.

412   Wohl aber im Hinblick auf die den Entscheidungen des EuGH vom 25. Oktober 2001 (Rechtssachen C-49/98 u.a.; Finalarte Societade de Construcao Civil Lda., BB 2001, 2648) sowie vom 24. Jan. 2002 (Rechtssache C-164/99; Portugaia Construcoes Lda., NZA 2002, 207) zugrunde liegende Fassung, vgl. *Bayreuther*, EuZW 2001, 764 (766); *von Danwitz*, EuZW 2002, 237 (244).

413   Die Entscheidungen des EuGH vom 25. Oktober 2001 sowie vom 24. Jan. 2002 betreffen zum einen noch die alte Fassung des AEntG, zum anderen setzen sie sich nur mit Regelungen für die Baubranche auseinander. Es bleiben Zweifel, ob man das Urteil vom 24. Jan. 2002 als „Absegnung" des Arbeitnehmer-Entsendegesetzes durch den EuGH auffassen kann. *Koenigs*, DB 2002, 431, ist der Ansicht, diese Grundsatzfrage sei durch erneute Vorlage an den EuGH zu klären. In Umsetzung des Urteils des EuGH vom 25. Oktober 2001 hat das Arbeitsgericht Wiesbaden jedenfalls am 17. Mai 2002 (7 Ca 2536/97 und 7 Ca 2634/98, dpa-Mitteilung in der F.A.Z. vom 22. Mai 2002, Seite 26) entschieden, dass die klagenden portugiesischen Bauunternehmer nicht in die Urlaubskasse des deutschen Baugewerbes einzahlen müssen, da der Vorteil hieraus für die entsandten Arbeitnehmer so gering sei, dass er in keinem Verhältnis zum aufwendigen Urlaubskassenverfahren stehe.

414   BGBl. 1998 I, S. 3843.

415   Daher findet er in der älteren Literatur keine Erwähnung.

416   *Ulber*, AÜG, § 7 AEntG, Rdnr. 1.

417   Vgl. hierzu auch *Eichenhofer*, ZIAS 1996, 55 (76 ff.).

418   Vgl. BT-DS. 14/45, S. 27.

Ausland ansässigen Arbeitgeber und seinem im Inland beschäftigten Arbeitnehmer zwingend Anwendung finden. Dabei handelt es sich um Regelungen über die Höchstarbeitszeiten und Mindestruhezeiten, den bezahlten Mindestjahresurlaub, die Mindestentgeltsätze[419] einschließlich der Überstundensätze, die Bedingungen für die Überlassung von Arbeitskräften, insbesondere durch Leiharbeitsunternehmen, die Sicherheit, den Gesundheitsschutz und die Hygiene am Arbeitsplatz, die Schutzmaßnahmen im Zusammenhang mit den Arbeits- und Beschäftigungsbedingungen von Schwangeren und Wöchnerinnen, Kindern und Jugendlichen und die Gleichbehandlung von Männern und Frauen sowie andere Nichtdiskriminierungsbestimmungen[420].

Aus der Formulierung „finden (...) zwingend Anwendung" kann gefolgert werden, es handle sich bei § 7 Abs. 1 AEntG um eine Norm, welche ohne Rücksicht auf das sonst anzuwendende Recht Anwendung finde[421], also um eine international zwingende Norm[422] im Sinne von Art. 34 EGBGB[423]. Es stellt sich allerdings die Frage, welche Vorschrift genau international zwingend ist. In Betracht kommen nämlich sowohl § 7 Abs. 1 AEntG selbst als auch die Vorschriften, auf die diese Norm verweist. In der Gesetzesbegründung wird ausgeführt, dass § 7 Abs. 1 AEntG vor allem der Klarstellung diene, da die dort genannten Normen ohnehin bereits als international zwingendes Recht angesehen würden[424]. Anscheinend geht der deutsche Gesetzgeber davon aus, dass es sich bei den in § 7 Abs. 1 AEntG aufgeführten Regelungen des deutschen Rechts selbst um international zwingende Bestimmungen im Sinne von Art. 34 EGBGB handelt[425]. § 7 Abs. 1 AEntG verdeutliche dies nur. Für ein solches Verständnis spricht auch der Wortlaut des § 7 Abs. 1 AEntG. Danach finden „die in Rechts- oder Verwaltungsvorschriften enthaltenen Regelungen (...) zwingend Anwendung". Zwin-

---

419 In Deutschland ist ein Mindestentgelt derzeit nicht durch Gesetz geregelt, vgl. *Borgmann*, Entsendung von Arbeitnehmern, S. 120, m.w.N.

420 *Koberski/Asshoff/Hold*, § 7 AEntG, Rdnr. 8, führen die hierunter fallenden Vorschriften in einem Katalog auf.

421 *Oppertshäuser*, NZA-RR 2000, 393 (397).

422 *Schlachter*, Anmerkung zu BAG AP Nr. 10 zu Art. 30 EGBGB n.F, unter 4.

423 Die international zwingende Natur wird bei der ähnlich gelagerten Vorschrift des § 1 Abs. 1 AEntG bejaht, vgl. *Birk*, RdA 1999, 13 (17); *Erman/Hohloch*, Art. 30 EGBGB, Rdnr. 5; *Junker*, IPRax 2000, 65 (72); *Krebber*, ZEuP 2001, 358 (376); MünchKomm-*Martiny*, Art. 34 EGBGB, Rdnr. 5 und 90; Palandt/*Heldrich*, Art. 34 EGBGB, Rdnr. 3; Soergel/*von Hoffmann*, Art. 30 EGBGB, Rdnr. 1 b.

424 BT-DS. 14/45, S. 27.

425 *Vischer/Huber/Oser*, Internationales Vertragsrecht, Rdnr. 799, Fußnote 120, sind der Ansicht, z.T. handle es sich um Erfüllungsmodalitäten gemäß § 32 Abs. 2 EGBGB, nicht um international zwingende Bestimmungen.

gende Anwendung finden also die Regelungen selbst, nicht dagegen § 7 Abs. 1 AEntG. § 7 Abs. 1 AEntG enthält selbst auch keine materiellen Regelungen zur Ausgestaltung des Arbeitsverhältnisses. *Koberski/Asshoff/Hold*[426] sprechen davon, dass § 7 Abs. 1 AEntG nur eine Aufzählung derjenigen Rechtsgebiete enthalte, deren Einzelvorschriften zwingende Arbeitsbedingungen enthielten.

Dies spricht dafür, dass nicht § 7 Abs. 1 AEntG selbst international zwingend ist, sondern vielmehr die Vorschriften, auf die er verweist. Diese Frage wird allerdings nur teilweise überhaupt problematisiert[427] und kann im Rahmen dieser Arbeit auch offenbleiben. Für die Frage, ob sich § 8 TzBfG unter eine der Fallgruppen des § 7 Abs. 1 AEntG einordnen lässt, kommt es nicht darauf an, ob die dort in Bezug genommenen Vorschriften international zwingend sind oder ob es sich bei § 7 Abs. 1 AEntG selbst um eine solche international zwingende Vorschrift handelt. Unabhängig davon, wie man § 7 Abs. 1 AEntG in diesem Zusammenhang einordnet, führt seine Regelung zu einer inhaltlichen Ausdehnung des Anwendungsbereichs von Art. 34 EGBGB, wie *Hoppe*[428] ausführt. Dennoch lassen sich die durch das Arbeitnehmer-Entsendegesetz getroffenen Regelungen in das bereits vorhandene kollisionsrechtliche System des Europäischen Schuldvertragsübereinkommens und des Einführungsgesetzes zum Bürgerlichen Gesetzbuch[429] einfügen[430]. Die Ausdehnung des Anwendungsbereichs durch die Entsende-Richtlinie und die damit verbundene Umsetzung in das deutsche Recht[431] mag nicht wünschenswert sein[432], ist aber als Regelung zunächst hinzunehmen[433]. Dies gilt auch für den Fall, dass man dem von *Borgmann*[434] vertretenen Ansatz folgt, nur die Normen des Arbeitnehmer-

---

426 § 7 AEntG, Rdnr. 2.

427 Vgl. hierzu *Borgmann*, Entsendung von Arbeitnehmern, S. 172 f.

428 Entsendung, S. 251, unter Berufung auf *Franzen*, ZEuP 1995, 796 (825), und S. 255.

429 So auch *Koberski/Asshoff/Hold*, § 1 AEntG, Rdnr. 143 und 151.

430 Nicht überzeugend dagegen die Kritik von *Borgmann*, Entsendung von Arbeitnehmern, S. 228, der das AEntG als allseitige Kollisionsregelung ansehen will, die sich nicht in die Systematik des Art. 34 EGBGB einfügt, der zugleich aber auf S. 173 ausführt, der Gesetzgeber habe das AEntG ausdrücklich unter Art. 34 EGBGB eingeordnet.

431 Hierzu auch *Henssler/Müller*, Anm. zu EuGH vom 24. Jan. 2002, EWiR 2002, 245 (246).

432 Kritisch zu den mit dieser Einordnung möglicherweise verbundenen Folgen *Krebber*, IPRax 2001, 22 ff.

433 Vgl. hierzu auch *Däubler*, RIW 2000, 255 (257).

434 Entsendung von Arbeitnehmern, S. 173.

Entsendegesetzes selbst, nicht dagegen die in Bezug genommenen Vorschriften seien international zwingend.

Eine Vorschrift des deutschen Rechts, die unter § 7 Abs. 1 AEntG fällt, ist international zwingend gemäß Art. 34 EGBGB. Kann also eine Vorschrift des deutschen Rechts unter eine der Ziffern des § 7 Abs. 1 AEntG subsumiert werden, steht damit fest, dass es sich um eine international zwingende Vorschrift handelt. Es liegt daher nahe, § 7 Abs. 1 AEntG als Anhaltspunkt und Auslegungshilfe für andere Vorschriften des deutschen Rechts, deren international zwingende Natur noch untersucht werden soll, zu nutzen.

§ 7 Abs. 1 AEntG kann auch für die Untersuchung des § 8 TzBfG fruchtbar gemacht werden. Im Rahmen dieser Arbeit soll untersucht werden, ob es sich bei § 8 TzBfG um eine international zwingende Vorschrift handelt. Lässt sich § 8 TzBfG unter eine der Ziffern des § 7 Abs. 1 AEntG subsumieren, so stünde damit fest, dass es sich bei § 8 TzBfG um eine international zwingende Vorschrift handelt[435]. Bei Durchsicht des Katalogs in § 7 Abs. 1 AEntG kommt in diesem Zusammenhang § 7 Abs. 1 Nr. 7 AEntG in Betracht. § 7 Abs. 1 Nr. 7 AEntG bestimmt, dass die Regelungen über die Gleichbehandlung von Männern und Frauen sowie andere Nichtdiskriminierungsbestimmungen auch auf ein Arbeitsverhältnis zwischen einem im Ausland ansässigen Arbeitgeber und seinem im Inland beschäftigten Arbeitnehmer zwingend Anwendung finden[436]. *Koberski/Asshoff/Hold*[437] nennen hier als Beispiele Art. 119 EGV (jetzt Art. 141 EG), Art. 3 GG sowie §§ 611 a und b sowie § 612 Abs. 3 BGB. Dabei handelt es sich überwiegend um Vorschriften zur Gleichbehandlung von Männern und Frauen; nur Art. 3 Abs. 3 GG führt auch andere Diskriminierungsgründe auf, ist allerdings im Privatrechtsverkehr nach herrschender Meinung[438] nur mittelbar anwendbar.

Ein Zusammenhang zwischen § 8 TzBfG und § 7 Abs. 1 Nr. 7 AEntG lässt sich herstellen, da wesentlich mehr Frauen als Männer in Teilzeit arbeiten[439]. Es liegt daher nahe anzunehmen, dass mit dem Gesetz über

---

435   Zutreffend stellt *Junker*, RdA 1998, 42 (44), zur alten Fassung des AEntG fest, es handle sich im Kern um ein international-privatrechtliches Gesetz; die in § 1 Abs. 1 AEntG enthaltenen Arbeitsbedingungen würden für international zwingend erklärt; so vorausschauend auch *Franzen*, DZWiR 1996, 89 (96).

436   *Däubler*, NJW 1999, 601 (607), begrüßt die Erstreckung von Art. 34 EGBG auf diese Normen.

437   § 7 AEntG, Rdnr. 8 a.E.

438   Vgl. hierzu *Dungs*, Europäisierung, S. 154, Fußnote 177, m.w.N.

439   Laut Übersicht 6.9.3 des vom Statistischen Bundesamts herausgegebenen Statistischen Jahrbuchs 2001 arbeiteten im Jahr 2000 von insgesamt 27.824.486 sozialversicherungspflichtig Beschäftigten 14,12 % in Teilzeit. Dabei handelte es

Teilzeitarbeit und befristete Arbeitsverträge zum einen der Anteil der männlichen Arbeitnehmer an den Teilzeitbeschäftigten erhöht, zum anderen aber auch die vermeintliche Benachteiligung der derzeit überwiegend – rund 85 % im Jahr 2000[440] – weiblichen Teilzeitbeschäftigten abgebaut werden soll[441]. Darüber hinaus enthält das Gesetz über Teilzeitarbeit und befristete Arbeitsverträge mehrere Regelungen, welche ausdrücklich die Diskriminierung von Teilzeitbeschäftigten verbieten (etwa § 4 Abs. 1 TzBfG) oder in anderer Weise deutlich machen, dass der Anteil der Teilzeitarbeit erhöht werden soll (so § 1 TzBfG: Zielsetzung, oder auch § 6 TzBfG: Förderung auch in leitenden Positionen). Dies können Indizien dafür sein, dass es sich bei § 8 TzBfG um eine Regelung über die Gleichbehandlung von Männern und Frauen oder um eine andere Nichtdiskriminierungsbestimmung handelt.

Allerdings darf bei dieser Auslegung des § 7 Abs. 1 AEntG und der Einordnung des § 8 TzBfG nicht außer acht bleiben, dass beide Vorschriften auf der Umsetzung von Richtlinien der Europäischen Gemeinschaft in deutsches Recht beruhen. Das Arbeitnehmer-Entsendegesetz setzt die Richtlinie 96/71/EG über die Entsendung von Arbeitnehmern im Rahmen der Erbringung von Dienstleistungen[442] um. Die Regelungen zur Teilzeitarbeit im Gesetz über Teilzeitarbeit und befristete Arbeitsverträge beruhen auf der Richtlinie 97/81/EG vom 15. Dezember 1997 zur Rahmenvereinbarung über Teilzeitarbeit[443]. Wie oben unter § 2 III. ausgeführt, ist der Gesetzgeber mit der Einführung des § 8 TzBfG über die Anforderungen der Richtlinie hinausgegangen. Die Teilzeit-Richtlinie sieht keine Gewährung eines Anspruchs auf Verringerung der Arbeitszeit vor. § 8 TzBfG steht dennoch mit der Teilzeit-Richtlinie im Einklang, da § 6 Nr. 1 der Rahmenvereinbarung ausdrücklich die Beibehaltung oder Einführung günstigerer Bestimmungen zulässt[444].

Unabhängig davon, dass der deutsche Gesetzgeber über die Mindestanforderungen der Richtlinie hinausgehen durfte, stellt sich aber die Frage, ob es zulässig wäre, eine dergestalt über die europäischen Vorgaben hinausgehende Norm wie § 8 TzBfG als international zwingende Vorschrift im Sinne von Art. 34 EGBGB einzuordnen. Eine Einordnung einer Vor-

---

sich zu 85,96 % um Frauen. 27,48 % aller Frauen, aber nur 3,5 % aller Männer arbeiteten in Teilzeit.

440 Vgl. Übersicht 6.9.3 des vom Statistischen Bundesamts herausgegebenen Statistischen Jahrbuchs 2001.

441 Vgl. zum rechtstatsächlichen Hintergrund der Teilzeitarbeit in West- und Ostdeutschland auch Annuß/Thüsing/*Annuß*, Einführung, Rdnr. 19 ff.

442 ABl. EG 1997 Nr. L. 18/1.

443 ABl. EG 1998, L 14, S. 9.

444 BT-DS. 14/4374, S. 16.

schrift unter Art. 34 EGBGB führt nämlich dazu, dass diese auf jeden Sachverhalt, der sich in Deutschland abspielt, anzuwenden ist, unabhängig von der getroffenen Rechtswahl oder dem nach Art. 30 Abs. 2 EGBGB sonst anzuwendenden Recht. Handelt es sich bei § 8 TzBfG um eine international zwingende Vorschrift, so ist sie auch von Arbeitgebern und Arbeitnehmern zu beachten, deren Arbeitsverhältnis an sich einem fremden Recht unterliegt. Zumindest bei Entsendungen innerhalb der Europäischen Union könnte darin ein Verstoß gegen die Freizügigkeit der Arbeitnehmer (Art. 39 EG) und gegen die Dienstleistungsfreiheit der Arbeitgeber (Art. 49 EG) liegen. Mit der Teilzeit-Richtlinie hat die Europäische Union bereits ein Mindestmaß an arbeitnehmerschützenden Regelungen niedergelegt; weitergehende Regelungen könnten daher gegen die genannten Freiheiten der Unionsbürger verstoßen[445]. Einschränkungen der Freizügigkeit sind nur aus Gründen der öffentlichen Ordnung, Sicherheit oder Gesundheit zulässig, Art. 39 Abs. 3 EG[446]. Andererseits bestimmt aber Art. 50 Abs. 2 EG, dass die Freiheit, Dienstleistungen zu erbringen, nur unter den Voraussetzungen besteht, welche der jeweilige Staat für seine eigenen Angehörigen vorschreibt. Da deutsche Arbeitgeber dem Anspruch der Arbeitnehmer aus § 8 TzBfG unterworfen werden, kann diese Rechtsnorm auch auf ausländische Arbeitgeber, die Arbeitnehmer nach Deutschland entsenden, Anwendung finden. Das europäische Recht verbietet nur die Ungleichbehandlung von inländischen und ausländischen Arbeitnehmern[447], nicht aber ihre gleiche Unterworfenheit unter eine arbeitnehmerschützende Norm[448]. Dagegen spricht auch nicht das Verbot der Doppelbelastung, wie es der Europäische Gerichtshof in seiner Entscheidung vom 25. Oktober 2001[449] beschrieben hat. Dieses Verbot schützt nur vor einer doppelten Geltendmachung derselben Ansprüche (etwa auf Urlaubsgewährung), nicht aber vor der Verpflichtung, einem entsandten Arbeitnehmer während seiner Entsendung in ein anderes Land bessere Arbeitsbedingungen als im Heimatland gewähren zu müssen[450]. Liegt keine Ungleichbehandlung – auch keine versteckte Ungleichbehand-

---

[445] So *Fritzsche*, Vereinbarkeit, S. 132, zur Frage der Vereinbarkeit des Arbeitnehmer-Entsendegesetzes mit europäischem Recht. Allerdings war der Ausgangspunkt der Diskussion beim Arbeitnehmer-Entsendegesetz insofern anders, als dieses durch den deutschen Gesetzgeber noch vor der Verabschiedung der Entsende-Richtlinie in Kraft gesetzt wurde, vgl. *Kort*, NZA 2002, 1248.

[446] *Koberski/Asshoff/Hold*, § 1 AEntG, Rdnr. 157 f.

[447] *Ulber*, AÜG, § 7 AEntG, Rdnr. 3.

[448] *Theelen*, Arbeitnehmerentsendegesetz, S. 29 und 137.

[449] Rechtssachen C-49/98 u.a.; Finalarte Societade de Construcao Civil Lda, BB 2001, 2648 (2652).

[450] *Schlachter*, NZA 2002, 1242 (1246).

lung[451] – vor, so ist die Auferlegung von Pflichten, die über das europäische Mindestmaß hinausgehen, nicht europarechtswidrig[452]. Sie verstößt im übrigen auch nicht gegen das Europäische Schuldvertragsübereinkommen[453]. Art. 7 des Schuldvertragsübereinkommens läßt den Mitgliedsstaaten einen Spielraum[454] dahingehend, welche Normen sie als international zwingend ansehen wollen[455]. Es darf nur nicht das gesamte Recht für international zwingend erklärt werden[456].

Aus europarechtlicher Hinsicht spricht daher nichts dagegen, eine Vorschrift auch dann als international zwingend anzusehen, wenn sie über die Mindestvorgaben des europäischen Rechts hinausgeht. § 8 TzBfG darf dahingehend untersucht werden, ob es sich bei ihm um eine international zwingende Vorschrift gemäß Art. 34 EGBGB handelt. Dies führt zurück zu § 7 Abs. 1 Nr. 7 AEntG. Handelt es sich bei § 8 TzBfG um eine Regelung über die Gleichbehandlung von Männern und Frauen oder um eine andere Nichtdiskriminierungsbestimmung im Sinne von § 7 Abs. 1 Nr. 7 AEntG, so steht damit gleichzeitig fest, dass § 8 TzBfG international zwingend ist. Zunächst wird daher zu prüfen sein, ob § 8 TzBfG eine Regelung über die Gleichbehandlung von Männern und Frauen (1. Alternative des § 7 Abs. 1 Nr. 7 AEntG) oder eine andere Nichtdiskriminierungsbestimmung (2. Alternative des § 7 Abs. 1 Nr. 7 AEntG) ist. Ist das Ergebnis dieser Prüfung positiv, so steht der international zwingende Charakter von § 8 TzBfG fest, ohne dass noch eine Untersuchung anhand der allgemein für Art. 34 EGBGB entwickelten Kriterien zu erfolgen hätte. Kommt die Prüfung zu einem negativen Ergebnis, wird durch Subsumtion unter die allgemein für Art. 34 EGBGB entwickelten Kriterien zu ermitteln sein, ob § 8 TzBfG nach diesen Kriterien eine international zwingende Vorschrift gemäß Art. 34 EGBGB ist.

---

[451]   *Kort*, NZA 2002, 1248 (1253).

[452]   A.A. für Teile des AEntG *Doppler*, Vereinbarkeit, S. 74 und 100 f. Auch *Theelen*, Arbeitnehmerentsendegesetz, S. 172, ist der Ansicht, dass § 1 Abs. 1 Nr. 1 und 2 AEntG gegen die Entsende-Richtlinie verstößt.

[453]   *Bieback*, RdA 2000, 207 (213).

[454]   *Franzen*, DZWiR 1996, 89 (96).

[455]   *Koberski/Asshoff/Hold*, § 1 AEntG, Rdnr. 162; *Theelen*, Arbeitnehmerentsendegesetz, S. 136.

[456]   *Däubler*, DB 1995, 726 (727).

bb) § 1 Abs. 1 AEntG

Das Arbeitnehmer-Entsendegesetz enthält noch eine weitere als international zwingend gekennzeichnete Vorschrift[457], nämlich § 1 Abs. 1 AEntG[458]. Diese Norm, welche nach wie vor nur für die Baubranche gilt, erklärt die Rechtnormen bestimmter für allgemeinverbindlich erklärter Tarifverträge auch auf ein Arbeitsverhältnis zwischen einem Arbeitgeber mit Sitz im Ausland und seinem in Deutschland beschäftigten Arbeitnehmer für zwingend anwendbar. Bei dem tarifvertraglich geregelten Mindestlohn im Baugewerbe gemäß § 1 Abs. 1 AEntG stellt sich zwar die Frage, ob ein für allgemeinverbindlich erklärter Tarifvertrag überhaupt selbst eine international zwingende Vorschrift im Sinne von Art. 34 EGBGB sein kann. Dies ist streitig[459], ist aber meines Erachtens zu bejahen[460]. Auch *Koberski/Asshoff/Hold*[461] führen aus, dass die Tarifverträge des Baugewerbes, die durch Allgemeinverbindlichkeitserklärung oder durch Rechtsverordnung allgemein anzuwenden sind, durch § 1 Abs. 1 AEntG zu zwingendem Recht im Sinne des Art. 34 EGBGB erklärt werden[462].

---

457 *Schlachter*, Anmerkung zu BAG AP Nr. 10 zu Art. 30 EGBGB n.F, unter 4.

458 *Birk*, RdA 1999, 13 (17); Erman/*Hohloch*, Art. 30 EGBGB, Rdnr. 5; *Hadeler*, FA 2002, 373 (376), *Junker*, IPRax 2000, 65 (72); *Krebber*, ZEuP 2001, 358 (376); MünchKomm-*Martiny*, Art. 34 EGBGB, Rdnr. 5 und 90; Palandt/*Heldrich*, Art. 34 EGBGB, Rdnr. 3; Soergel/*von Hoffmann*, Art. 30 EGBGB, Rdnr. 1 b.

459 Ablehnend *Borgmann*, Entsendung von Arbeitnehmern, S. 173.

460 So auch *Deinert*, RdA 1996, 339 (347).

461 § 1 AEntG, Rdnr. 143.

462 Als Exkurs sei eingefügt, dass es sich bei dieser Frage nicht nur um eine solche des Internationalen Privatrechts handelt, sondern auch um eine solche der Tarifkonkurrenz, vgl. hierzu *Deinert*, RdA 1996, 339 (346). Ein für allgemeinverbindlich erklärter Tarifvertrag kann auch im internationalen Rahmen nur dann Geltung beanspruchen, wenn er im Falle der Tarifkonkurrenz Vorrang beanspruchen könnte. Dem denkbaren Abweichen von den Mindestlöhnen des für allgemeinverbindlich erklärten Tarifvertrags durch den Abschluss von Firmentarifverträgen hat der Europäische Gerichtshof allerdings durch Urteil vom 24. Januar 2002 (Rechtssache C-164/99, Portugaia Construcoes Lda., NZA 2002, 207) einen Riegel vorgeschoben. Danach verstößt es gegen Art. 49, 50 EG, wenn ein inländischer Arbeitgeber den in einem für allgemeinverbindlich erklärten Tarifvertrag festgesetzten Mindestlohn durch Abschluss eines Firmentarifvertrags unterschreiten kann, während dies einem Arbeitgeber, der in einem anderen Mitgliedstaat ansässig ist, nicht möglich ist; vgl. hierzu auch *Bayreuther*, BB 2002, 627 f.

b) Weitere als international zwingend gekennzeichnete Normen

Weitere individualarbeitsrechtliche Normen, welche als international zwingend gekennzeichnet sind, sind nicht ersichtlich und werden auch im Schrifttum nicht angeführt. Für weitere Anwendungsfälle muss daher die Betrachtung auf das allgemeine Zivilrecht ausgedehnt werden. Aber auch im allgemeinen Zivilrecht finden sich nur wenige Normen, die als international zwingend gekennzeichnet sind. Genannt wurde in der Vergangenheit beispielsweise der frühere § 8 des Gesetzes über die Veräußerung von Teilzeitnutzungsrechten an Wohngebäuden, welcher nach seiner amtlichen Begründung „als eine Konkretisierung des in Art. 34 EGBGB enthaltenen Grundsatzes" angesehen werden konnte[463]. Angeführt wird in diesem Zusammenhang auch der frühere § 12 AGBG[464]. Festzuhalten bleibt daher, dass es im Zivilrecht nur wenige Vorschriften gibt, die vom Gesetzgeber ausdrücklich als international zwingend gekennzeichnet wurden.

3. Der Tatbestand des Art. 34 EGBGB

a) Allgemeine Ausführungen

Wie oben unter § 1 I 2 b) cc) geschildert, werden die Kriterien für die international zwingende Natur einer Norm im Sinne von Art. 34 EGBGB bereits seit Inkrafttreten der Vorschrift diskutiert. *Junker*[465] beschreibt unter Berufung auf *Gamillscheg*[466], wie sich die Entwicklung hin zu Art. 34 EGBGB vollzogen hat[467]. Dementsprechend vielfältig sind die Ansatzpunkte und Gewichtungen. Gemeinhin werden solche Normen als international zwingend im Sinne von Art. 34 EGBGB angesehen, die nicht nur der Durchsetzung von Individualinteressen dienen, sondern zumindest auch im Gemeinwohlinteresse[468] liegen. Normen, die nur dem Ausgleich widerstreitender Parteiinteressen dienen, sollen dem Vertragsstatut unterliegen[469]. Als international zwingend betrachtet werden auch solche Normen, die einen besonderen Staatsbezug aufweisen und bei denen der Erlassstaat eine besondere Anwendungsintention

---

463 BT-DS. 13/4185, S. 14; *Junker*, IPRax 2000, 65 (67).

464 *Wichmann*, Dienstleistungsfreiheit, S. 36.

465 IPRax 1989, 69 (72 f.).

466 ZfA 14 (1983), 307 (343 f.).

467 Vgl. zur Entwicklung auch *Birk*, NJW 1978, 1825 ff.

468 *Lorenz*, RIW 1987, 569 (578).

469 MünchKomm-*Martiny*, Art. 34 EGBGB, Rdnr. 12.

hat[470]. Hierfür wird der „Gerechtigkeitsgehalt" der jeweiligen Vorschrift herangezogen[471]. Es wird auch davon gesprochen, es müsse sich um „besonders zwingende Bestimmungen handeln, in denen unverzichtbare nationale Wert- und Ordnungsvorstellungen zum Ausdruck kommen"[472]. Es müsse sich um für die Gesellschaft ordnungsrelevantes Recht handeln[473]; dies sei aus dem Gegenstand beziehungsweise aus dem Gehalt der einzelnen Vorschrift zu ermitteln[474]. *Schlachter*[475] führt aus, nur Vorschriften, die bereits nach nationalem Recht unabdingbar seien, kämen überhaupt als international zwingende Vorschriften in Betracht.

Die Begründung des Gesetzes zur Neuregelung des Internationalen Privatrechts bezieht sich sowohl auf zwingende Vorschriften wirtschaftspolitischen Gehalts als auch auf sozialpolitische Vorschriften zum Schutz Einzelner, und zwar ohne Rücksicht auf ihre privat- oder öffentlichrechtliche Natur[476]. Solchen Vorschriften muss eindeutig zu entnehmen sein, dass sie auch ohne Rücksicht auf das nach dem allgemeinen inländischen Kollisionsrecht maßgebende Recht angewendet werden sollen[477]. Als Indiz für die Intention einer Vorschrift kann die Beteiligung von Gerichten oder Behörden bei ihrer Durchsetzung oder die Tatsache, dass es sich um strafbewehrte Gebots- oder Verbotsgesetze handelt, dienen. Teilweise wird dieser Gesichtspunkt auch als Abgrenzungsmerkmal für die Frage verwendet, ob es sich überhaupt um eine international zwingende Vorschrift handelt[478]. Dies führt zu der Fragestellung, ob international zwingende Vorschriften typischerweise Vorschriften des öffentlichen Rechts sind, ja ob nicht sogar nur Vorschriften des öffentlichen Rechts unter Art. 34 EGBGB zu subsumieren sind.

---

470   *Vischer/Huber/Oser*, Internationales Vertragsrecht, Rdnr. 912.

471   Palandt/*Heldrich*, Art. 34 EGBGB, Rdnr. 3.

472   *Birk*, RabelsZ 46 (1982), 384 (388).

473   MünchKomm-*Sonnenberger*, Einl. IPR, Rdnr. 36.

474   MünchKomm-*Sonnenberger*, Einl. IPR, Rdnr. 46; so auch MünchKomm-*Martiny*, Art. 34 EGBGB, Rdnr. 10.

475   Anmerkung zu BAG AP Nr. 10 zu Art. 30 EGBGB n.F, unter 4.

476   BT-DS. 10/504, S. 83.

477   *Lorenz*, RIW 1987, 569 (580).

478   Soergel/*von Hoffmann*, Art. 30 EGBGB, Rdnr. 20.

b) Art. 34 EGBGB und die Abgrenzung Öffentliches Recht/Privatrecht

Die wohl herrschende Meinung[479] geht davon aus, dass sowohl Normen des öffentlichen als auch des privaten Rechts international zwingende Vorschriften im Sinne von Art. 34 EGBGB sein können. Es liegt dabei auf der Hand, dass Normen des öffentlichen Rechts die oben unter a) aufgeführten Voraussetzungen für eine international zwingende Vorschrift häufiger erfüllen als solche des Privatrechts, da bei ersteren ein Gemeinwohlinteresse eher vorliegen und auch eher zu erkennen sein wird[480]. Es fällt aber nach der herrschenden Meinung dennoch nicht jede öffentlich-rechtliche Vorschrift ohne weiteres unter Art. 34 EGBGB[481].

Es wird aber auch vertreten, dass Normen des öffentlichen Rechts in der Regel unter Art. 34 EGBGB fielen[482], während Vorschriften des von Art. 30 EGBGB erfassten Sonderprivatrechts Arbeitsrecht nicht unter Art. 34 EGBGB fallen sollen[483]. In dieselbe Richtung geht das sogenannte Territorialitätsprinzip. Es besagt, dass bestimmte Normen des deutschen Rechts auf alle Vertragsverhältnisse Anwendung finden sollen, die in Deutschland ausgeübt werden. Im Hinblick auf das Arbeitsrecht wird dabei zwischen privatem und öffentlichem Arbeitsrecht unterschieden; ersteres solle dem Vertragsstatut unterliegen, letzteres dem Grundsatz der Territorialität[484]. Ähnlich geht im Ergebnis die Lehre vom internationalen öffentlichen Recht (auch internationales Verwaltungsrecht[485] genannt) vor. Danach ist zum einen „die Geltungskraft des Verwaltungshandelns territorial auf das Hoheitsgebiet des Staates des Verwaltungsorgans begrenzt"[486]. Zum anderen muss das Verwaltungsrecht aber auf diesem Hoheitsgebiet auch Anwendung finden[487]. Schwierigkeiten ergeben sich hierbei im Arbeitsrecht aber dadurch, dass verschiedene Rege-

---

479 MünchKomm-*Martiny*, Art. 34 EGBGB, Rdnr. 11, m.w.N.

480 *Lorenz*, RIW 1987, 569 (579).

481 MünchKomm-*Martiny*, Art. 30 EGBGB, Rdnr. 20.

482 Dies scheint MünchKomm-*Sonnenberger*, Einl. IPR, Rdnr. 47, anzudeuten.

483 Soergel/*von Hoffmann*, Art. 30 EGBGB, Rdnr. 20.

484 MünchKomm-Martiny, Art. 30 EGBGB, Rdnr. 65.

485 *Borgmann*, Entsendung von Arbeitnehmern, S. 116.

486 Erman/*Hohloch*, Einl. Art. 3-46 EGBGB, Rdnr. 5.

487 Vgl. hierzu auch *Borgmann*, Entsendung von Arbeitnehmern, S. 116.

lungsbereiche[488] teilweise dem privaten, teilweise dem öffentlichen Recht zuzuordnen sind[489]; dies hat auch *Kärcher*[490] dargelegt.

In diesem Zusammenhang stellt sich die Frage, ob nicht nur die Einordnung als öffentliches Recht beachtet werden muss, sondern auch die Beteiligung öffentlicher Stellen an der Durchsetzung einer Norm[491]. Eine Beteiligung öffentlicher Stellen gibt es bei nicht wenigen arbeitsrechtlichen Normen, beispielsweise beim Mutterschutz und beim Schwerbehindertenschutz. Auch die in § 7 Abs. 1 Nr. 4 und 5 AEntG aufgeführten Regelungen (Leiharbeit, Gesundheit und Sicherheit am Arbeitsplatz) werden durch Behörden überwacht. Ähnlich ist es auch beim Massenentlassungsschutz gemäß §§ 17 ff KSchG, da eine Massenentlassung dem Arbeitsamt anzuzeigen ist[492]. Hier ließen sich zumindest im Baubereich auch die Regelungen über Mindestentgeltsätze und Überstundensätze (§ 7 Abs. 1 Nr. 2 AEntG) subsumieren, da deren Zahlung gemäß § 2 AEntG von der Bundesanstalt für Arbeit und von den Hauptzollämtern überwacht wird. Eine Beteiligung von Gerichten für die Durchsetzung eines Anspruchs kann dagegen meines Erachtens nicht herangezogen werden, da im Rechtsstaat sämtliche Ansprüche gerichtlich durchgesetzt werden müssen. Es muss sich also um Verwaltungsbehörden oder ähnliche Stellen handeln.

Bei der Beteiligung öffentlicher Stellen handelt es sich daher einerseits um ein leicht feststellbares und daher praktisch hilfreiches Kriterium. Andererseits stellt die Beteiligung öffentlicher Stellen aber auch eine bloße Formalität dar. Allein diese Beteiligung als Indiz zu gewichten, birgt daher die Gefahr einer zu formalen Betrachtungsweise. Im Zusammenhang mit der Einordnung einer Norm als öffentlich-rechtlich kann die Beteiligung öffentlicher Stellen dagegen weiterhelfen, da sie in aller Regel zusätzlich vorliegen wird. Die Einordnung einer Vorschrift des deutschen Rechts als öffentliches Recht und die Beteiligung öffentlicher Stellen bei deren Durchsetzung bilden daher ein Indiz für die Einordnung einer Norm als international zwingend im Sinne von Art. 34 EGBGB.

Die Beschränkung auf Normen des öffentlichen Rechts allein würde aber den Anwendungsbereich des Art. 34 EGBGB systemwidrig zu sehr einschränken. Sie würde auch dem Charakter von Art. 34 EGBGB als Vorschrift des Internationalen Privatrechts mit Bezug auf vertragliche

---

488 Genannt werden hier vor allem das SchwbG (jetzt: SGB IX), das MuSchG und das AÜG.

489 Vgl. zu dieser Problematik auch *Zenz*, Rechtsanwendungsprobleme, unter 3.2.4.2.

490 Öffentliches Arbeitsrecht, S. 11.

491 Soergel/*von Hoffmann*, Art. 30 EGBGB, Rdnr. 20.

492 BAG AP Nr. 30 zu Internat. Privatrecht, Arbeitsrecht.

Schuldverhältnisse nicht gerecht. Es mag zwar im Arbeitsrecht in nennenswerter Zahl öffentlich-rechtliche Regelungen geben, die auf das Arbeitsverhältnis einwirken oder die zu beachten sind. Dies ist aber nicht bei allen vertraglichen Schuldverhältnissen der Fall. Das Arbeitsrecht stellt hier wegen der besonderen rechtlichen und tatsächlichen Schutzbedürftigkeit des Arbeitnehmers vor Gefahren am Arbeitsplatz eine Besonderheit dar. Wenn nur öffentlich-rechtliche Vorschriften international zwingend wären, wäre die Subsumtion unter Art. 34 EGBGB nicht schwierig. Daher ist der herrschenden Meinung zu folgen, dass auch Vorschriften des Privatrechts international zwingend im Sinne von Art. 34 EGBGB sein können. Festzuhalten bleibt aber, dass bei Vorschriften des Privatrechts genau untersucht werden muss, ob es sich um international zwingende Vorschriften oder nur um „intern" zwingende Vorschriften handelt.

c) Ungeschriebenes Tatbestandsmerkmal des Inlandsbezugs

Teilweise wird als Kriterium für die Einordnung einer Vorschrift unter Art. 34 EGBGB auch ein Inlandsbezug des zu entscheidenden Falls gefordert[493], der um so stärker sein müsse, je schwächer das Gewicht der durch die Eingriffsnorm geschützten öffentlichen Interessen sei[494]. Während *Martiny*[495] die Erforderlichkeit dieses Kriteriums bejaht, lehnt es *Sonnenberger*[496] als zu unpräzise ab. *Sonnenberger* ist zuzugeben, dass das Kriterium eines zusätzlichen Inlandsbezugs sehr unbestimmt ist. Allerdings wird ein solcher Bezug in der Regel ohnehin vorliegen, wenn ein Arbeitnehmer – und sei es nur vorübergehend – seine Arbeit in Deutschland erbringt. *Reithmann/Martiny*[497] haben ein Prüfungsschema zu der Frage entwickelt, ob eine Norm international zwingend im Sinne von Art. 34 EGBGB ist. Sie erwähnen darin dieses zusätzliche Merkmal des Inlandsbezugs[498]. Nach diesem Prüfungsschema kommt es auf zwei Kriterien an. Zum einen muss der Geltungswille der Vorschrift ermittelt werden. Zum anderen muss der zugrunde liegende Sachverhalt eine

---

493 Erfurter Kommentar-*Schlachter*, Art. 27, 30 und 34 EGBGB, Rdnr. 16; *Wagner*, IPRax 2000, 249 (252).

494 *Kohte*, EuZW 1990, 150 (153); Palandt/*Heldrich*, Art. 34 EGBGB, Rdnr. 3; a.A. *Mankowski*, RIW 1998, 287 (290).

495 MünchKomm-*Martiny*, Art. 34 EGBGB, Rdnr. 94.

496 MünchKomm-*Sonnenberger*, Einl. IPR, Rdnr. 56.

497 *Reithmann/Martiny*, Internationales Vertragsrecht, Rdnr. 464.

498 Internationales Vertragsrecht, Rdnr. 464.

„hinreichend enge Beziehung" zum Inland haben. Außerdem halten *Reithmann/Martiny*[499] eine Gesamtabwägung für erforderlich.

Die Erforderlichkeit dieses zusätzlichen Merkmals des Inlandsbezugs kann daraus hergeleitet werden, dass Art. 34 EGBGB einige für unverzichtbar gehaltene Prinzipien des deutschen Rechts schützen will, wenn ein Arbeitsverhältnis in Deutschland ausgeübt wird. Hintergrund hierfür ist, dass sämtliche in Deutschland beschäftigten Arbeitnehmer einen bestimmten Mindestschutz genießen sollen, auch wenn ihre Tätigkeit in Deutschland nur vorübergehend ist. Die Notwendigkeit eines solchen Schutzes besteht aber nur dann, wenn auch ein hinreichend enger Zusammenhang zum Inland besteht[500]. Fehlt es an diesem Zusammenhang, besteht der deutsche Gesetzgeber nicht auf der Anwendung seiner Rechtsvorschriften. In diese Richtung geht das Kriterium des Inlandsbezugs. Damit geht einher, dass es sich bei Art. 34 EGBGB um eine einseitige Kollisionsnorm handelt. Art. 34 EGBGB ist in seiner Ausrichtung nicht neutral wie eine allseitige Kollisionsnorm, sondern verhilft nur Vorschriften des deutschen Rechts zur Geltung. Er enthält damit einen eindeutigen Bezug auf das deutsche Recht. Das Merkmal des Inlandsbezugs kann somit bei der Einordnung einer Norm unter Art. 34 EGBGB helfen. Es bleibt daher als zusätzliches, ungeschriebenes Tatbestandsmerkmal festzuhalten[501].

d) Beispiele für international zwingende Vorschriften

Die Frage, ob bestimmte Vorschriften des deutschen Rechts international zwingend im Sinne des Art. 34 EGBGB sind, war bereits Gegenstand einiger Entscheidungen des Bundesarbeitsgerichts. Außerdem geben die Begründung des Gesetzes und das Schrifttum Beispiele für international zwingende Vorschriften. Die bereits entschiedenen Fälle und die Beispiele können Anhaltspunkte für die Einordnung von Normen unter Art. 34 EGBGB geben. Die maßgeblichen Entscheidungen sowie Beispiele aus dem Schrifttum sollen daher im Folgenden dargestellt und in den Gesamtzusammenhang des Art. 34 EGBGB eingeordnet werden. Dabei ist zu beachten, dass mit der Regelung des § 7 Abs. 1 AEntG[502] bestimmte Regelungen bereits als international zwingend gekennzeichnet sind[503]. Da die Stimmen aus der Literatur aber zu einem nicht geringen

---

499 Internationales Vertragsrecht, Rdnr. 449.

500 *Schlachter*, Anmerkung zu BAG AP Nr. 10 zu Art. 30 EGBGB n.F, unter 4. a).

501 So auch BAG AP Nr. 10 zu Art. 30 EGBGB n.F., das einen Inlandsbezug des Arbeitsverhältnisses fordert.

502 *Schlachter*, Anmerkung zu BAG AP Nr. 10 zu Art. 30 EGBGB n.F, unter 4.

503 *Krebber*, IPRax 2001, 22 ff., steht dieser Ausweitung des Art. 34 EGBGB sehr kritisch gegenüber.

Teil noch aus der Zeit vor Inkrafttreten des § 7 AEntG[504] stammen, werden zum Teil auch Vorschriften aufgeführt, die nunmehr von § 7 Abs. 1 AEntG erfasst werden. Auf die Einordnung der Vorschrift unter §7 Abs. 1 AEntG wird an der jeweiligen Stelle hingewiesen.

aa) Gesetzesbegründung und -materialien

Die Begründung des Gesetzes zur Neuregelung des Internationalen Privatrechts[505] führt keine Beispiele aus dem Arbeitsrecht auf. Sie nennt als Beispiele für international zwingende Vorschriften Ein- und Ausfuhrbestimmungen, Preis- und Devisenvorschriften, Vorschriften des Kartellrechts wie auch sozialpolitische Vorschriften zum Schutz Einzelner, zum Beispiel Mieterschutzvorschriften und Vorschriften zum Schutz der Erwerber von Eigenheimen[506]. Diese Beispiele lassen zunächst erkennen, dass der Gesetzgeber nicht nur Vorschriften des öffentlichen Rechts unter Art. 34 EGBGB fassen wollte. Bei Mieterschutzvorschriften und bei Vorschriften zum Schutz der Erwerber von Eigenheimen handelt es sich um Privatrecht. Die Gesetzesbegründung bestätigt daher, dass auch Vorschriften des Privatrechts international zwingend im Sinne von Art. 34 EGBGB sein können. Die Beispiele lassen aber auch deutlich erkennen, dass es sich in irgendeiner Weise um Schutzbestimmungen handeln muss. Dabei ist aber nicht nur der Schutz öffentlicher Interessen – wie beispielsweise der Schutz der Währung oder des Marktes bei Devisenrecht und Kartellrecht – gemeint, sondern auch der Schutz der tendenziell schwächeren Partei eines Schuldverhältnisses, etwa des Mieters im Mietrecht.

Dieser Rechtsgedanke des Schutzes der schwächeren Partei eines Schuldverhältnisses kann auf das Arbeitsrecht übertragen werden. Im Arbeitsrecht besteht eine dem Mietrecht ähnliche Konstellation. Tendenziell ist der Arbeitnehmer die schutzwürdigere Partei des Arbeitsvertrags, da in der Regel der Arbeitgeber die Vertragsbedingungen vorgibt. Dies spricht dafür, auch arbeitsrechtliche Vorschriften unter Art. 34 EGBGB einzuordnen. Allerdings besteht fast das gesamte Arbeitsrecht aus Arbeitnehmerschutzvorschriften. Würde man also alle Vorschriften zum Schutze der Arbeitnehmer als international zwingendes Recht im Sinne von Art. 34 EGBGB betrachten, bliebe im international-privatrechtlichen Bereich für die Vertragsfreiheit im Arbeitsrecht praktisch kein Raum mehr. Ob dies im Sinne des Gesetzgebers wäre,

---

504 Dieser wurde durch das Gesetz zu Korrekturen in der Sozialversicherung und zur Sicherung der Arbeitnehmerrechte vom 19. Dez. 1998 (BGBl. I, S. 3843) mit Wirkung zum 1. Jan. 1999 eingefügt.

505 BT-DS. 10/504, S. 83.

506 BT-DS. 10/504, S. 83.

muss bezweifelt werden. Ebensowenig wie alle Mieterschutzvorschriften als international zwingendes Recht angesehen werden können, bildet das gesamte Arbeitnehmerschutzrecht einen Komplex von international zwingenden Vorschriften. Allerdings kann aus dem Abstellen auf den Schutz der schwächeren Vertragspartei abgeleitet werden, dass es sich hierbei ebenfalls um ein Indiz für das Vorliegen einer international zwingenden Vorschrift handelt.

Auch der Bericht *Giuliano/Lagarde*[507] nennt – allerdings unter der Prämisse, dass der Begriff der zwingenden Bestimmungen in Artt. 27 bis 30 EGBGB einerseits und Art. 34 EGBGB andererseits übereinstimmt – einige Beispiele für international zwingende Vorschriften, nämlich die Gebiete des Kartell- und Wettbewerbsrechts, des Rechts zur Bekämpfung wettbewerbsbeschränkender Praktiken, des Verbraucherschutzrechts und des Beförderungsrechts. Auch beim Verbraucherschutzrecht handelt es sich zumindest teilweise – etwa bei den Regelungen über Allgemeine Geschäftsbedingungen oder Verbraucherkredite – um Privatrecht, welches dem Schutz der schwächeren Vertragspartei dient. Wegen der Gleichsetzung des Begriffs der zwingenden Bestimmungen in Artt. 27 bis 30 EGBGB und Art. 34 EGBGB muss die Einordnung von Normen unter Art. 34 EGBGB bei *Giuliano/Lagarde* aber zurückhaltend betrachtet werden. Ob diese Regelungen auch bei einem anderen Verständnis von Art. 34 EGBGB als international zwingend einzuordnen wären, ist zweifelhaft. Aus den Gesetzesmaterialien lässt sich aber herleiten, dass eine Norm des deutschen Rechts, die den Schutz der schwächeren Vertragspartei bezweckt, damit zumindest ein Kriterium für die Einordnung unter Art. 34 EGBGB erfüllt.

bb) Entscheidungen des Bundesarbeitsgerichts

Das Bundesarbeitsgericht hat sich in der neueren Zeit in drei Urteilen mit Art. 34 EGBGB befasst und darin eine dem Ausnahmecharakter der Norm entsprechende, restriktive Anwendung erkennen lassen. Dabei haben die Entscheidungen vom 24. August 1989[508] sowie vom 29. Oktober 1992[509] bereits breite Aufnahme gefunden. Aus neuerer Zeit stammt ein Urteil des Bundesarbeitsgerichts vom 12. Dezember 2001[510].

In der Entscheidung vom 24. August 1989 hatte eine Engländerin Kündigungsschutzklage gegen ihren deutschen Arbeitgeber erhoben, welcher unter deutscher Flagge einen Fährbetrieb zwischen den Niederlan-

---

507 BR-DS. 224/83, S. 60.
508 AP Nr. 30 zu IPR, Arbeitsrecht.
509 AP Nr. 31 zu Internat. Privatrecht, Arbeitsrecht.
510 AP Nr. 10 zu Art. 30 EGBGB n.F. = NZA 2002, 734 ff.

den und Großbritannien unterhielt, auf dem sie eingesetzt wurde. Da die Klägerin in England wohnte, der Arbeitsvertrag in englischer Sprache in England abgeschlossen worden war und sie in englischer Währung nach einem englischen Tarifvertrag bezahlt wurde, nahm das Bundesarbeitsgericht aufgrund fehlender Rechtswahl einen Fall einer engeren Verbindung zu England gemäß Art. 30 Abs. 2, 2. Halbsatz EGBGB an. Da das Arbeitsverhältnis also an sich englischem Recht unterlag, musste das Bundesarbeitsgericht untersuchen, ob die von der Klägerin zu ihren Gunsten ins Felde geführten Regelungen des Kündigungsschutzgesetzes sowie des Seemannsgesetzes zur Kündigung international zwingendes Recht im Sinne von Art. 34 EGBGB darstellten.[511]. Das Bundesarbeitsgericht hat mit ausführlicher Begründung[512] verneint[513], dass die Bestimmungen des Kündigungsschutzgesetzes über den allgemeinen Kündigungsschutz (§§ 1 bis 14 KSchG) sowie die Kündigungsvorschriften des Seemannsgesetzes international zwingende Vorschriften seien[514]. Als Begründung führt es insbesondere zum Kündigungsschutzgesetz an, diese Vorschriften dienten in erster Linie dem Ausgleich zwischen dem Bestandsschutzinteresse des Arbeitnehmers und der Vertragsfreiheit des Arbeitgebers[515]. Das Bundesarbeitsgericht nennt darüber hinaus auch Beispiele von Normen, die es als international zwingend ansehen würde, und zwar die Vorschriften des Kündigungsschutzgesetzes über den Massenentlassungsschutz[516], den Kündigungsschutz der Betriebsverfassungsorgane[517], den Schwerbehinderten-[518] und den Mutterschutz. Zur Begründung führt es aus, bei diesen Regelungen seien staatliche Stellen in die Kontrolle eingeschaltet beziehungsweise sei ein öffentlichrechtlicher Erlaubnisvorbehalt (Schwerbehinderten- und Mutterschutz) vorgesehen.

In der Entscheidung des Bundesarbeitsgerichts vom 29. Oktober 1992 hatten PanAm-Piloten amerikanischer Staatsangehörigkeit auf Feststellung des Weiterbestehens ihrer Arbeitsverhältnisse mit der Gesellschaft geklagt, welche den Flugverkehr von Westdeutschland nach Berlin nach

---

511 Im Hinblick auf das Seemannsgesetz hat das Bundesarbeitsgericht seine Rechtsprechung zuletzt durch Urteil vom 3. Mai 1995, AP Nr. 32 zu Internat. Privatrecht, Arbeitsrecht = NZA 1995, 1191, bestätigt.

512 Unter A. II. 6. der Entscheidungsgründe.

513 So auch *Fenski*, FA 2000, 41 (44).

514 Wie das BAG auch *Magnus*, IPRax 1990, 141 (145).

515 A.A. *Birk*, RdA 1989, 201 (207); *Däubler*, RIW 1987, 249 (255).

516 AP Nr. 30 zu IPR, Arbeitsrecht.

517 AP Nr. 30 zu IPR, Arbeitsrecht.

518 AP Nr. 30 zu IPR, Arbeitsrecht; das Schwerbehindertenrecht ist nunmehr in SGB IX, Teil 2, enthalten.

der Wiedervereinigung gemäß § 613 a BGB übernommen hatte. Hier bejahte das Bundesarbeitsgericht zunächst eine ausdrückliche Wahl amerikanischen Rechts und nahm sodann die Prüfung der objektiven Anknüpfung nach Art. 30 Abs. 1, 2 EGBGB vor. Zwar wäre gemäß Art. 30 Abs. 1 Nr. 1 EGBGB ohne Rechtswahl an sich deutsches Recht anwendbar gewesen, da die Kläger ganz überwiegend in Deutschland eingesetzt wurden. Allerdings bejahte das Bundesarbeitsgericht eine engere Verbindung zu den USA, insbesondere wegen der damals für die Tätigkeit zwingend erforderlichen amerikanischen Staatsangehörigkeit der Kläger. Daher hatte das Bundesarbeitsgericht zu prüfen, ob es sich bei § 613 a BGB um eine international zwingende Vorschrift im Sinne von Art. 34 EGBGB handelt. Dies hat das Bundesarbeitsgericht verneint[519], da auch diese Vorschrift im wesentlichen dem Ausgleich zwischen den Interessen des Arbeitnehmers und denen des Arbeitgebers diene. Das ebenfalls in der Vorschrift enthaltene Element der Kontinuität des Betriebsratsamts trete hinter dieser individualrechtlichen Zielsetzung zurück[520].

Im Urteil des Bundesarbeitsgerichts vom 12. Dezember 2001[521] ging es um eine Flugbegleiterin deutscher Nationalität, die an verschiedenen Orten für ihren Arbeitgeber United Airlines, dessen Sitz sich in Chicago befand, tätig war. Nach der Geburt ihres Kindes wollte die Klägerin Erziehungsurlaub in Anspruch nehmen, was die Beklagte ablehnte. Danach war die Klägerin über ein Jahr lang arbeitsunfähig erkrankt. Sowohl das Landesarbeitsgericht Hessen als Berufungsgericht[522] als auch das Bundesarbeitsgericht bestimmten das anwendbare Recht über Art. 30 Abs. 2 Nr. 2 EGBGB (Ort der einstellenden Niederlassung), was im zu entscheidenden Fall zu US-amerikanischem Recht führte. Es stellte sich daher die Frage, ob sich die Klägerin – über Art. 34 EGBGB – dennoch auf § 3 EFZG, § 14 Abs. 1 MuSchG sowie auf §§ 15, 18 BErzGG[523] berufen konnte. Während das Landesarbeitsgericht Hessen[524] der Ansicht war, bei § 3 EFZG und § 14 Abs. 1 MuSchG handle es sich nicht um international zwingendes Recht, bei §§ 15, 18 BErzGG[525] dagegen schon, führt das Bundesarbeitsgericht in seinem Leitsatz 2 ausdrücklich aus, dass § 3 EFZG und § 14 Abs. 1 MuSchG Eingriffsnormen im Sinne von

---

519 AP Nr. 31 zu Internat. Privatrecht, Arbeitsrecht, unter IV. 2. der Entscheidungsgründe.
520 AP Nr. 31 zu Internat. Privatrecht, Arbeitsrecht.
521 AP Nr. 10 zu Art. 30 EGBGB n.F.
522 NZA-RR 2000, 401 ff.
523 A.F.
524 NZA-RR 2000, 401, 2. Leitsatz.
525 A.F.

Art. 34 EGBGB seien[526]. Das Bundesarbeitsgericht hat die Sache an das Landesarbeitsgericht Hessen zurückverwiesen; dort ist der Rechtsstreit durch einen Vergleich abgeschlossen worden[527].

Soweit ersichtlich, begründet das Bundesarbeitsgericht in dieser Entscheidung das für eine Einordnung unter Art. 34 EGBGB erforderliche Gemeinwohlinteresse zum ersten Mal auch mit dem Schutz der gesetzlichen Krankenkassen vor Inanspruchnahme[528]. Bei § 3 EFZG und § 14 Abs. 1 MuSchG handle es sich um Leistungen des Arbeitgebers, die die gesetzlichen Krankenkassen entlasten sollten. Diese Entlastung liege im Interesse der Versichertengemeinschaft und damit im Gemeinwohlinteresse[529]. Dass die Entlastung der gesetzlichen Krankenversicherung im Gemeinwohlinteresse liegt, leuchtet ein; es erscheint aber fraglich, ob es sich dabei um ein so starkes Motiv handelt, dass es die Einordnung der genannten Vorschriften als international zwingend im Sinne von Art. 34 EGBGB rechtfertigen kann[530]. Dagegen spricht nicht nur, dass eine Überforderung der sozialen Sicherungssysteme angesichts der geringen Zahl von zu erwartenden Fällen nicht wahrscheinlich ist[531]; es lässt sich vielmehr auch e contrario aus § 7 Abs. 1 Nr. 6 AEntG herleiten, dass der Gesetzgeber nur den Schutz Schwangerer vor bestimmten Tätigkeiten als Mindestschutz gewährleisten wollte, nicht aber die Entgeltsicherung[532]. Die Verknüpfung von Leistungen des Arbeitgebers mit dem deutschen Sozialversicherungssystem sollte daher als Argument im Rahmen der Einordnung einer Vorschrift unter Art. 34 EGBGB zurückhaltend gehandhabt werden[533].

---

526 AP Nr. 10 zu Art. 30 EGBGB n.F. Aus den Urteilsgründen geht nicht hervor, wie das BAG §§ 15, 18 BErzGG a.F. einordnet. Da das LAG Hessen deren international zwingende Natur bejaht hat, muss wohl aus deren Nichterwähnung geschlossen werden, dass sich das BAG dessen Ansicht über die international zwingende Natur der §§ 15, 18 BErzGG a.F. angeschlossen hat.

527 Az. 4 Sa 859/02, Auskunft der Geschäftsstelle vom 7. März 2003.

528 BAG AP Nr. 10 zu Art. 30 EGBGB n.F. unter B. II. 2. a) und b).

529 BAG AP Nr. 10 zu Art. 30 EGBGB n.F. unter B. II. 2. a) und b).

530 Der Wertung des BAG kritisch gegenüber steht *Schlachter*, Anmerkung zu BAG AP Nr. 10 zu Art. 30 EGBGB n.F., unter 4 b).

531 *Schlachter*, Anmerkung zu BAG AP Nr. 10 zu Art. 30 EGBGB n.F., unter 4 b).

532 M.E. überzeugend *Schlachter*, Anmerkung zu BAG AP Nr. 10 zu Art. 30 EGBGB n.F., unter 4 b).

533 So auch *Schlachter*, Anmerkung zu BAG AP Nr. 10 zu Art. 30 EGBGB n.F., unter 4 b) a.E.

cc) Schrifttum

Das arbeitsrechtliche Schrifttum zu der Frage, welche individualarbeitsrechtlichen Normen unter Art. 34 EGBGB fallen, ist zahlreich. Genannt werden vor allem – unter Berufung auf die unter bb) geschilderten Entscheidungen des Bundesarbeitsgerichts – das Mutterschutzgesetz[534] und das Recht zum Schutze der Schwerbehinderten[535]. Erwähnt wird auch der arbeitsrechtliche Gleichbehandlungsgrundsatz[536] sowie § 612 Abs. 3 BGB (Lohngleichheit zwischen Mann und Frau)[537]. *Eichenhofer* argumentiert, man könne die Diskriminierungsverbote und Gleichbehandlungsgebote als international zwingend ansehen, da es sich um „international anerkannte Grundprinzipien des Arbeitnehmerschutzes"[538] sowie um „elementare Grundwerte"[539] handle. Die Schutzbedürftigkeit der diskriminierten oder von Diskriminierung bedrohten Arbeitnehmer wird dabei im Einzelfall fingiert, auch wenn der betroffene Arbeitnehmer an sich keines besonderen Schutzes bedarf. Auch das Entgeltfortzahlungsgesetz wird unter Art. 34 EGBGB subsumiert[540]. In diesem Zusammenhang wird auch die Arbeitserlaubnis für ausländische Arbeitnehmer genannt[541]; hierbei handelt es sich jedoch um öffentliches Recht, bei dem sich die international zwingende Geltung über Art. 34 EGBGB vor dem Hintergrund von Sinn und Zweck der Arbeitserlaubnisregelungen – Schutz und Überwachung des inländischen Ar-

---

534 MünchKomm-*Martiny*, Art. 30 EGBGB, Rdnr. 73; dies ist im Einzelnen streitig; a.A. LAG Hessen, NZA-RR 2000, 401 ff.; Palandt/*Heldrich*, Art. 34 EGBGB, Rdnr. 3 b; KR-*Weigand*, Int. Arbeitsrecht, Rdnr. 97; Erman/*Hohloch*, Art. 30 EGBGB, Rdnr. 28, nennt die Beschäftigungsverbote für Schwangere, allerdings als nichtarbeitsrechtliche Arbeitnehmerschutzvorschriften.

535 MünchKomm-*Martiny*, Art. 30 EGBGB, Rdnr. 73, unter Berufung auf eine Entscheidung des BAG vom 10. Dez. 1964, AP Nr. 4 zu § 1 SchwBeschG.

536 *Bittner*, NZA 1993, 161 (165), wobei sich *Bittner* allerdings m.E. auf S. 168 widerspricht, wenn sie einerseits den arbeitsrechtlichen Gleichbehandlungsgrundsatz als nichtdispositives Recht bezeichnet, andererseits aber annimmt, der Arbeitnehmer könne einer Ungleichbehandlung vertraglich zustimmen; wenn eine Vorschrift nichtdispositiv ist, kann sie gerade nicht durch Vertrag abbedungen werden. Ablehnend zu dieser Einordnung des arbeitsrechtlichen Gleichbehandlungsgrundsatzes *Junker*, IPRax 1994, 21 (26); MünchKomm-*Martiny*, Art. 30 EGBGB, Rdnr. 51.

537 *Birk*, RabelsZ 46 (1982), 384 (398), wobei dieser nunmehr durch § 7 Abs. 1 Nr. 7, 1. Alt. AEntG erfasst ist.

538 *Eichenhofer*, ZIAS 1996, 55 (77), unter Berufung u.a. auf die Europäische Menschenrechtskonvention.

539 *Eichenhofer*, ZIAS 1996, 55 (78).

540 Erman/*Hohloch*, Art. 30 EGBGB, Rdnr. 26; MünchKomm-*Sonnenberger*, Einl. IPR, Rdnr. 50.

541 *Däubler*, RIW 1987, 249 (255).

beitsmarkts – geradezu aufdrängt. *Kärcher*[542] nennt das Recht der technischen Arbeitssicherheit, zu dem auch die Unfallverhütungsvorschriften der Berufsgenossenschaften gehören. Auch die Regelungen über Höchstarbeitszeiten werden aufgeführt[543]. Bei den Regelungen des Arbeitszeitgesetzes[544], zu denen die Höchstarbeitszeit gehört, handelt es sich allerdings ebenfalls um öffentliches Recht[545], welches leichter unter Art. 34 EGBGB zu subsumieren ist; dabei werden die Höchstarbeitszeiten nunmehr auch von § 7 Abs. 1 Nr. 1 AEntG erfasst. *Ulber*[546] nennt auch das Arbeitnehmerüberlassungsgesetz als zwingendes Recht im Sinne von Art. 34 EGBGB.

Feiertagsregelungen stellen dagegen kein international zwingendes Recht dar, sondern regeln nur die Art und Weise der Erfüllung[547]. Ein auf der Grundlage eines ausländischen Arbeitsverhältnisses vorübergehend in Deutschland arbeitender Arbeitnehmer muss daher beispielsweise am Ostermontag in Deutschland nicht arbeiten, auch wenn dieser Tag in seinem Heimatland kein Feiertag ist[548]. Dies ergibt sich aus Art. 32 Abs. 2 EGBGB[549], der Regelung über Erfüllungsmodalitäten[550]. Danach ist in Bezug auf die Art und Weise der Erfüllung und die vom Gläubiger im Fall mangelhafter Erfüllung zu treffenden Maßnahmen das

---

542 Öffentliches Arbeitsrecht, S. 37.

543 Erman/*Hohloch*, Art. 30 EGBGB, Rdnr. 28.

544 *Kärcher*, Öffentliches Arbeitsrecht, S. 38.

545 HM., vgl. *Baeck/Deutsch*, Arbeitszeitgesetz, Einführung, Rdnr. 37, m.w.N.

546 AÜG, Einleitung F., Rdnr. 4.

547 So ausdrücklich und ohne Beschränkung auf einen bestimmten Vertragstypus die Gesetzesbegründung, BT-DS. 10/504, S. 82; vgl. auch *Franzen*, AR-Blattei (SD), Nr. 920: Internationales Arbeitsrecht, Rdnr. 133, m.w.N.

548 Ist der Arbeitnehmer in einen Betrieb in Deutschland eingegliedert, dürfte eine Arbeitsleistung in aller Regel schon daran scheitern, dass der deutsche Betrieb an einem solchen Feiertag geschlossen sein wird.

549 Vgl. hierzu ausführlich *Krings*, Erfüllungsmodalitäten.

550 Für die Frage, in welchem Verhältnis Art. 32 Abs. 2 EGBGB zu Art. 34 EGBGB steht, muss der Wortlaut der Vorschriften herangezogen werden. Die Gesetzesbegründung spricht bei beiden Vorschriften nur davon, dass es sich um Sonderanknüpfungen handle (BT-DS. 10/504, S. 82 zu Art. 32 Abs. 2 EGBGB und S. 83 zu Art. 34 EGBGB). Art. 34 EGBGB enthält aber einen anderen, zwingenderen Anwendungsbefehl als Art. 32 Abs. 2 EGBGB, der nur davon spricht, dass das Recht des Erfüllungsorts „zu berücksichtigen" ist. Daher liegt es nahe, Art. 34 EGBGB als die bereits vom Anwendungsbereich her vorrangige Norm zu betrachten; so auch Erman/*Hohloch*, Art. 32 EGBGB, Rdnr. 8; *Krings*, Erfüllungsmodalitäten, S. 139 f.; zweifelnd *Gamillscheg*, ZfA 1983, 307 (352). Kommt also die Subsumtion einer Vorschrift des deutschen Rechts unter Art. 34 EGBGB in Frage, bleibt für die Anwendung von Art. 32 Abs. 2 EGBGB kein Raum mehr, vgl. *Krings*, Erfüllungsmodalitäten, S. 140.

Recht des Staates, in dem die Erfüllung erfolgt, zu berücksichtigen. Bezogen auf den Fall des Kaufvertrags, werden hier typischerweise Untersuchungs-, Rüge- und Aufbewahrungspflichten des Käufers genannt[551]. Die Bedeutung von Erfüllungsmodalitäten ist aber nicht auf diesen Vertragstypus beschränkt. Vielmehr sind Erfüllungsmodalitäten auch im Arbeitsverhältnis zu beachten. Angeführt werden hier neben den bereits genannten Feiertagsregelungen[552] auch Arbeitsschutzvorschriften[553].

dd) Würdigung der Beispiele

Bei den in Rechtsprechung und Schrifttum als international zwingend angesehenen Vorschriften fällt zunächst auf, dass alle Vorschriften, die entweder durch § 7 Abs. 1 AEntG oder durch Rechtsprechung und Schrifttum als international zwingend im Sinne von Art. 34 EGBGB eingeordnet werden, Vorschriften zum Schutze der Arbeitnehmer sind. Es handelt sich entweder unmittelbar um Arbeitnehmerschutzvorschriften oder um solche Regelungen, die den Schutz der Arbeitnehmer mittelbar bezwecken. Unmittelbar dem Arbeitnehmerschutz dienen die in § 7 Abs. 1 Nr. 1 (Höchstarbeitszeiten und Mindestruhezeiten) Nr. 2 (Mindestjahresurlaub), Nr. 3 (Mindestentgeltsätze), Nr. 5 (Sicherheit und Gesundheitsschutz) und Nr. 6 AEntG (Schutz von Schwangeren, Kindern und Jugendlichen) genannten Normen. Es handelt sich dabei um Bereiche, in denen ein körperlicher Schutz des Arbeitnehmers vor Überforderung oder greifbaren Gefahren notwendig ist. Der europäische[554] und der deutsche Gesetzgeber haben diese Gefahren für so bedeutend gehalten, dass sie die diesbezüglichen Mindeststandards des am Arbeitsort geltenden Rechts für international zwingend erklärt haben. Die international zwingende Natur einer individualarbeitsrechtlichen Vorschrift im laufenden Arbeitsverhältnis kann daher daran festgemacht werden, dass es sich um eine Vorschrift handeln muss, die dem Mindestschutz von Arbeitnehmern vor körperlicher Überforderung dient. Dies gilt auch für das Mutterschutzgesetz, das Entgeltfortzahlungsgesetz und das Schwerbehindertenrecht. Damit sollen bestimmte Mindeststandards sichergestellt werden, die auch für einheimische Arbeitnehmer anwendbar sind. Mittelbar wird der Schutz der Arbeitnehmer aber auch bei den in § 7 Abs. 1 Nr. 4 (Arbeitnehmerüberlassung) und Nr. 7 AEntG (Gleichbehandlung und Nichtdiskriminierung) aufgeführten Regelungen bezweckt. So schützen etwa die Regelungen des Arbeitnehmer-

---

551 BT-DS. 10/504, S. 82.

552 *Franzen*, DZWiR 1996, 89 (90).

553 *Franzen*, AR-Blattei (SD), Nr. 920: Internationales Arbeitsrecht, Rdnr. 133.

554 Entsende-Richtlinie, ABl. EG 1997 Nr. L. 18/1.

überlassungsgesetzes die Leiharbeitnehmer vor unseriösen Verleihfirmen, indem sie die Geschäftstätigkeit von einer Erlaubnis abhängig machen, vor deren Erteilung eine behördliche Prüfung steht.

Betrachtet man die Vorschriften, die von Rechtsprechung und Schrifttum ganz überwiegend als international zwingend eingeordnet werden – hierbei handelt es sich um das Mutterschutzgesetz[555], das Entgeltfortzahlungsgesetz[556] und das Recht zum Schutz der Schwerbehinderten[557] –, so wird deutlich, dass diese aber nicht nur bloße Arbeitnehmerschutzvorschriften sind, sondern dass es sich um Schutzvorschriften zugunsten von Arbeitnehmergruppen handelt, die eines besonderen Schutzes bedürfen. Arbeitnehmer, die ihre Tätigkeit, wenn auch nur vorübergehend, in Deutschland ausüben und die aufgrund von Schwangerschaft, Krankheit oder Schwerbehinderung besonderen Schutz benötigen, sollen diesen nach deutschem Recht auch dann erhalten, wenn ihr Arbeitsverhältnis an sich einer anderen Rechtsordnung unterliegt. Bejaht werden kann eine besondere Schutzbedürftigkeit auch beim Kündigungsschutz von Betriebsratsmitgliedern[558], da sie in besonderem Maße dem Arbeitgeber gegenüber exponiert sind. Es scheint daher ein Kriterium für die international zwingende Natur einer individualarbeitsrechtlichen Vorschrift zu sein, dass es sich um eine Vorschrift handelt, die dem Schutz besonders schutzbedürftiger Gruppen von Arbeitnehmern dient. Allerdings ist der Begriff der besonderen Schutzbedürftigkeit seinerseits ein unbestimmter Rechtsbegriff, der der Auslegung bedarf. Anhaltspunkte für seine Auslegung kann seine Verwendung im Arbeitsrecht oder in anderen Rechtsgebieten liefern.

Der Begriff der Schutzbedürftigkeit – allerdings nicht der *besonderen* Schutzbedürftigkeit – wird etwa in § 1 Abs. 2 HAG genannt. Das Heimarbeitsgesetz gewährt in Heimarbeit Beschäftigten wegen ihrer wirtschaftlichen Abhängigkeit von ihrem Auftraggeber besonderen Schutz, obwohl kein Arbeitsverhältnis vorliegt[559]. Personen, die nicht gemäß § 1 Abs. 1 HAG als in Heimarbeit Beschäftigte anzusehen sind, können gemäß § 1 Abs. 2 HAG diesen gleichgestellt werden. Voraussetzung dafür ist, dass dies wegen ihrer Schutzbedürftigkeit gerechtfertigt er-

555   AP Nr. 10 zu Art. 30 EGBGB n.F.; MünchKomm-*Martiny*, Art. 30 EGBGB, Rdnr. 73; KR-*Weigand*, Int. Arbeitsrecht, Rdnr. 7; a.A. Palandt/*Heldrich*, Art. 34 EGBGB, Rdnr. 3 b.

556   AP Nr. 10 zu Art. 30 EGBGB n.F.; Erman/*Hohloch*, Art. 30 EGBGB, Rdnr. 26; MünchKomm-*Sonnenberger*, Einl. IPR, Rdnr. 50.

557   BAG AP Nr. 30 zu Internat. Privatrecht, Arbeitsrecht; MünchKomm-*Martiny*, Art. 30 EGBGB, Rdnr. 73.

558   BAG AP Nr. 30 zu Internat. Privatrecht, Arbeitsrecht.

559   *Schaub*, Handbuch, § 10, Rdnr. 1, unter Berufung auf BAG AP Nr. 5 zu § 1 HAG.

scheint. Für die Feststellung der Schutzbedürftigkeit ist das Ausmaß der wirtschaftlichen Abhängigkeit maßgebend, wobei insbesondere die Zahl der fremden Hilfskräfte, die Abhängigkeit von einem oder mehreren Auftraggebern, die Möglichkeiten des unmittelbaren Zugangs zum Absatzmarkt, die Höhe und die Art der Eigeninvestitionen sowie der Umsatz zu berücksichtigen sind, § 1 Abs. 2 Satz 2 und 3 HAG. Dabei genügt die allgemeine wirtschaftliche Abhängigkeit des Auftragnehmers vom Auftraggeber nicht, sondern es muss eine gesteigerte wirtschaftliche Abhängigkeit vorliegen, die die wirtschaftliche Existenz des Gleichzustellenden in einer das normale Maß übersteigenden Weise gefährdet[560]. Daraus lässt sich der Rechtsgedanke herleiten, dass der Schutz des Heimarbeitsgesetzes nur solchen Personen zukommen soll, die eines besonderen Schutzes bedürfen, nicht dagegen allen kleineren Gewerbetreibenden, die wirtschaftlich von einem oder von wenigen Auftraggebern abhängig sind. Weiter lässt sich daraus ersehen, dass bestimmte Personengruppen vom Gesetzgeber bewusst besonders geschützt werden können, wenn der Gesetzgeber diesen Schutz für erforderlich hält.

Übertragen auf die Frage der Schutzbedürftigkeit von bestimmten Arbeitnehmergruppen folgt daraus, dass es Gruppen von Arbeitnehmern geben kann, die nicht nur des Schutzes durch die allgemeinen arbeitsrechtlichen Vorschriften bedürfen, sondern für die vom Gesetzgeber ein besonderer Schutz für notwendig erachtet wird. Während bei in Heimarbeit Beschäftigten und bei arbeitnehmerähnlichen Personen wirtschaftliche Abhängigkeit von ihrem Auftraggeber vorliegt[561], zeichnen sich Arbeitsverhältnisse durch persönliche Abhängigkeit des Arbeitnehmers vom Arbeitgeber aus[562]. So wie bei den Personen, die den in Heimarbeit Beschäftigten gleichgestellt werden können, eine besondere wirtschaftliche Abhängigkeit vorliegen muss, gibt es Arbeitnehmer, die über die normale persönliche Abhängigkeit hinaus besonders auf ihr Arbeitsverhältnis angewiesen sind beziehungsweise vom Gesetzgeber als besonders schutzbedürftig angesehen werden, so dass sie durch besondere Regelungen geschützt werden. Hierbei kommen vor allem schwangere, erkrankte oder schwerbehinderte Arbeitnehmer in Betracht. Diese Arbeitnehmer sind vorübergehend beziehungsweise dauerhaft besonderen körperlichen Belastungen ausgesetzt und bedürfen daher eines besonderen Schutzes. Dieser besonderen Schutzbedürftigkeit kann dadurch Rechnung getragen werden, dass das Mutterschutzgesetz[563], das

---

560 *Schaub*, Handbuch, § 163, Rdnr. 8.

561 Vgl. § 5 Abs.1 Satz 2 ArbGG.

562 *Schaub*, Handbuch, § 8, Rdnr. 17 ff. m.w.N.

563 AP Nr. 10 zu Art. 30 EGBGB n.F.; MünchKomm-*Martiny*, Art. 30 EGBGB, Rdnr. 73; KR-*Weigand*, Int. Arbeitsrecht, Rdnr. 7; a.A. Palandt/*Heldrich*, Art. 34 EGBGB, Rdnr. 3 b.

Entgeltfortzahlungsgesetz[564] und das Recht zum Schutz der Schwerbehinderten[565] nicht nur als zwingendes Recht (ius cogens) angesehen werden, sondern als international zwingendes Recht im Sinne von Art. 34 EGBGB.

Da es um eine besondere Schutzbedürftigkeit geht, sind die hierunter fallenden Gruppen von Arbeitnehmern jedoch begrenzt. Aus dem Merkmal der besonderen Schutzbedürftigkeit kann daher auch ein Rückschluss auf die restriktive Auslegung des Art. 34 EGBGB gezogen werden. Außerdem lässt es erkennen, dass nicht das gesamte ius cogens des deutschen Rechts international zwingend im Sinne von Art. 34 EGBGB sein kann. Vielmehr muss einer Norm, die dieses Kriterium erfüllen soll, etwas „besonders Zwingendes" anhaften. Anhaltspunkte für das Vorliegen einer solchen Norm, die im bestehenden Arbeitsverhältnis auch bei nur vorübergehend nach Deutschland entsandten Arbeitnehmern Anwendung finden soll, sind der Schutz von Arbeitnehmern vor Überforderung sowie der Schutz besonders schutzbedürftiger Gruppen von Arbeitnehmern.

III. Zusammenfassende Bemerkungen zum Untersuchungsmaßstab

Während der Entsendung erbringt der entsandte Arbeitnehmer seine Arbeitsleistung in Deutschland. In dieser Zeit bestimmt sich das auf das Arbeitsverhältnis anwendbare Recht nach den Regelungen des deutschen Internationalen Privatrechts. Wenn die Parteien nicht ausnahmsweise deutsches Recht gewählt haben, unterliegt das Arbeitsverhältnis daher entweder kraft Rechtswahl oder gemäß Art. 30 Abs. 2 Nr. 1 EGBGB weiterhin dem Recht des Heimatstaats des entsandten Arbeitnehmers. Dabei wird es während der Entsendung sehr wahrscheinlich zu Diskrepanzen zwischen dem an sich auf das Arbeitsverhältnis anwendbaren Recht und dem deutschen Recht kommen. Zwar ist dann an sich das Recht des Heimatstaats anwendbar. Handelt es sich aber bei der im Einzelfall im Streit stehenden Vorschrift des deutschen Rechts um eine international zwingende Norm im Sinne von Art. 34 EGBGB, setzt sich diese auch gegen ein gewähltes oder objektiv angeknüpftes ausländisches Recht durch. Es muss daher bei einer Diskrepanz ermittelt wer-

---

564 AP Nr. 10 zu Art. 30 EGBGB n.F.; Erman/*Hohloch*, Art. 30 EGBGB, Rdnr. 26; MünchKomm-*Sonnenberger*, Einl. IPR, Rdnr. 50.

565 BAG AP Nr. 30 zu Internat. Privatrecht, Arbeitsrecht; MünchKomm-*Martiny*, Art. 30 EGBGB, Rdnr. 73.

den, ob die in Streit stehende Vorschrift des deutschen Arbeitsrechts international zwingend gemäß Art. 34 EGBGB ist. Nur dann, aber auch immer dann, setzt sie sich gegen das an sich gewählte oder objektiv angeknüpfte ausländische Recht durch.

Die Frage, ob eine Vorschrift des deutschen Rechts international zwingend im Sinne von Art. 34 EGBGB ist, muss aus der Vorschrift selbst und aus ihrem Sachzusammenhang heraus beantwortet werden. Dabei kann die Vorschrift ihre international zwingende Natur unmittelbar selbst anordnen. Dies ist etwa bei den unter II. 2. geschilderten Normen der Fall, auf die § 7 AEntG Bezug nimmt. Dies stellt allerdings im deutschen Recht, insbesondere im Arbeitsrecht, eine seltene Ausnahme dar. Ordnet eine Vorschrift ihre international zwingende Natur nicht unmittelbar selbst an – und dies ist der Regelfall –, muss anhand der oben unter II. 3. herausgearbeiteten Tatbestandsmerkmale des Art. 34 EGBGB untersucht werden, ob eine Vorschrift international zwingend ist. Dabei muss stets der Ausnahmecharakter von Art. 34 EGBGB im Auge behalten werden, welcher eine restriktive Auslegung der Vorschrift gebietet.

§ 4 SUBSUMTION VON § 8 TZBFG UNTER ART. 34 EGBGB

§ 8 TzBfG soll nunmehr anhand der soeben in § 3 dieser Arbeit darge-stellten Maßstäbe unter Art. 34 EGBGB subsumiert werden. Dabei muss zunächst geprüft werden, ob § 8 TzBfG eine bereits als international zwingend gekennzeichnete Vorschrift ist. Hierfür soll § 7 Abs. 1 AEntG als Ausgangspunkt dienen. Wie oben unter § 3 II. 2. a) aa) festgestellt, sind Vorschriften des deutschen Rechts, die unter § 7 Abs. 1 AEntG ein-geordnet werden können, international zwingende Vorschriften gemäß Art. 34 EGBGB. Kann also § 8 TzBfG unter eine der Ziffern des § 7 Abs. 1 AEntG subsumiert werden, steht damit fest, dass es sich um eine international zwingende Vorschrift handelt. Bei Durchsicht des Ka-talogs in § 7 Abs. 1 AEntG kommt in diesem Zusammenhang § 7 Abs. 1 Nr. 7 AEntG in Betracht. § 7 Abs. 1 Nr. 7 AEntG bestimmt, dass die Regelungen über die Gleichbehandlung von Männern und Frauen sowie andere Nichtdiskriminierungsbestimmungen auch auf ein Arbeitsverhältnis zwischen einem im Ausland ansässigen Arbeitgeber und seinem im Inland beschäftigten Arbeitnehmer zwingend Anwen-dung finden. Ein Zusammenhang zwischen § 8 TzBfG und § 7 Abs. 1 Nr. 7 AEntG lässt sich herstellen, da wesentlich mehr Frauen als Männer in Teilzeit arbeiten[566] und § 8 TzBfG daher eine solche Rege-lung zur Gleichbehandlung oder Nichtdiskriminierung sein könnte. Falls § 8 TzBfG unter § 7 Abs. 1 Nr. 7 AEntG fällt, steht damit bereits fest, dass es sich bei § 8 TzBfG um eine international zwingende Vorschrift im Sin-ne von Art. 34 EGBGB handelt. Falls dies nicht der Fall ist, muss §8 TzBfG anhand der allgemeinen Kriterien des Art. 34 EGBGB, die un-ter § 3 II. 3. dieser Arbeit herausgearbeitet wurden, untersucht werden, um zu prüfen, ob er eine international zwingende Vorschrift im Sinne des Art. 34 EGBGB ist.

---

[566] Laut Übersicht 6.9.3 des vom Statistischen Bundesamts herausgegebenen Stati-stischen Jahrbuchs 2001 arbeiteten im Jahr 2000 von insgesamt 27.824.486 sozi-alversicherungspflichtig Beschäftigten 14,12 % in Teilzeit. Dabei handelte es sich zu 85,96 % um Frauen. 27,48 % aller Frauen, aber nur 3,5 % aller Männer arbeiteten in Teilzeit.

I. Die Alternativen des § 7 Abs. 1 Nr. 7 AEntG

Gemäß § 7 Abs. 1 Nr. 7 AEntG finden die in Rechts- oder Verwaltungsvorschriften enthaltenen Regelungen über die Gleichbehandlung von Männern und Frauen sowie andere Nichtdiskriminierungsbestimmungen auch auf ein Arbeitsverhältnis zwischen einem im Ausland ansässigen Arbeitgeber und seinem im Inland beschäftigten Arbeitnehmer zwingend Anwendung. Die Norm enthält also zwei Alternativen: die Gleichbehandlung von Männern und Frauen einerseits sowie andere Nichtdiskriminierungsbestimmungen andererseits. Aus dieser Formulierung wird deutlich, dass hierin ein Vorrang enthalten ist. Bei der Gleichbehandlung von Männern und Frauen handelt es sich um einen Spezialfall der Nichtdiskriminierung. Dieser Vorrang wird gestützt durch den Vergleich mit dem Aufbau des Art. 3 GG, welcher in seinem Abs. 2 die Gleichberechtigung von Männern und Frauen enthält, während in Abs. 3 das allgemeine Benachteiligungsverbot folgt[567]. Die 1. Alternative des § 7 Abs. 1 Nr. 7 AEntG – Gleichbehandlung von Männern und Frauen – ist also systematisch vor der 2. Alternative – andere Nichtdiskriminierungsbestimmungen – zu untersuchen.

II. § 7 Abs. 1 Nr. 7, 1. Alternative AEntG: Gleichbehandlung von Männern und Frauen

1. Problemstellung

Die Beantwortung der Frage, ob § 8 TzBfG eine Regelung über die Gleichbehandlung von Männern und Frauen ist, muss durch Auslegung dieser Norm selbst und des Gesamtzusammenhangs ihrer Regelungen erfolgen. § 7 Abs. 1 Nr. 7 AEntG trifft keine Aussage darüber, bei welchen Vorschriften des deutschen Rechts es sich um Regelungen über die Gleichbehandlung von Männern und Frauen handelt, sondern setzt diese Einordnung voraus. Hinweise darauf, welche Anforderungen an das Vorliegen einer solchen Regelung gestellt werden, können aber die bereits existierenden Regelungen über die Gleichbehandlung von Männern und Frauen liefern. Zwar stehen die Vorschriften des Gesetzes über Teilzeitarbeit und befristete Arbeitsverträge systematisch neben den Regelungen über die Gleichbehandlung von Männern und Frauen. Die Rah-

---

567 *Schaub*, Handbuch, § 112, Rdnr. 3, bezeichnet den Gleichberechtigungssatz als eine Konkretisierung des allgemeinen Gleichheitssatzes.

menvereinbarung über Teilzeitarbeit stellt hierzu in ihrem § 6 Abs. 4[568] fest, dass diese Vereinbarung „unbeschadet spezifischer Gemeinschafts-bestimmungen, insbesondere der Gemeinschaftsbestimmungen zur Gleichbehandlung und Chancengleichheit von Männern und Frauen" gilt.

Der Begriff „unbeschadet" muss wohl so verstanden werden, dass die Regelungen zur Gleichbehandlung und Chancengleichheit von Männern und Frauen neben den Regelungen zur Teilzeitarbeit in vollem Umfang anwendbar bleiben. Die Vorschriften der beiden Regelungsbereiche schließen einander nicht aus, sondern stehen nebeneinander[569]. Es handelt sich nicht um ein Spezialitätsverhältnis[570]; vielmehr können Arbeit-nehmer aus beiden Regelungsbereichen Ansprüche geltend machen[571]. Die bereits bestehenden Gleichbehandlungsregelungen lassen aber mög-licherweise allgemeine Grundsätze zur Einordnung einer Norm als eine solche Gleichbehandlungsregelung erkennen.

Aus diesem Grund sollen die bestehenden Gleichbehandlungs-regelungen, die sowohl im europäischen Primär- und Sekundärrecht als auch im deutschen Recht enthalten sind, zunächst dargestellt werden, um anschließend zu untersuchen, ob es sich bei § 8 TzBfG ebenfalls um eine Regelung über die Gleichbehandlung von Männern und Frauen handelt. Dies in Erwägung zu ziehen, liegt bereits deswegen nahe, weil wesentlich mehr Frauen als Männer[572] teilzeitbeschäftigt[573] sind[574]. Re-gelungen, die sich auf Teilzeitbeschäftigte beziehen, betreffen daher nicht nur diese Arbeitnehmergruppe als solche, sondern berühren in der Regel auch die Gleichbehandlung von Männern und Frauen[575]. Die Ein-führung eines allgemeinen Anspruchs auf Verringerung der Arbeitszeit gemäß § 8 TzBfG könnte man daher als eine Möglichkeit ansehen, die

---

568 ABl. EG 1998, Nr. L 14, S. 14.

569 Für Art. 141 EG bejahen dies auch *Meinel/Heyn/Herms*, § 4 TzBfG, Rdnr. 8.

570 So aber *Meinel/Heyn/Herms*, § 4 TzBfG, Rdnr. 14, zum Verhältnis zwischen § 4 TzBfG und den arbeitsrechtlichen Gleichbehandlungsgeboten der §§ 611 a, 611 b, 612 Abs. 3 BGB und § 75 Abs. 1 BetrVG.

571 So wohl auch *Buschmann/Dieball/Stevens-Bartol*, Teilzeitarbeit, Stichwort: Euro-parechtliche Vorgaben zur Teilzeitarbeit und der mittelbaren Diskriminierung auf Grund des Geschlechts, Rdnr. 10.

572 Im Jahr 2000 waren laut Statistischem Jahrbuch 2001 85,96 % der Teilzeitbe-schäftigten Frauen.

573 Dies erkennt der EuGH allein aufgrund des Zahlenmaterials ebenfalls an, wie *Dungs*, Europäisierung, S. 271, zutreffend feststellt.

574 So auch *Langmaack*, Teilzeitarbeit, Rdnr. 112; *Lipke*, AuR 1991, 76 (80); *Ring*, § 4 TzBfG, Rdnr. 25; *Schmidt*, Teilzeitarbeit in Europa, S. 44; *Wank*, RdA 1985, 1 (21).

575 *Viethen*, NZA 2001, Beil. zu Heft 24, S. 3 (7).

Teilzeitarbeit auch für Männer attraktiver zu gestalten[576]. Wird jedem Arbeitnehmer – unter den Voraussetzungen des § 8 TzBfG – nach sechsmonatigem Bestehen des Arbeitsverhältnisses ein individueller, arbeitsvertraglicher Anspruch auf Verringerung der Arbeitszeit eingeräumt, so könnte damit der Zweck verfolgt werden, die Teilzeitarbeit von dem bisher typischen Fall der teilzeitarbeitenden Mutter zu lösen und für breitere Kreise der Beschäftigten zu öffnen. Teilzeitarbeit käme dann nicht mehr nur als Mittel zur besseren Vereinbarkeit von Beruf und Familie in Betracht, sondern auch als Mittel zur persönlichen Entwicklung eines Arbeitnehmers etwa durch Weiterbildung oder auch ohne weitere Motive als Weg zu mehr Freizeit. Diesbezüglich führen die Europäischen Sozialpartner[577] aus, dass sie denjenigen Maßnahmen Bedeutung zumäßen, die den Zugang zur Teilzeitarbeit für Frauen und Männer erleichterten, und zwar im Hinblick auf die Vorbereitung des Ruhestands, die Vereinbarkeit von Beruf und Familienleben sowie die Nutzung von allgemeinen und beruflichen Bildungsmöglichkeiten zur Verbesserung der Fertigkeiten und des beruflichen Fortkommens[578]. Diese Motive treffen sowohl auf männliche als auch auf weibliche Arbeitnehmer zu und könnten daher im Ergebnis dazu dienen, den Anteil von Männern an den teilzeitbeschäftigten Arbeitnehmern zu erhöhen.

Ob § 8 TzBfG in diesem Sinne zu verstehen ist, muss durch Auslegung der Vorschrift ermittelt werden. Von besonderer Bedeutung ist dabei die Gesetzesbegründung, da sie Aufschlüsse über die Motive des Gesetzgebers gibt. Da das Gesetz über Teilzeitarbeit und befristete Arbeitsverträge auf einer Richtlinie der Europäischen Gemeinschaft, nämlich auf der Richtlinie 97/81/EG des Rates vom 15. Dezember 1997 zu der Rahmenvereinbarung über Teilzeitarbeit[579] beruht, spielt auch diese Rechtsquelle für die Auslegung eine Rolle. § 8 TzBfG könnte aber auch aus anderen Gründen und mit einer anderen Zielsetzung eingeführt worden sein, so dass die Veränderung der statistischen Zusammensetzung der Teilzeitbeschäftigten quasi nur als Nebenergebnis eintreten würde. In diesem Fall wäre es sehr zweifelhaft, ob § 8 TzBfG als eine Vorschrift zur Gleichbehandlung von Männern und Frauen im Sinne von § 7 Abs. 1 Nr. 7 AEntG zu verstehen wäre.

---

576 *Viethen*, NZA 2001, Beil. zu Heft 24, S. 3.

577 Vgl. zur Stellung der Sozialpartner in der europäischen Sozialpolitik *Arnold*, NZA 2002, 1261 ff.

578 Unter Nr. 5 der Allgemeinen Erwägungen der Rahmenvereinbarung über Teilzeitarbeit vom 6. Juni 1997, ABl. EG 1998, Nr. L 14, S. 13.

579 ABl. EG 1998, L 14, S. 9.

2. Bestehende Regelungen über die Gleichbehandlung von Männern und Frauen

Regelungen über die Gleichbehandlung von Männern und Frauen sind auf beinahe allen Gesetzesebenen anzutreffen. In besonderer Weise spielen hier Regelungen der Europäischen Union eine Rolle, die aufgrund ihres Vorrangs zunächst dargestellt werden sollen.

a) Regelungen in Rechtsakten der Europäischen Union

aa) Europäisches Primärrecht

Auf der Ebene des europäischen Primärrechts enthält der Vertrag zur Gründung der Europäischen Gemeinschaft in der Fassung des Vertrags von Amsterdam selbst eine Regelung über die Gleichbehandlung von Männern und Frauen. Diese ist in Art. 141 EG[580] enthalten. Art. 141 Abs. 1 EG statuiert den Grundsatz des gleichen Entgelts von Männern und Frauen für gleiche oder gleichwertige Arbeit. Art. 141 Abs. 2 EG enthält eine Definition des Entgeltbegriffs. Art. 141 Abs. 3 EG schließlich gibt der Europäischen Union eine Kompetenz zum Beschluss von Maßnahmen, welche die Chancengleichheit und Gleichbehandlung von Männern und Frauen in Arbeits- und Beschäftigungsfragen gewährleisten sollen. Der Europäische Gerichtshof[581] und ihm folgend das Bundesarbeitsgericht[582] haben festgestellt, dass es sich bei Art. 141 EG beziehungsweise bei seiner Vorgängervorschrift Art. 119 EGV um in den Mitgliedsstaaten unmittelbar geltendes Recht[583] handelt[584]. Gemäß Art. 3 Abs. 2 EG wirkt die Gemeinschaft bei allen in diesem Artikel genannten Tätigkeiten außerdem darauf hin, Ungleichheiten zu beseitigen und die Gleichstellung von Männern und Frauen zu fördern[585].

---

580 Früher: Art. 119 EGV.

581 EuGH, Rs. 43/75 („Defrenne II"), Slg. 1976, S. 455 ff.

582 Vgl. nur BAG AP Nr. 8 zu § 1 BetrAVG Gleichberechtigung.

583 *Meinel/Heyn/Herms*, Einleitung, Rdnr. 17.

584 MünchArbR-*Birk*, § 19, Rdnr. 315; so auch KR-*Pfeiffer*, § 611 a BGB, Rdnr. 3; *Langmaack*, Teilzeitarbeit, Rdnr. 123; MünchArbR-*Richardi*, § 11, Rdnr. 2 und 51; *Schaub*, Handbuch, § 165, Rdnr. 27.

585 *Von Roetteken*, PersR 2002, 12.

bb) Europäisches Sekundärrecht

Auf der Ebene des europäischen Sekundärrechts hat die Europäische Gemeinschaft eine Reihe von Richtlinien erlassen, welche die Gleichbehandlung von Männern und Frauen zum Gegenstand haben. Hier sind vor allem[586] zu nennen die Richtlinie 75/117/EWG vom 10. Februar 1975 zur Angleichung der Rechtsvorschriften der Mitgliedsstaaten über die Anwendung des Grundsatzes des gleichen Entgelts für Männer und Frauen[587]; die Richtlinie 76/207/EWG vom 9. Februar 1976 zur Verwirklichung des Grundsatzes der Gleichbehandlung von Männern und Frauen hinsichtlich des Zugangs zur Beschäftigung, zur Berufsbildung und zum beruflichen Aufstieg sowie in Bezug auf die Arbeitsbedingungen[588]; die Richtlinie 86/378/EWG vom 24. Juli 1986 zur Verwirklichung des Grundsatzes der Gleichbehandlung von Männern und Frauen bei den betrieblichen Systemen der sozialen Sicherheit[589] sowie die Richtlinie 97/80/EG vom 15. Dezember 1997 zur Beweislast bei Diskriminierung aufgrund des Geschlechts[590]. Von besonderer Bedeutung für das deutsche Recht war dabei die Richtlinie 76/207/EWG, die nunmehr durch die Richtlinie 2002/73/EG vom 23. September 2002[591] neuen Erfordernissen sowie der in den letzten 25 Jahren ergangenen Rechtsprechung des Europäischen Gerichtshofs angepasst wurde. Sie ist am 5. Oktober 2002 in Kraft getreten und muss bis zum 5. Oktober 2005 in nationales Recht umgesetzt werden[592].

---

586   Vgl. hierzu auch die ausführliche Übersicht bei *Krimphove*, Europäisches Arbeitsrecht, S. 180 f.

587   ABl. EG 1975, Nr. L 45, S. 19.

588   ABl. EG 1976, Nr. L 39, S. 40; ins deutsche Recht umgesetzt durch das Gesetz über die Gleichbehandlung von Männern und Frauen am Arbeitsplatz und über die Erhaltung von Ansprüchen bei Betriebsübergang (Arbeitsrechtliches EG-Anpassungsgesetz) vom 13. August 1980, BGBl. 1980 I, S. 1308; vgl. hierzu auch *Kort*, RdA 1997, 277 (278).

589   ABl. EG 1986, Nr. L 225, S. 40.

590   ABl. EG 1998, Nr. L 14, S. 6; vgl. hierzu *Langmaack*, Teilzeitarbeit, Rdnr. 160 ff.; *Schlachter*, RdA 1998, 321 ff.

591   ABl. EG 2002, Nr. L 269, S. 15.

592   Vgl. noch zum Vorschlag der Richtlinie *Bauer*, NJW 2001, 2672 (2675), sowie *von Roetteken*, PersR 2002, 12.

b) Regelungen des deutschen Rechts

aa) Verfassungsrecht

Der Grundsatz der Gleichberechtigung von Männern und Frauen ist in Art. 3 Abs. 2 Satz 1 GG geregelt (Gleichberechtigungssatz). Art. 3 Abs. 2 Satz 2 GG enthält nunmehr die Durchsetzung der Gleichberechtigung als Staatsziel[593]. Darüber hinaus enthält Art. 3 Abs. 3 GG ein Benachteiligungsverbot unter anderem wegen des Geschlechts. Art. 3 GG entfaltet allerdings im Privatrechtsverkehr nur mittelbare Drittwirkung[594], wirkt also nicht direkt auf das Verhältnis zwischen Arbeitgeber und Arbeitnehmer ein.

bb) Gesetzesrecht

Die einfachgesetzlichen Regelungen des deutschen Rechts über die Gleichbehandlung von Männern und Frauen beruhen im wesentlichen auf der Umsetzung der oben unter a) bb) aufgeführten Richtlinien[595]. Durch das Gesetz über die Gleichbehandlung von Männern und Frauen am Arbeitsplatz und über die Erhaltung von Ansprüchen bei Betriebsübergang vom 13. August 1980[596] wurde die Richtlinie 76/207/EWG[597] in deutsches Recht umgesetzt[598]. Eingeführt wurden dadurch die Vorschriften der §§ 611 a Abs. 1, 611 b, 612 Abs. 3 sowie 612 a BGB[599]. Änderungen haben diese Vorschriften zunächst durch das Gesetz zur Durchsetzung der Gleichberechtigung von Frauen und Männern[600] vom 24. Juni 1994[601], sodann durch das Gesetz zur Änderung des

---

593 Vgl. hierzu Erfurter Kommentar-*Dieterich*, Art. 3 GG, Rdnr. 84 f.; *Schaub*, Handbuch, § 165, Rdnr. 1.

594 H.M., vgl. BVerfGE 7, 198 (205); Erfurter Kommentar-*Dieterich*, Art. 3, Rdnr. 30; *Müller*, Entsendung, S. 129 und 201; MünchArbR-*Richardi*, § 10, Rdnr. 10. Das BAG bejahte dagegen in seiner früheren Rechtsprechung z.T. die unmittelbare Drittwirkung der Grundrechte im Privatrecht, z.B. BAG AP Nr. 2 zu § 134 BGB im Hinblick auf Art. 3 Abs. 3 GG; vgl. hierzu MünchArbR-*Buchner*, § 39, Rdnr. 82 ff.

595 *Buglass/Heilmann*, AuR 1992; 353 (360), konstatieren, die Fortschritte zur Gleichberechtigung entstammten im wesentlichen aus Brüssel und Luxemburg; vgl. hierzu auch *Lipke*, AuR 1991, 76 (84).

596 BGBl. 1980 I, S. 1308.

597 *Kort*, RdA 1997, 277 (278); Erfurter Kommentar-*Schlachter*, § 611 a BGB, Rdnr. 1.

598 Hierzu auch *Koberski* in: Festschrift Arbeitsgerichtsbarkeit Rheinland-Pfalz, S. 503 (508).

599 MünchArbR-*Richardi*, § 11, Rdnr. 3 f.

600 Vgl. hierzu *Dungs*, Europäisierung, S. 154.

Bürgerlichen Gesetzbuches und des Arbeitsgerichtsgesetzes[602] vom 29. Juni 1998[603] erfahren.

§ 611 a Abs. 1 Satz 1 BGB enthält das Verbot einer Benachteiligung wegen des Geschlechts bei einer Vereinbarung oder Maßnahme im Arbeitsverhältnis[604]. *Herrmann* nennt § 611 a BGB auch einen „Zivilrecht gewordenen Art. 3 GG"[605]. Flankiert wird dies durch die in § 611 a Abs. 1 Satz 3 BGB enthaltene Erleichterung, dass der Arbeitnehmer nur Tatsachen *glaubhaft* machen muss, die eine Benachteiligung wegen des Geschlechts vermuten lassen. Ob es sich bei dieser Regelung um eine echte Beweislastumkehr zu Lasten des Arbeitgebers oder nur um eine Beweiserleichterung zu Gunsten des Arbeitnehmers handelt, ist umstritten[606]. Jedenfalls ist wohl der Begriff der „Glaubhaftmachung" nicht allein im zivilprozessualen Sinne des § 294 ZPO zu verstehen[607]. Bei geschlechtsbedingter Diskriminierung gibt § 611 a Abs. 2 bis 4 BGB einen Anspruch auf Schadensersatz in verschiedenen Abstufungen. Ein Anspruch auf Begründung eines Arbeitsverhältnisses besteht allerdings nicht; dies stellt § 611 a Abs. 2 letzter Halbsatz BGB ausdrücklich klar[608]. § 611 a BGB schützt dabei nicht nur vor unmittelbaren[609], sondern auch vor mittelbaren Diskriminierungen aufgrund des Geschlechts. Eine solche liegt gemäß Art. 2 Abs. 2 der Richtlinie 97/80/EG vom 15. Dezember 1997 über die Beweislast bei Diskriminierung aufgrund des Geschlechts[610] vor, wenn dem Anschein nach neutrale Vorschriften, Kriterien oder Verfahren einen wesentlich höheren Anteil der Angehörigen eines Geschlechts benachteiligen, es sei denn, die betreffenden Vorschriften, Kriterien oder Verfahren sind angemessen und notwendig und durch nicht auf das Geschlecht bezogene sachliche Gründe gerechtfer-

---

601   BGBl. 1994 I, S. 1406.

602   Hierzu *Koberski* in Festschrift Arbeitsgerichtsbarkeit Rheinland-Pfalz, S. 503 (512 ff).

603   BGBl. 1998 I, S. 1694.

604   Vgl. hierzu auch *Peter*, Frauendiskriminierung durch Teilzeitbeschäftigung, S. 49 ff.

605   ZfA 1996, 19 (21).

606   Für Letzteres KR-*Pfeiffer*, § 611 a BGB, Rdnr. 142; a.A. Erfurter Kommentar-*Schlachter*, § 611 a BGB, Rdnr. 26.

607   *Schaub*, Handbuch, § 165, Rdnr. 25; ebenso Erfurter Kommentar-*Schlachter*, § 611 a BGB, Rdnr. 26.

608   Zu Fällen einer zulässigen Ungleichbehandlung von weiblichen und männlichen Arbeitnehmern, wenn das Geschlecht eine unverzichtbare Voraussetzung für eine Tätigkeit ist, vgl. *Thüsing*, RdA 2001, 319 ff.

609   Solche Diskriminierungen kommen heute nur noch selten vor, vgl. Erfurter Kommentar-*Dieterich*, Art. 3 GG, Rdnr. 87.

610   ABl. EG Nr. L 14, S. 6.

tigt. Diese Definition musste mit Wirkung zum 1. Januar 2001 in deutsches Recht übernommen werden[611]. Immer wieder als Beispiel[612] für eine mittelbare Diskriminierung von Frauen genannt wird die Ungleichbehandlung Teilzeitbeschäftigter, da es sich bei diesen derzeit[613] überwiegend um Frauen handelt[614].

In § 611 b BGB ist die Pflicht zur geschlechtsneutralen Ausschreibung von Arbeitsplätzen geregelt, allerdings ohne eine eigenständige Sanktion[615]. § 612 Abs. 3 BGB wiederholt den bereits in Art. 141 Abs. 1 EG enthaltenen Grundsatz des gleichen Entgelts für Männer und Frauen; er ist in seinem Regelungsbereich gegenüber § 611 a BGB speziell[616]. Das sogenannte Maßregelungsverbot bei der Ausübung zulässiger Rechte, welches sich nicht nur auf Diskriminierungen wegen des Geschlechts bezieht, ist in § 612 a BGB enthalten. Flankiert werden diese Vorschriften durch die besonderen prozessualen Regelungen des § 61 b ArbGG[617], der eine Klagefrist von drei Monaten nach schriftlicher Geltendmachung des Schadensersatzanspruchs vorsieht sowie Regelungen zur örtlichen Zuständigkeit trifft.

3. § 8 TzBfG als Regelung über die Gleichbehandlung von Männern und Frauen

Die Verknüpfung zwischen Teilzeitarbeit einerseits und der Gleichbehandlung von Männern und Frauen andererseits liegt nicht nur aus statistischen Gründen nahe. Der Europäische Gerichtshof erkennt ein zahlenmäßiges Ungleichgewicht von Frauen und Männern in der Gruppe der Teilzeitbeschäftigten als eindeutig an[618]. Aber auch die übrigen Organe der Europäischen Union und Deutschlands haben diesen Zusam-

---

611 Erfurter Kommentar-*Schlachter*, § 611 a BGB, Rdnr. 11.

612 So beziehen sich sämtliche von *Schaub*, Handbuch, § 165, Rdnr. 8, genannten Beispiele zur mittelbaren Diskriminierung auf Teilzeitbeschäftigte.

613 *Saunders*, Gleiches Entgelt für Teilzeitarbeit, S. 133, sieht allerdings eine Tendenz hin zu mehr Teilzeitbeschäftigung auch bei Männern. Statistisch ist dies derzeit nicht erkennbar.

614 So auch *Appel/Fisahn/Hess-Grunewald/ Sommer/ Zwanziger*, Handbuch, Rdnr. 128 ff; Erfurter Kommentar-*Dieterich*, Art. 3 GG, Rdnr. 88; KR-*Pfeiffer*, § 611 a BGB, Rdnr. 74 ff.; Erfurter Kommentar-*Schlachter*, § 611 a BGB, Rdnr. 15; *Wank*, RdA 1985, 1 (21).

615 *Schaub*, Handbuch, § 165, Rdnr. 3.

616 KR-*Pfeiffer*, § 611 a BGB, Rdnr. 3 und 129; Erfurter Kommentar-*Schlachter*, § 611 a BGB, Rdnr. 5.

617 Germelmann/*Germelmann*, § 61 b ArbGG, Rdnr. 1 ff.

618 *Dungs*, Europäisierung, S. 271, m.w.N.

menhang gesehen. Dies ergibt sich vor allem aus verschiedenen Vorbemerkungen und Begründungen zur Teilzeit-Richtlinie, zu der ihr zugrunde liegenden Rahmenvereinbarung und zum Gesetz über Teilzeitarbeit und befristete Arbeitsverträge selbst. So stellt zunächst Erwägungsgrund Nr. 5 der Teilzeit-Richtlinie fest, dass „Maßnahmen zur Förderung der Beschäftigung und Chancengleichheit zwischen Frauen und Männern erforderlich sind"[619]. In dieselbe Richtung geht Erwägungsgrund Nr. 23 der Teilzeit-Richtlinie, welcher die Notwendigkeit betont, „gegen Diskriminierungen jeglicher Art, insbesondere (...) aufgrund von Geschlecht, vorzugehen"[620].

Aufgegriffen wird der Erwägungsgrund Nr. 5 der Teilzeit-Richtlinie in Nr. 4 der Allgemeinen Erwägungen der Rahmenvereinbarung, auf der die Teilzeit-Richtlinie beruht. In Nr. 5 der Allgemeinen Erwägungen der Rahmenvereinbarung geben die Sozialpartner zu erkennen, dass sie Maßnahmen für bedeutend hielten, die den Zugang zur Teilzeitarbeit für Frauen und Männer erleichterten[621]. Gemäß § 5 Nr. 3 d) der Rahmenvereinbarung selbst sollte der Zugang zur Teilzeitarbeit auf allen Ebenen der Unternehmen, einschließlich qualifizierter und leitender Stellungen, erleichtert werden[622]. Diesem Aspekt hat der Gesetzgeber mit der Einführung des § 6 TzBfG Rechnung getragen. Gemäß § 6 TzBfG hat der Arbeitgeber den Arbeitnehmern Teilzeitarbeit nach Maßgabe des Gesetzes über Teilzeitarbeit und befristete Arbeitsverträge zu ermöglichen[623]. Hervorgehoben wird, dass dies auch für Arbeitnehmer in leitenden Positionen gilt. § 6 TzBfG ist bei der Auslegung des Gesetzes über Teilzeitarbeit und befristete Arbeitsverträge zum Beispiel dergestalt zu berücksichtigen, dass der Arbeitgeber den Teilzeitwunsch eines Mitarbeiters nicht allein mit einem Hinweis auf dessen leitende Tätigkeit ablehnen kann[624]. Nach der Gesetzesbegründung trägt diese Vorschrift dem Umstand Rechnung, dass vielfach noch Vorbehalte gegen Teilzeitarbeit von Männern und von Arbeitnehmern mit höher qualifizierten Tätigkeiten bestünden. Da eine Diskriminierung von Teilzeitbeschäftigten statistisch

---

619 ABl. EG 1998, L 14, S. 9.

620 ABl. EG 1998, L 14, S. 9 (10).

621 ABl. EG 1998, L 14, S. 9 (13).

622 ABl. EG 1998, L 14, S. 9 (14).

623 Vgl. hierzu auch BT-DS. 14/4374, S. 26; *Kleinsorge*, MDR 2001, 181 (182); *Ring*, § 6 TzBfG, Rdnr. 2.

624 *Meinel/Heyn/Herms*, § 6 TzBfG, Rdnr. 3.

fast immer[625] auf eine Diskriminierung von Frauen hinausläuft, können auch darin Anhaltspunkte für eine Gleichstellungszielrichtung des gesamten Gesetzes gesehen werden[626].

Ähnliche Erwägungen finden sich auch in der Begründung des Gesetzes über Teilzeitarbeit und befristete Arbeitsverträge. Dort wird festgestellt, die Teilzeitarbeit habe große gleichstellungspolitische Bedeutung[627]; ihr Ausbau fördere die Chancengleichheit zwischen Männern und Frauen[628]. Bei der nichtdiskriminierenden Teilzeitarbeit handele es sich um eine wesentliche Voraussetzung für die tatsächliche Durchsetzung der Gleichstellung von Frauen und Männern[629]. Dementsprechend enthält das Gesetz selbst einige Vorschriften, welche eine Diskriminierung von Teilzeitbeschäftigten verhindern sollen. Zu nennen ist hier zunächst § 1 TzBfG. § 1 TzBfG bestimmt hinsichtlich der Teilzeitarbeit, dass es Ziel[630] des Gesetzes[631] ist, Teilzeitarbeit zu fördern[632] und die Diskriminierung von teilzeitbeschäftigten Arbeitnehmern zu verhindern. Darin schlägt sich eine gewisse „Teilzeitfreundlichkeit" nieder[633], bei der sich die Frage stellt, ob diese sich so sehr durch das Gesetz zieht, dass sie als Zielrichtung aller Vorschriften zur Teilzeitarbeit zugrunde gelegt werden kann.

Hierauf hinzudeuten scheinen weitere Vorschriften des Gesetzes über Teilzeitarbeit und befristete Arbeitsverträge, die Regelungen zur Förderung beziehungsweise zur Nichtdiskriminierung teilzeitbeschäftigter Arbeitnehmer enthalten. Gemäß § 4 Abs. 1 Satz 1 TzBfG darf ein teilzeitbeschäftigter Arbeitnehmer wegen der Teilzeitarbeit nicht schlechter behandelt werden als ein vergleichbarer vollzeitbeschäftigter Arbeitneh-

---

625 *Wiedemann*, Gleichbehandlungsgebote, S. 73, ist der Ansicht, der Frauenanteil an den Teilzeitbeschäftigten nehme langsam ab.

626 Vgl. hierzu auch *Bezani/Müller*, DStR 2001, 87.

627 BT-DS. 14/4374, S. 11 und S. 23.

628 BT-DS. 14/4374, S. 11.

629 BT-DS. 14/4625, S. 1 f.; vgl. hierzu *Ring*, Einführung, Rdnr. 10.

630 Auch *Meinel/Heyn/Herms*, § 1 TzBfG, Rdnr. 15, messen dieser Zielsetzung gerade im Hinblick auf gleichstellungspolitische Zwecke Bedeutung für die Auslegung des TzBfG bei.

631 Eine solche Festschreibung der Zielsetzung eines Gesetzes führen *Meinel/Heyn/Herms*, § 1 TzBfG, Rdnr. 1, auf die Regelungstechnik in der europäischen Rechtsetzung zurück.

632 *Buschmann/Dieball/Stevens-Bartol*, Teilzeitarbeit, § 1TzBfG, Rdnr. 2, führen aus, dass sich die Förderung nur auf die Teilzeitarbeit, nicht dagegen auf befristete Arbeitsverhältnisse bezieht.

633 KR-*Bader*, § 1 TzBfG, Rdnr. 1, der allerdings auch feststellt, die Norm habe ansonsten keinen eigenen Regelungsgehalt und bringe auch kaum zusätzliche Hilfe bei der Interpretation der einzelnen Vorschriften.

mer, es sei denn, dass sachliche Gründe eine unterschiedliche Behandlung rechtfertigen[634]. Dies war bereits zuvor in § 2 Abs. 1 BeschFG geregelt[635], wobei dieser generell eine unterschiedliche Behandlung untersagte, während § 4 Abs. 1 Satz 1 TzBfG nur eine schlechtere Behandlung verbietet[636]. Für den Spezialfall der Vergütung regelt § 4 Abs. 1 Satz 2 TzBfG, dass einem teilzeitbeschäftigten Arbeitnehmer Arbeitsentgelt oder eine andere teilbare geldwerte Leistung mindestens in dem Umfang zu gewähren ist, der dem Anteil seiner Arbeitszeit an der Arbeitszeit eines vergleichbaren vollzeitbeschäftigten Arbeitnehmers entspricht. Aus dieser Formulierung wird im Schrifttum gefolgert, dass eine Ungleichbehandlung bei der Vergütung selbst bei Vorliegen eines sachlichen Grundes nicht gerechtfertigt wäre[637]. Dem steht aber die Gesetzesbegründung selbst entgegen, die davon spricht, dass „der Arbeitgeber nicht berechtigt (ist), bestimmte Vergütungsbestandteile (zum Beispiel Sozialzulagen) wegen der Teilzeit ohne sachlichen Grund gänzlich zu versagen"[638]. Außerdem spricht die Gesetzesbegründung[639] davon, dass das Arbeitsentgelt oder eine andere teilbare geldwerte Leistung „regelmäßig" nur pro rata temporis gekürzt werden dürfe. Hieraus geht mit einiger Deutlichkeit hervor, dass auch § 4 Abs. 1 Satz 2 TzBfG unter dem Vorbehalt des Vorliegens von eine Ungleichbehandlung rechtfertigenden sachlichen Gründen steht[640]. Dies steht auch in Einklang mit § 4 der Rahmenvereinbarung über Teilzeitarbeit[641]. Der Arbeitnehmer trägt die Darlegungs- und Beweislast für die auf der Teilzeittätigkeit beruhende Schlechterstellung gegenüber vergleichbaren Vollzeitbeschäftigten, während der Arbeitgeber das Vorliegen eines sachlichen Grundes darlegen und beweisen muss[642].

---

634 *Langmaack*, Teilzeitarbeit, Rdnr. 112 und 170; *Worzalla/Will/Mailänder/Worch/ Heise*, Teilzeitarbeit, S. 107.

635 *Meinel/Heyn/Herms*, § 4 TzBfG, Rdnr. 1.

636 *Buschmann/Dieball/Stevens-Bartol*, Teilzeitarbeit, § 4 TzBfG, Rdnr. 2, die allerdings m.E. zu Recht darauf hinweisen, dass eine günstigere Behandlung in aller Regel gegen den allgemeinen arbeitsrechtlichen Gleichbehandlungsgrundsatz verstoßen würde; so auch *Meinel/Heyn/Herms*, TzBfG, § 4 TzBfG, Rdnr. 25.

637 *Blanke*, AiB 2000, 729 (730); *Däubler*, ZIP 2000, 1961 (1962); *ders.*, ZIP 2001, 217 (218); *Richardi/Annuß*, BB 2000, 2201.

638 BT-DS. 14/4374, S. 15.

639 BT-DS. 14/4374, S. 15.

640 So auch *Hanau*, NZA 2001, 1168 (1173); *Lindemann/ Simon*, BB 2001, 146 (147); *Meinel/Heyn/Herms*, § 4 TzBfG, Rdnr. 42, m.w.N.

641 A.A. *Rolfs*, RdA 2001, 129 (131), der der Ansicht ist, die Gesetzesbegründung sei insoweit fehlerhaft.

642 *Meinel/Heyn/Herms*, § 4 TzBfG, Rdnr. 44-46.

§ 5 TzBfG verbietet dem Arbeitgeber – wie bereits § 612 a BGB[643] – die Benachteiligung eines Arbeitnehmers, der seine Rechte nach dem Gesetz über Teilzeitarbeit und befristete Arbeitsverträge in Anspruch nimmt. § 9 TzBfG enthält schließlich das Gegenstück zum Anspruch auf Verringerung der Arbeitszeit gemäß § 8 TzBfG, nämlich eine Regelung zur Verlängerung der Arbeitszeit. Danach hat der Arbeitgeber einen teilzeitbeschäftigten Arbeitnehmer, der ihm den Wunsch nach einer Verlängerung seiner vertraglich vereinbarten Arbeitszeit angezeigt hat, bei der Besetzung eines entsprechenden freien Arbeitsplatzes bei gleicher Eignung bevorzugt zu berücksichtigen, es sei denn, dass dringende betriebliche Gründe oder Arbeitszeitwünsche anderer teilzeitbeschäftigter Arbeitnehmer dem entgegenstehen. Diese Vorschrift gilt wie auch § 8 TzBfG für alle Teilzeitbeschäftigten[644], also auch für Arbeitnehmer, die von Beginn ihres Arbeitsverhältnisses an Teilzeitarbeit geleistet haben, nicht nur für solche Arbeitnehmer, die zuvor ihre Arbeitszeit verringert haben[645]. Im Schrifttum[646] ist streitig, ob § 9 TzBfG dem Arbeitnehmer einen einklagbaren Anspruch auf Verlängerung der Arbeitszeit gibt[647].

Aus der Teilzeit-Richtlinie, der Gesetzesbegründung und den soeben genannten Vorschriften des Gesetzes über Teilzeitarbeit und befristete Arbeitsverträge wird deutlich, dass dieses Gesetz einige Regelungen zur Förderung beziehungsweise zur Nichtdiskriminierung teilzeitbeschäftigter Arbeitnehmer enthält und somit auch gleichstellungspolitische

---

643 *Meinel/Heyn/Herms*, § 5 TzBfG, Rdnr. 1.

644 *Rolfs*, RdA 2001, 129 (139).

645 *Link/Fink*, AuA 2001, 155.

646 Rechtsprechung gibt es hierzu, soweit ersichtlich, noch nicht.

647 *Geyer*, FA 2001, 162 (165), ist der Ansicht, § 9 TzBfG enthalte nur das nicht sanktionierte Gebot an den Arbeitgeber, den teilzeitbeschäftigten Arbeitnehmer in den dort genannten Grenzen bevorzugt zu berücksichtigen. Überwiegend wird § 9 TzBfG aber so verstanden, dass er bei Vorliegen der dort genannten Voraussetzungen einen durchsetzbaren Anspruch auf Verlängerung der Arbeitszeit gibt, so *Bauer*, NZA 2000, 1039 (1041); *Buschmann/ Dieball/Stevens-Bartol*, Teilzeitarbeit, § 9 TzBfG, Rdnr. 5; *Meinel/Heyn/Herms*, § 9 TzBfG, Rdnr. 30 ff. Der Wortlaut der Norm, der davon spricht, dass der Arbeitgeber den Arbeitnehmer bei der Besetzung bevorzugt zu berücksichtigen hat, stützt die h.M. Der Arbeitnehmer kann seine bevorzugte Berücksichtigung auch im Wege der Leistungsklage geltend machen (*Meinel/Heyn/Herms*, § 9 TzBfG, Rdnr. 33). Praktische Probleme ergeben sich hier vor allem dann, wenn mehrere Arbeitnehmer dem Arbeitgeber ihre Ansprüche nach § 9 TzBfG angezeigt haben. Die im ursprünglichen Entwurf enthaltene „Sozialauswahl" ist nicht Gesetz geworden, vgl. *Straub*, NZA 2001, 919 (924).

Ziele verfolgt. Dies war sowohl seinen Befürwortern[648] als auch seinen Gegnern[649] bewusst. Eine andere Frage ist aber, ob aus den quasi mitverfolgten Zielen der erleichterten Vereinbarkeit von Beruf und Familie und der Gleichstellung von Frauen und Männern rechtlich darauf geschlossen werden kann, dass es sich bei § 8 TzBfG selbst um eine Regelung zur Gleichbehandlung von Männern und Frauen handelt. Betrachtet man die soeben aufgeführten Hinweise auf die Gleichstellungsproblematik in den Begründungen von Gesetz und Teilzeit-Richtlinie, so wird deutlich, dass diese Hinweise nur in allgemeinen Erwägungsgründen oder Motiven auftauchen. In den Gesetz gewordenen Regelungen selbst findet die Gleichbehandlung von Männern und Frauen keine ausdrückliche Erwähnung[650]. Das Ziel der Gleichbehandlung von Frauen und Männern wird mit den Regelungen des Gesetzes über Teilzeitarbeit und befristete Arbeitsverträge zwar mittelbar verfolgt. Es hat aber keinen unmittelbaren oder ausdrücklichen Eingang in das Gesetz gefunden. Dies spricht dagegen, § 8 TzBfG als eine Regelung zur Gleichbehandlung von Männern und Frauen anzusehen.

Dies wird untermauert durch eine Zusammenschau von § 8 TzBfG mit den oben geschilderten Gleichbehandlungsvorschriften des deutschen Rechts. Bei den §§ 611 a, 611 b, 612 Abs. 3 und 612 a BGB handelt es sich unzweifelhaft um Gleichbehandlungsvorschriften, da sich ihr Sinn und Zweck in den Regelungen über die Gleichbehandlung erschöpft. Anders liegt dies bei § 8 TzBfG. Diese Vorschrift regelt zunächst die Voraussetzungen für die Geltendmachung des Anspruchs auf Verringerung der vertraglich vereinbarten Arbeitszeit, was nichts mit der Gleichbehandlung von Männern und Frauen zu tun hat[651]. Auf den Zusammenhang zwischen dem Anspruch auf Verringerung der Arbeitszeit und der Gleichbehandlung von Männern und Frauen stößt man erst, wenn man die statistischen Angaben auswertet und feststellt, dass über 80 % der Teilzeitbeschäftigten Frauen sind. Dies unterscheidet § 8 TzBfG von den oben geschilderten „ausschließlichen" Gleichbehandlungsvorschriften. Dagegen kann zwar eingewandt werden, dass sich mittelbare Diskriminierungen typischerweise aus statistischen Erwägungen ergeben, im Gegensatz zur unmittelbaren Diskriminierung, bei der die Diskriminierung „ausdrücklich" wegen des Geschlechts erfolgt. Aus der Tatsache, dass

---

648 Dies waren neben den Regierungsparteien SPD und Bündnis 90/Die Grünen vor allem die Gewerkschaften, vgl. BT-DS. 14/4625, S. 18.

649 Hierzu gehörten neben der Opposition (mit unterschiedlichen Begründungen: CDU/CSU; FDP; PDS) auch der Bundesverband der Deutschen Arbeitgeberverbände, der Zentralverband des Deutschen Handwerks sowie *Richardi*, vgl. BT-DS. 14/4625, S. 17 und 19.

650 So auch *Bauer*, WSI-Mitteilungen 2001, 508.

651 *Bauer*, WSI-Mitteilungen 2001, 508.

eine Diskriminierung Teilzeitbeschäftigter statistisch derzeit in aller Regel auf eine mittelbare Diskriminierung weiblicher Arbeitnehmer hinausläuft, weil die meisten Teilzeitbeschäftigten Frauen sind, kann aber nicht gefolgert werden, dass es sich bei § 8 TzBfG um eine Gleichbehandlungsvorschrift handelt, weil durch § 8 TzBfG mittelbar auch der Anteil von Männern an den Teilzeitbeschäftigten erhöht werden soll. Die Zielrichtung des Gesetzes über Teilzeitarbeit und befristete Arbeitsverträge, Teilzeitarbeit zu fördern, muss rechtlich von den derzeitigen statistischen Ergebnissen getrennt werden, schon weil nicht sicher ist, ob sich nicht die statistische Situation in Zukunft verändern wird. Bei § 8 TzBfG handelt es sich in erster Linie um eine Vorschrift, die grundsätzlich jedem Arbeitnehmer einen Anspruch auf Verringerung seiner Arbeitszeit geben will. Die gleichstellungspolitischen Erwägungen stehen dabei nicht im Vordergrund. Vielmehr soll durch eine höhere Teilzeitquote auch eine Umverteilung der vorhandenen Arbeit auf mehr Arbeitnehmer bewirkt werden[652]; dieser beabsichtigte Effekt hat nichts mit der Gleichstellung der Geschlechter zu tun.

Auch die übrigen Regelungen des Gesetzes über Teilzeitarbeit und befristete Arbeitsverträge zu Diskriminierungsverboten und zum erleichterten Wechsel zwischen Vollzeit- und Teilzeitbeschäftigung dienen primär nicht der Gleichstellung der Geschlechter, sondern sollen die Flexibilität im Arbeitsverhältnis erhöhen. Die Gesetzesbegründung[653] nennt daher auch andere Gründe für einen Teilzeitwunsch, etwa die Wahrnehmung ehrenamtlicher Aufgaben oder die Motivation, die freigewordene Zeit zu Aus- und Weiterbildungszwecken zu nutzen[654]. Möglicherweise wird der Anspruch auf Verringerung der Arbeitszeit gemäß § 8 TzBfG in der Praxis dazu führen, dass nicht mehr nur weibliche Arbeitnehmer, die die Betreuung von Kindern mit ihrer Berufstätigkeit vereinbaren möchten[655], in Teilzeit arbeiten. § 8 TzBfG ermöglicht jedem Arbeitnehmer, der die darin genannten weiteren Voraussetzungen erfüllt, ohne weitere Begründung die Verringerung seiner vertraglich vereinbarten Arbeitszeit, und zwar unabhängig von seiner Qualifikation oder Stellung. Gegenstand des Gesetzes über Teilzeitarbeit und befristete Arbeitsverträge ist die gesetzliche Regelung von Teilzeitarbeitsverhältnissen in Umsetzung

---

652 BT-DS. 14/4374, S. 17.

653 BT-DS. 14/4374, S. 11.

654 *Viethen*, NZA 2001, Beil. zu Heft 24, S. 3 (4).

655 So die Stellungnahmen des Bundesverbands der Deutschen Arbeitgeberverbände und des Zentralverbands des Deutschen Handwerks, BT-DS. 14/4625, S. 17.

der Teilzeit-Richtlinie der Europäischen Gemeinschaft[656]. Es ginge zu weit, aus dieser mittelbaren Zielsetzung des Gesetzes zu folgern, es handle sich dabei um eine Regelung zur Gleichbehandlung von Männern und Frauen. Dies ist nicht der Fall; die Verwirklichung von Chancengleichheit kann sich nur mittelbar aus dem Gesetz über Teilzeitarbeit und befristete Arbeitsverträge ergeben.

Wenn sich schon aus dem Gesamtzusammenhang der Regelungen des Gesetzes über Teilzeitarbeit und befristete Arbeitsverträge nicht auf eine solche unmittelbare Zielsetzung schließen lässt, so muss dies erst recht für die Regelung des § 8 TzBfG für sich genommen gelten. Der gesetzliche Anspruch auf Verringerung der Arbeitszeit hat als solcher nichts mit der Gleichbehandlung von Frauen und Männern zu tun[657]. Während andere Vorschriften des Gesetzes (zu nennen sind hier insbesondere § 4 Abs. 1, § 5 und § 6 TzBfG) immerhin ausdrückliche Diskriminierungsverbote und Förderungsgebote enthalten, gibt § 8 TzBfG dem Arbeitnehmer nur einen „nackten" gesetzlichen Anspruch auf Verringerung der vertraglich vereinbarten Arbeitszeit gegen seinen Arbeitgeber. Dass dieser Anspruch auch mit der Motivation eingeführt wurde, über die generelle Steigerung der Teilzeitquote auch einen Beitrag zu mehr Gleichberechtigung von Männern und Frauen zu leisten, führt zu keinem anderen Ergebnis.

Es bleibt daher zunächst festzuhalten, dass es sich bei § 8 TzBfG nicht um eine Regelung handelt, die primär der Gleichbehandlung von Männern und Frauen dient. Fraglich ist aber, ob § 7 Abs. 1 Nr. 7 AEntG nur solche Regelungen erfasst, die unmittelbar der Gleichbehandlung dienen, oder ob auch Regelungen erfasst werden, deren mittelbares Ziel die Gleichbehandlung von Männern und Frauen ist. Der Wortlaut des § 7 Abs. 1 Nr. 7 AEntG sagt darüber nichts aus. Es muss daher nach dem Sinn und Zweck des § 7 Abs. 1 Nr. 7 AEntG untersucht werden, inwieweit er Geltung beanspruchen will. Zunächst muss dabei Beachtung finden, dass es sich bei den international zwingenden Vorschriften, auch bei den in § 7 Abs. 1 AEntG niedergelegten Anwendungsfällen, um Ausnahmen handelt. Dies spricht für ein enges Verständnis der Norm. Aus dem Katalog des § 7 Abs. 1 AEntG ist zudem erkennbar, dass dort jeweils Mindestanforderungen oder Höchstgrenzen festgelegt werden. Es sollen also nur bestimmte, für unverzichtbar gehaltene Regeln des deutschen Arbeitsrechts Anwendung finden.

---

[656] Vgl. Amtliche Anmerkung zu Art. 1 des Gesetzes über Teilzeitarbeit und befristete Arbeitsverträge und zur Änderung und Aufhebung arbeitsrechtlicher Bestimmungen vom 21. Dez. 2000, BGBl. I, S. 1966.

[657] *Bauer*, WSI-Mitteilungen 2001, 508.

Überträgt man diesen Grundsatz der restriktiven Auslegung auf die in § 7 Abs. 1 Nr. 7, 1. Alt. AEntG aufgeführten Regelungen über die Gleichbehandlung von Männern und Frauen, so können auch in diesem Bereich nur die für unverzichtbar gehaltenen Regelungen gemeint sein. Hierzu zählen ausdrückliche Gleichbehandlungsvorschriften wie §§ 611 a, 611 b und 612 Abs. 3 BGB. *Koberski/Asshoff/Hold*[658] sowie *Ulmer*[659] ordnen diese ausdrücklichen Gleichbehandlungsvorschriften demzufolge auch unter § 7 Abs. 1 Nr. 7 AEntG ein. Auch in Entsendefällen kann der deutsche Gesetzgeber nicht zulassen, dass Arbeitnehmer bei der Durchführung des Arbeitsverhältnisses wegen ihres Geschlechts benachteiligt werden. Dagegen gehören Regelungen, die nur indirekt die Gleichstellung der Geschlechter bezwecken, eigentlich aber eine andere Zielrichtung haben – wie etwa die Möglichkeit der Verringerung der Arbeitszeit –, nicht zu den für unverzichtbar gehaltenen Normen des deutschen Rechts, die in jedem Falle Anwendung finden müssen. § 7 Abs. 1 Nr. 7 AEntG erfasst daher nur solche Vorschriften, die primär der Gleichstellung von Männern und Frauen dienen. § 8 TzBfG ist dagegen, wie sich aus der Zusammenschau mit den anderen Regelungen des Gesetzes über Teilzeitarbeit und befristete Arbeitsverträge ergeben hat, eine Vorschrift, die nur indirekt Gleichstellungszwecken dient. § 8 TzBfG fällt daher nicht unter § 7 Abs. 1 Nr. 7 AEntG.

4. Ergebnis

Es kann festgestellt werden, dass es sich bei § 8 TzBfG nicht um eine Regelung zur Gleichbehandlung von Männern und Frauen im Sinne von § 7 Abs. 1 Nr. 7, 1. Alternative AEntG handelt. Die hier zu untersuchende international zwingende Natur von § 8 TzBfG ergibt sich nicht aus einer Subsumtion unter § 7 Abs. 1 Nr. 7, 1. Alternative AEntG.

---

[658] § 7 AEntG, Rdnr. 8.
[659] AÜG, § 7 AEntG, Rdnr. 21.

III. § 7 Abs. 1 Nr. 7, 2. Alternative AEntG: Andere Nichtdiskriminierungsbestimmungen

1. Problemstellung

Die Untersuchung unter II. dieser Arbeit hat ergeben, dass es sich bei § 8 TzBfG nicht um eine Regelung über die Gleichbehandlung von Männern und Frauen im Sinne von § 7 Abs. 1 Nr. 7, 1. Alt. AEntG handelt. Damit ist aber noch nichts darüber gesagt, ob sich § 8 TzBfG nicht unter die 2. Alternative des § 7 Abs. 1 Nr. 7 AEntG einordnen lässt. Diese Alternative besagt, dass andere Nichtdiskriminierungsbestimmungen, die in Rechts- oder Verwaltungsvorschriften enthalten sind, auch auf ein Arbeitsverhältnis zwischen einem im Ausland ansässigen Arbeitgeber und seinem im Inland beschäftigten Arbeitnehmer zwingend Anwendung finden. Andere Nichtdiskriminierungsbestimmungen sind, wie sich aus der Zusammenschau mit der 1. Alternative ergibt, solche, die nicht die Gleichbehandlung von Männern und Frauen betreffen, sondern andere Diskriminierungsgründe. Es stellt sich die Frage, ob § 8 TzBfG eine solche andere Nichtdiskriminierungsbestimmung im Sinne von § 7 Abs. 1 Nr. 7, 2. Alternative AEntG ist und damit als international zwingende Vorschrift gemäß Art. 34 EGBGB eingeordnet werden kann.

Ein solcher Zusammenhang kommt vor allem bei den Diskriminierungsgründen Alter und Behinderung in Betracht. Ältere oder behinderte Arbeitnehmer sind möglicherweise weniger belastbar und daher tendenziell häufiger als andere Arbeitnehmer an einer Reduzierung ihrer Arbeitszeit interessiert. Für beide Personengruppen bestehen zwar auch spezielle Regelungen, für ältere Arbeitnehmer im Altersteilzeitgesetz[660], für schwerbehinderte Arbeitnehmer im eigenständigen Anspruch auf Teilzeitbeschäftigung gemäß § 81 Abs. 5 Satz 3 SGB IX[661]. Unabhängig von den speziellen Ansprüchen können aber auch ältere und schwerbehinderte Arbeitnehmer den allgemeinen Anspruch auf Verringerung der Arbeitszeit gemäß § 8 TzBfG geltend machen, wie sich aus § 23 TzBfG[662] ergibt. Die für ältere und behinderte Arbeitnehmer bereits vorhandenen Nichtdiskriminierungsbestimmungen können zur Auslegung der Frage herangezogen werden, ob es sich auch bei § 8 TzBfG um eine solche Nichtdiskriminierungsbestimmung handelt. Dagegen fehlt ein solcher

---

660 Allerdings gewährt das Altersteilzeitgesetz keinen Anspruch auf Teilzeitbeschäftigung, sondern schafft über die Zuschüsse der Bundesanstalt für Arbeit nur einen Anreiz zur Vereinbarung von Teilzeitarbeit, vgl. Erfurter Kommentar-*Rolfs*, § 1 ATG, Rdnr. 1.

661 MünchArbR-*Cramer*, Ergänzungsband, § 236, Rdnr. 48.

662 Vgl. hierzu *Ihlenfeld/Kles*, Teilzeitarbeit, Rdnr. 119 ff.

naheliegender Zusammenhang zunächst bei den Diskriminierungsgründen Religion, Weltanschauung oder sexuelle Ausrichtung[663], da nicht ersichtlich ist, warum Arbeitnehmer, die aus diesen Gründen diskriminiert werden könnten, besonders häufig in Teilzeit arbeiten sollten. Dennoch können auch hier die bestehenden allgemeinen Nichtdiskriminierungsbestimmungen, wie auch bei der Gleichbehandlung von Männern und Frauen, Hinweise darauf liefern, welche Kriterien eine Vorschrift erfüllen muss, wenn es sich bei ihr um eine Nichtdiskriminierungsbestimmung handeln soll. Diese Vorschriften sollen daher zunächst dargestellt werden, um sodann die Übertragbarkeit der aus ihnen ermittelten Grundsätze auf § 8 TzBfG zu untersuchen.

2. Bestehende andere Nichtdiskriminierungsbestimmungen

a) Regelungen in Rechtsakten der Europäischen Gemeinschaft

Andere Nichtdiskriminierungsbestimmungen sind – wie die Regelungen zur Gleichbehandlung von Männern und Frauen – vor allem im Recht der Europäischen Gemeinschaft enthalten.

aa) Europäisches Primärrecht

Gemäß Art. 3 Abs. 2 EG wirkt die Gemeinschaft bei allen in diesem Artikel genannten Tätigkeiten darauf hin, Ungleichheiten zu beseitigen[664]. Art. 13 EG[665] gibt dem Rat die Befugnis, Vorkehrungen zu treffen, um Diskriminierungen aus Gründen des Geschlechts, der Rasse, der ethnischen Herkunft, der Religion oder der Weltanschauung, einer Behinderung, des Alters oder der sexuellen Ausrichtung zu bekämpfen[666].

bb) Europäisches Sekundärrecht

Gestützt auf den soeben aufgeführten Art. 13 EG[667] hat die Europäische Gemeinschaft im Jahr 2000 zwei Richtlinien[668] zur Bekämpfung von Dis-

---

663 Diese beispielhaften Antidiskriminierungsmerkmale sind der Richtlinie 2000/78/EG entnommen.

664 Und die Gleichstellung von Männern und Frauen zu fördern, vgl. II 2. a) aa).

665 Vormals Art. 6 a EGV.

666 *von Roetteken*, PersR 2002, 12.

667 Präambel der beiden Richtlinien, ABl. EG 2000, Nr. L 180, S. 22, sowie ABl. EG 2000, Nr. L 303, S. 16.

kriminierungen aufgrund anderer Diskriminierungsgründe als des Geschlechts erlassen[669]. Dabei handelt es sich um die Richtlinien 2000/43/EG und 2000/78/EG[670]. Die Richtlinie 2000/43/EG des Rates vom 29. Juni 2000[671] zur Anwendung des Gleichbehandlungsgrundsatzes ohne Unterschied der Rasse oder der ethnischen Herkunft[672] gilt gemäß ihrem Art. 3 nicht nur für den weit gefassten Bereich des Arbeitsverhältnisses einschließlich seiner Anbahnung[673], sondern auch für den Zugang zu und die Versorgung mit Gütern und Dienstleistungen, die der Öffentlichkeit zur Verfügung stehen, einschließlich von Wohnraum[674]. Ihre Umsetzung in deutsches Recht hätte bis zum 19. Juli 2003 erfolgen müssen[675].

Die Richtlinie 2000/78/EG des Rates vom 27. November 2000 zur Festlegung eines allgemeinen Rahmens für die Verwirklichung der Gleichbehandlung in Beschäftigung und Beruf[676] beschränkt sich dagegen, wie sich aus ihrer Überschrift und ihrem Art. 3 ergibt, auf die Gleichbehandlung in Beschäftigung und Beruf. Diesem eingeschränkten Geltungsbereich steht aber ein weitgehenderer Katalog von Nichtdiskriminierungsgründen gegenüber[677]. Er umfasst gemäß Art. 1 der Richtlinie 2000/78/EG die Diskriminierung wegen der Religion oder der Weltanschauung, einer Behinderung, des Alters oder der sexuellen Ausrichtung[678]. Diese Richtlinie war bis zum 2. Dezember 2003 in deutsches Recht umzusetzen[679].

---

668 Laut *Bauer*, NJW 2001, 2672 (2677), werden beide Richtlinien zu weiteren Umbrüchen im deutschen Arbeitsrecht führen.

669 *Wiedemann*, Gleichbehandlungsgebote, S. 5.

670 Vgl. hierzu *Coen*, AuR 2000, 11 ff.

671 ABl. EG 2000, Nr. L 180, S. 22.

672 Zu Gesetzesvorhaben zur Verhinderung einer Diskriminierung wegen der Rasse vor Verabschiedung der Richtlinie 2000/43/EG vgl. *Rädler*, ZRP 1997, 5 ff.

673 Hierzu *Waas*, ZIP 2000, 2151 ff.

674 Vgl. hierzu auch den Beitrag von *Nickel*, NJW 2001, 2668 ff.

675 *Waas*, ZIP 2000, 2151 (2152, Fußnote 12).

676 ABl. EG 2000, Nr. L 303, S. 16.

677 *Hailbronner*, ZAR 2001, 254 (257).

678 *Thüsing*, ZfA 2001, 397 ff., kritisiert neben der Schwierigkeit, die genannten Diskriminierungsmerkmale zu definieren, vor allem die fehlende Unterscheidung zwischen formaler Gleichbehandlung und Gleichstellung. Dabei beruft er sich auf *Fastrich*, RdA 2000, 65 ff.

679 Zu Vorsicht bei der Umsetzung beider Richtlinien in deutsches Recht rät *Hornung-Draus*, Arbeitgeber 2000, 14 (15), mit der Begründung, zu dem bereits be-

Zur Umsetzung der beiden Richtlinien 2000/43/EG und 2000/78/EG hat das Bundesjustizministerium im Dezember 2001 den Entwurf[680] eines umfassenden Antidiskriminierungsgesetzes[681] vorgestellt; der Abschluss des Gesetzgebungsverfahrens bleibt hier abzuwarten[682]. Allerdings wird vertreten, dass die Richtlinien bereits vor ihrer Umsetzung zur Auslegung des deutschen Rechts herangezogen werden könnten[683].

b) Regelungen des deutschen Rechts

aa) Verfassungsrecht

Auf der Ebene der deutschen Verfassung enthält Art. 3 Abs. 3 GG ein Diskriminierungsverbot. Nach dessen Satz 1 darf niemand wegen seines Geschlechtes, seiner Abstammung, seiner Rasse, seiner Sprache, seiner Heimat und Herkunft, seines Glaubens, seiner religiösen oder politischen Anschauungen benachteiligt oder bevorzugt werden. Satz 2 bestimmt darüber hinaus, dass niemand wegen seiner Behinderung benachteiligt werden darf. Allerdings wirkt Art. 3 Abs. 3 GG nach herrschender Meinung[684] nicht unmittelbar, sondern nur mittelbar über die Generalklauseln des Zivilrechts auf Vertragsverhältnisse zwischen Pri-

---

stehenden europäischen Arbeitnehmerschutz komme ansonsten eine weitere Einschränkung der Arbeitgeber durch Diskriminierungsverbote.

680 Die Besonderheit an diesem Entwurf war der vorgesehene Zwang zum Vertragsschluss bei Diskriminierung für den Fall, dass der Vertrag noch nicht anderweitig abgeschlossen war; dies ist bisher dem deutschen Zivilrecht fremd und wurde heftig kritisiert (vgl. F.A.Z. vom 8. März 2002: „Minderheiten können künftig Verträge einklagen"). Außerdem ging der Entwurf über den erforderlichen Umfang der Umsetzung hinaus, da nur die Richtlinie 2000/43/EG (Verhinderung der Diskriminierung aufgrund der Rasse oder der ethnischen Herkunft) eine Umsetzung auch außerhalb des Arbeitsrechts gebietet, während sich die Richtlinie 2000/78/EG nur auf „Beschäftigung und Beruf" bezieht. Kritisiert wurde auch, dass keine Ausnahmen für Tendenzbetriebe und Kirchen vorgesehen waren. Geplant ist neben dem zivilrechtlichen auch ein arbeitsrechtliches Antidiskriminierungsgesetz, vgl. hierzu *Hailbronner*, ZAR 2001, 254.

681 Ein solches fordert *von Roetteken*, PersR 2002, 12 (13).

682 *Koberski*, Festschr. Arbeitsgerichtsbarkeit Rheinland-Pfalz, S. 503 (518), regt an, auch die bisherigen Regelungen über die Gleichbehandlung von Männern und Frauen aus dem BGB zu lösen und in ein Antidiskriminierungsgesetz einzustellen.

683 So *Bauer*, NJW 2001, 2672 (2677), unter Berufung auf BGHZ 138, 55 (61).

684 BVerfGE 7, 198 (205); Erfurter Kommentar-*Dieterich*, Art. 3, Rdnr. 30; MünchArbR-*Richardi*, § 10, Rdnr. 10.

vaten ein[685]. Einem privaten Arbeitgeber gegenüber kann sich daher ein Arbeitnehmer nicht unmittelbar auf seine Rechte aus Art. 3 Abs. 3 GG berufen.

bb) Gesetzesrecht

Auf der Ebene deutschen Gesetzesrechts finden sich dagegen – außerhalb der Regelungen über die Gleichbehandlung von Männern und Frauen – kaum echte Nichtdiskriminierungsbestimmungen. Zwar verbietet der allgemeine arbeitsrechtliche Gleichbehandlungsgrundsatz prinzipiell Ungleichbehandlungen ohne sachlichen Grund. Liegt aber ein sachlicher Grund vor, ist eine Differenzierung gerechtfertigt[686]. Eine echte Nichtdiskriminierungsvorschrift, die auch fast alle derzeit diskutierten Diskriminierungsgründe abdeckt, ist dagegen § 75 BetrVG[687]. Arbeitgeber und Betriebsrat haben nach § 75 Abs. 1 Satz 1 BetrVG darüber zu wachen, dass (...) jede unterschiedliche Behandlung von Personen wegen ihrer Abstammung, Religion, Nationalität, Herkunft, politischen oder gewerkschaftlichen Betätigung oder Einstellung oder wegen ihres Geschlechts oder ihrer sexuellen Identität unterbleibt. Gemäß § 75 Abs. 1 Satz 2 BetrVG erstreckt sich dies darauf, dass Arbeitnehmer nicht wegen Überschreitung bestimmter Altersstufen benachteiligt werden[688]. Allerdings gilt diese Vorschrift nur zwischen den Betriebspartnern[689] und wirkt daher allenfalls mittelbar auf das einzelne Arbeitsverhältnis ein. Zudem schützt er nur vor Benachteiligungen wegen des Überschreitens bestimmter Altersstufen, nicht aber wegen ihres Unterschreitens[690].

Eine weitere Nichtdiskriminierungsbestimmung im Sinne von § 7 Abs. 1 Nr. 7, 2. Alt. AEntG findet sich in § 8 Abs. 1 ATZG. Das Altersteilzeitgesetz ermöglicht sowohl die gleichmäßige Reduzierung der Arbeitszeit bis zur Hälfte der vollen Arbeitszeit über einen bestimmten Zeitraum als auch das sogenannte Blockmodell. Dabei arbeitet der Arbeitnehmer im ersten Zeitabschnitt in Vollzeit und ist dafür im zweiten Zeitabschnitt freigestellt; während des gesamten Zeitraums erhält er das entsprechend reduzierte Entgelt. Dabei gewährt das Altersteilzeitgesetz aber keinen

---

685 *Hailbronner*, ZAR 2001, 254.

686 *Schaub*, Handbuch, § 112, Rdnr. 22.

687 *Thüsing*, NZA 2001, 1061.

688 Vgl. hierzu auch *Wiedemann*, Gleichbehandlungsgebote, S. 68 f.

689 *Schmidt/Senne*, RdA 2002, 80; der Beitrag befasst sich ausführlich mit dem gemeinschaftsrechtlichen Verbot der Altersdiskriminierung und seiner Bedeutung für einzelne Bestimmungen des deutschen Arbeitsrechts.

690 *Schmidt/Senne*, RdA 2002, 80.

Anspruch auf Teilzeitbeschäftigung, sondern schafft über die Zuschüsse der Bundesanstalt für Arbeit unter den Voraussetzungen des § 4 ATZG nur einen Anreiz zur Vereinbarung von Teilzeitarbeit[691]. Es besteht dabei die Gefahr, dass das Altersteilzeitgesetz eher in die Richtung einer erlaubten Unterscheidung aufgrund des Alters weist[692]. Dieser Tendenz entgegentretend ist in § 8 Abs. 1 ATZG geregelt, dass die Möglichkeit, Altersteilzeit in Anspruch zu nehmen, nicht als eine die Kündigung begründende Tatsache gilt und dass diese Möglichkeit auch nicht zum Nachteil des Arbeitnehmers bei der sozialen Auswahl berücksichtigt werden darf.

Bezogen auf den Diskriminierungsgrund der Behinderung wurde durch das Sozialgesetzbuch Neuntes Buch[693] mit § 81 Abs. 2 SGB IX eine eigenständige Antidiskriminierungsvorschrift eingeführt. Die Regelungen des § 81 Abs. 2 SGB IX sind § 611 a BGB[694] nachgebildet[695] und enthalten die dort ebenfalls genannten Verbote der Diskriminierung im Arbeits- und Dienstverhältnis[696], verbunden mit einer Beweiserleichterung zugunsten des vermeintlich diskriminierten Beschäftigten (§ 81 Abs. 2 Nr. 1 Satz 3 SGB IX) und einem Schadensersatzanspruch (§ 81 Abs. 2 Nr. 2-4 SGB IX)[697]. § 81 Abs. 5 Satz 3 SGB IX enthält einen eigenständigen Anspruch auf Teilzeitbeschäftigung für schwerbehinderte Arbeitnehmer[698]. Als Gesetz zur Verhinderung der Diskriminierung behinderter Menschen ist am 1. Mai 2002 ferner das Behindertengleichstellungsgesetz[699]

---

691 Erfurter Kommentar-*Rolfs*, § 1 ATG, Rdnr. 1.

692 Die rechtliche Zulässigkeit einer unterschiedlichen Behandlung wegen des Alters wird sich an dem künftigen Gesetz zur Umsetzung der Richtlinie 2000/78/EG messen lassen müssen. Die Möglichkeit der Teilzeitarbeit im Alter muss nicht immer positiv sein, sie kann auch Druck auf die älteren Arbeitnehmer ausüben, von dieser Möglichkeit Gebrauch zu machen, um jüngeren Arbeitnehmern Platz zu machen.

693 Dieses ist am 1. Juli 2001 in Kraft getreten.

694 Siehe oben unter II. 2. b) bb).

695 MünchArbR-*Cramer*, Ergänzungsband, § 236, Rdnr. 41.

696 Das SGB IX gilt nicht nur für schwerbehinderte Arbeitnehmer, sondern auch für Beamte und Richter, vgl. MünchArbR-*Cramer*, Ergänzungsband, § 236, Rdnr. 3.

697 Mit § 81 Abs. 2 SGB IX dürfte der Umsetzungspflicht der Richtlinie 2000/78/EG für den Diskriminierungsgrund „Behinderung" Genüge getan sein. Die Richtlinie bezieht sich nämlich nur auf die Verwirklichung der Gleichbehandlung in Beschäftigung und Beruf, siehe oben unter 2. a) bb).

698 MünchArbR-*Cramer*, Ergänzungsband, § 236, Rdnr. 48.

699 Das Behindertengleichstellungsgesetz ist in Art. 1 des Gesetzes zur Gleichstellung behinderter Menschen und zur Änderung anderer Gesetze (BGBl. 2002 I, S. 1467 ff.) enthalten.

in Kraft getreten. Es verpflichtet alle staatlichen Stellen, aber auch Unternehmen zur Beseitigung von Ursachen möglicher Diskriminierung aufgrund der Behinderung; beispielsweise soll der barrierefreie Zugang zu neu errichteten öffentlichen Gebäuden, aber auch die Möglichkeit der Kommunikation etwa durch Gebärdensprache gewährleistet werden[700]. *Stähler*[701] ist der Ansicht, damit sei die Richtlinie 2000/78/EG, was den Diskriminierungsgrund der Behinderung angehe, jedenfalls in weiten Teilen umgesetzt.

3.   § 8 TzBfG als andere Nichtdiskriminierungsbestimmung

Die Nichtdiskriminierungsbestimmungen aus anderen Gründen als der Gleichbehandlung wegen des Geschlechts sind, wie soeben unter 2. herausgearbeitet, im deutschen Recht spärlich[702]. Es erweist sich als schwierig, einen inhaltlichen Zusammenhang zwischen diesen wenigen bestehenden Regelungen und § 8 TzBfG herzustellen, da weder die existierenden allgemeinen Gleichbehandlungsvorschriften nach deutschem Recht noch die umzusetzenden Richtlinien 2000/43/EG und 2000/78/EG Hinweise darauf enthalten, dass eine Einräumung der Möglichkeit zur Teilzeitarbeit Diskriminierungen aus den in den Richtlinien genannten Gründen – Rasse oder ethnische Herkunft[703] und Religion, Weltanschauung, sexuelle Ausrichtung, Behinderung oder Alter[704] – beseitigen könnte. Die Richtlinien erwähnen lediglich an verschiedenen Stellen das Ziel, eine Diskriminierung von Frauen zu verhindern, da diese häufig mehrfachen Diskriminierungen ausgesetzt seien[705]. Dies unterfällt aber bereits den Regelungen über die Gleichbehandlung von Männern und Frauen. Die Teilzeitarbeit von anderen Arbeitnehmergruppen als Mittel gegen Diskriminierung wird an keiner Stelle genannt. Während die Chancengleichheit von Männern und Frauen in der Gesetzesbegründung zum Gesetz über Teilzeitarbeit und befristete Arbeitsverträge ausdrücklich angesprochen wird[706], ist dort nicht die Rede davon, dass auch Diskriminierungen oder Ungleichbehandlungen aus anderen Gründen durch die Ermöglichung von Teilzeitarbeit beseitigt oder verringert werden könnten. Der Gesetzgeber hat also keinen Zusammen-

---

700   Vgl. hierzu *Stähler*, NZA 2002, 777 (778).

701   NZA 2002, 777 (781).

702   Dies gilt für alle denkbaren Diskriminierungsmerkmale abgesehen vom Geschlecht; vgl. zur Diskriminierung wegen Alters *Schmidt/Senne*, RdA 2002, 80.

703   Richtlinie 2000/43/EG.

704   Richtlinie 2000/78/EG.

705   Erwägungsgrund Nr. 14, Art. 17 Abs. 2 Satz 2 der Richtlinie 2000/43/EG; Erwägungsgrund Nr. 3, Art. 19 Abs. 2 Satz 2 der Richtlinie 2000/78/EG.

706   BT-DS. 14/4374, S. 11 und S. 23.

hang zwischen der Teilzeitarbeit und anderen Diskriminierungsgründen gesehen. Ein solcher Zusammenhang lässt sich auch nicht aus der Vorschrift des § 8 TzBfG selbst herleiten, da diese keinen Hinweis auf eine Zielrichtung enthält, die Diskriminierung aus anderen Gründen als aufgrund des Geschlechts zu verhindern.

Diese Wertung wird durch einen Vergleich mit der unter II. dieser Arbeit vorgenommenen Untersuchung von § 8 TzBfG als Regelung über die Gleichbehandlung von Männern und Frauen gestützt. Wenn schon die rechtliche Einordnung von § 8 TzBfG als Regelung über die Gleichbehandlung von Männern und Frauen trotz des klaren statistischen Zusammenhangs zwischen Teilzeitbeschäftigung und Geschlecht verneint werden muss, so ist dies erst recht bei anderen Nichtdiskriminierungsgründen der Fall, bei denen ein solcher statistischer Zusammenhang zur Teilzeitarbeit nicht besteht. Von den oben genannten Diskriminierungsgründen bedrohte Arbeitnehmer arbeiten nicht häufiger in Teilzeit als der Durchschnitt der Arbeitnehmer. Dieses Ergebnis wird untermauert durch einen Vergleich mit den bestehenden Nichtdiskriminierungsvorschriften, deren Sinn sich in dem Verbot der Diskriminierung und deren Sanktionierung erschöpft. Weder aus § 8 TzBfG selbst noch aus dem Gesamtzusammenhang der Regelungen des Gesetzes über Teilzeitarbeit und befristete Arbeitsverträge lässt sich ein solcher Sinn erkennen. Auch die mittelbare Zielsetzung des Gesetzes führt hier nicht weiter, da auch mittelbar nicht zu erkennen ist, wieso der Anspruch auf Verringerung der Arbeitszeit Diskriminierungen aus anderen Gründen verhindern soll. Hinzu kommt der oben unter II. 3. bereits ausgeführte und auch hier geltende Gesichtspunkt der restriktiven Auslegung des § 7 Abs. 1 AEntG. Wie bei den Regelungen über die Gleichbehandlung von Männern und Frauen erfasst die Vorschrift auch bei den anderen Nichtdiskriminierungsbestimmungen nur solche Normen, die primär der Nichtdiskriminierung dienen. Um Vorschriften, die primär der Nichtdiskriminierung dienen, handelt es sich bei § 75 BetrVG, § 8 Abs. 1 ATZG und § 81 Abs. 2 SGB IX. § 8 TzBfG will dagegen nur in zweiter Linie Ungleichbehandlungen verhindern. Primär gibt er dem Arbeitnehmer nur einen Anspruch gegen den Arbeitgeber auf Verringerung der Arbeitszeit. Ein rechtlicher Zusammenhang zwischen dem Anspruch auf Verringerung der Arbeitszeit gemäß § 8 TzBfG und anderen Nichtdiskriminierungsvorschriften im Sinne von § 7 Abs. 1 Nr. 7, 2. Alt. AEntG besteht daher nicht.

4. Ergebnis

Bei § 8 TzBfG handelt es sich nicht um eine andere Nichtdiskriminierungsbestimmung im Sinne von § 7 Abs. 1 Nr. 7, 2. Alt. AEntG. Auch aus der 2. Alternative des § 7 Abs. 1 Nr. 7 AEntG kann somit eine im Sinne von Art. 34 EGBGB international zwingende Natur des § 8 TzBfG nicht hergeleitet werden.

IV. Subsumtion von § 8 TzBfG unter die allgemeinen Kriterien des Art. 34 EGBGB

1. Problemstellung

Die Prüfung von § 8 TzBfG anhand des § 7 Abs. 1 Nr. 7 AEntG hat ergeben, dass es sich bei § 8 TzBfG weder um eine Regelung über die Gleichbehandlung von Männern und Frauen noch um eine andere Nichtdiskriminierungsbestimmung handelt. Daraus folgt, dass bei § 8 TzBfG nicht ohne weiteres anhand einer Einordnung unter § 7 Abs. 1 AEntG festgestellt werden kann, ob es sich um eine international zwingende Vorschrift des deutschen Rechts handelt. Es muss daher wie bei anderen Vorschriften des deutschen Rechts, die nicht – etwa durch ihre Einordnung unter § 7 Abs. 1 AEntG – als international zwingend gekennzeichnet sind, anhand der allgemein zu Art. 34 EGBGB entwickelten Kriterien und Maßstäbe untersucht werden, ob § 8 TzBfG unter Art. 34 EGBGB subsumiert werden kann. Es wird daher im Folgenden anhand der Kriterien, die üblicherweise in Rechtsprechung und Schrifttum[707] zur Einordnung einer Vorschrift unter Art. 34 EGBGB herangezogen werden, untersucht, ob diese Kriterien von § 8 TzBfG erfüllt werden. Ist dies der Fall, handelt es sich bei § 8 TzBfG um eine international zwingende Vorschrift im Sinne von Art. 34 EGBGB.

---

[707] Wie oben unter § 3 II 3. d) dargestellt.

2. Schutz von Gemeinwohlinteressen

Das Kriterium, welches in Rechtsprechung[708] und Schrifttum[709] wohl am häufigsten Verwendung findet, ist, dass eine international zwingende Norm nicht nur der Durchsetzung von Individualinteressen dienen darf, sondern zumindest auch im Gemeinwohlinteresse[710] liegen muss[711]. Normen, die nur dem Ausgleich widerstreitender Parteiinteressen dienen, sollen dem Vertragsstatut unterliegen[712]. Dabei ist allerdings *Bittner*[713] unter Berufung auf *Schurig*[714] darin zuzustimmen, dass eine Rechtsordnung eigentlich überhaupt keine Normen kennt, die nur im Individualinteresse liegen. Zwar dienen Normen inhaltlich in der Regel dem Interesse bestimmter Personen oder Personengruppen; sie fügen sich aber in die Gesamtheit der Rechtsordnung ein und dienen somit immer auch dem Allgemeininteresse an einer bestimmten Lösung eines Problems. Dies führt zu der Feststellung, dass für die Einordnung einer Vorschrift des deutschen Rechts unter Art. 34 EGBGB etwas darüber Hinausgehendes verlangt werden muss. Es darf sich nicht nur um das „allgemeine" Gemeinwohlinteresse handeln, welches jeder Rechtsnorm inne ist[715], sondern die Vorschrift muss das Gemeinwohl in besonderer Weise berühren. Die Vorschrift muss von besonderer Bedeutung für die Rechtsordnung sein, damit sie sich auch gegen eine abweichende Rechtswahl der Parteien oder gegen eine zu einer anderen Rechtsordnung führende objektive Anknüpfung durchzusetzen vermag. Maßgebend ist daher, welchen Interessen die Norm dient.

Es ist zu prüfen, ob § 8 TzBfG diesen Anforderungen genügt. § 8 TzBfG gibt dem Arbeitnehmer einen letztlich einseitig durchsetzbaren Anspruch auf Verringerung seiner vertraglich vereinbarten Arbeitszeit. Es scheint sich also um eine nicht nur teilweise, sondern ausschließlich den Individualinteressen des Arbeitnehmers dienende Regelung zu handeln, da die Reduzierung der Arbeitszeit allein im Interesse des Arbeitnehmers an einer kürzeren Arbeitszeit liegt. Bei der Betrachtung von Gesetzesgeschichte und Gesetzesbegründung von § 8 TzBfG kommen an dieser scheinbar eindeutigen Einordnung allerdings Zweifel auf. Der Ge-

---

708 AP Nr. 10 zu Art. 30 EGBGB n.F.; BAG NZA 1995, 1191 (1193), BAG AP Nr. 31 zu Internat. Privatrecht, Arbeitsrecht.

709 *Lorenz*, RIW 1987, 569 (578).

710 *Lorenz*, RIW 1987, 569 (578).

711 Vgl. hierzu auch oben unter § 3 II 3 a).

712 MünchKomm-*Martiny*, Art. 34 EGBGB, Rdnr. 12.

713 NZA 1993, 161 (165).

714 RabelsZ 54 (1990), 217 (229).

715 *Bittner*, NZA 1993, 161 (165).

setzgeber hat mit der Einräumung eines individuellen, arbeitsvertraglichen Anspruchs auf Verringerung der Arbeitszeit nicht nur den Zweck verfolgt, dem Arbeitnehmer die einseitige Verringerung oder Umverteilung seiner Arbeitszeit zu ermöglichen. Vielmehr stand dahinter auch das Motiv, die Teilzeitarbeit für breitere Kreise der Beschäftigten zu öffnen und Teilzeitarbeit nicht mehr nur als Mittel zur besseren Vereinbarkeit von Beruf und Familie anzusehen. Hinter diesem Motiv stand wiederum die Erwägung, mehr Teilzeitarbeit werde zu mehr Einstellungen führen und so die Arbeitslosenquote senken[716]. Sowohl bei der erstrebten Chancengleichheit der Geschlechter als auch bei der positiven Einflußnahme auf den Arbeitsmarkt handelt es sich um Erwägungen des Gemeinwohls, die über das Individualinteresse des Arbeitnehmers an der Verkürzung seiner Arbeitszeit hinausgehen. Die Bekämpfung der Arbeitslosigkeit rechtfertigt etwa auch den Eingriff in die Berufsausübungsfreiheit des Arbeitgebers gemäß Art. 12 Abs. 1 GG, da sich die Forderung nach einem hohen Grad an Beschäftigung aus dem Sozialstaatsprinzip des Art. 20 Abs. 1 GG herleiten läßt[717]. Es stellt sich daher die Frage, ob diese gemeinwohlbezogenen Gründe ausreichen, um den Ansprüchen an die Verfolgung von Gemeinwohlinteressen zu genügen, die gemäß Art. 34 EGBGB an eine international zwingende Vorschrift gestellt werden.

Hiergegen sprechen allerdings mehrere Gesichtspunkte. Zunächst darf nicht außer acht gelassen werden, dass es sich bei § 8 TzBfG letztlich doch nicht unmittelbar um eine Vorschrift über die Gleichbehandlung von Männern und Frauen handelt, wie oben unter II. festgestellt wurde. Obwohl hinter der Vorschrift eindeutig gleichstellungspolitische Zielsetzungen stehen, handelt es sich dabei eben doch nur um solche Motive, die „hinter der Vorschrift" stehen. Sie waren zwar auch Anlass zur Schaffung des § 8 TzBfG, haben sich aber in der Regelung selbst nicht niedergeschlagen. Anders kann dies auch im Rahmen des Art. 34 EGBGB nicht gesehen werden. Gemeinwohlerwägungen stehen zwar hinter § 8 TzBfG. Sie gehen aber nicht so eindeutig aus ihm hervor und bestimmen seinen Anwendungsbereich nicht dergestalt, dass sie tonangebend für seine Einordnung sein könnten.

So führt etwa der Vergleich von § 8 TzBfG mit dem Massenentlassungsschutz nach §§ 17 ff. KSchG, die vom Bundesarbeitsgericht als international zwingende Vorschriften im Sinne von Art. 34 EGBGB angesehen werden[718], dazu, dass die international zwingende Natur von § 8 TzBfG zu verneinen ist. §§ 17 ff. KSchG dienen nicht dem Individualinteresse

---

716 BT-DS. 14/4374, S. 11.

717 *Boewer*, § 8 TzBfG, Rdnr. 18.

718 BAG AP Nr. 30 und Nr. 31 zu Internat. Privatrecht, Arbeitsrecht.

der zu entlassenden Arbeitnehmer, sondern dem öffentlichen Interesse an einem funktionierenden Arbeitsmarkt. Das Arbeitsamt muss über geplante Entlassungen einer Vielzahl von Arbeitnehmern informiert werden, um den zu erwartenden Anstieg der Arbeitslosen und die damit einhergehende Betreuung bewältigen zu können. §§ 17 ff. KSchG verbieten aber nicht die Entlassungen an sich. §§ 17 ff. KSchG gewähren dem einzelnen Arbeitnehmer keinen Schutz vor Kündigungen. Hinter den Vorschriften über die Massenentlassung stehen daher strenggenommen nur Erwägungen des Gemeinwohls, während individuelle Interessen der von Kündigung bedrohten Arbeitnehmer außer Betracht bleiben. Bei § 8 TzBfG liegt dagegen der umgekehrte Fall vor. Primär dient die Vorschrift der Verwirklichung individueller Ansprüche der Arbeitnehmer auf Verringerung ihrer vertraglich vereinbarten Arbeitszeit. Sie dient nicht primär öffentlichen Interessen oder Erwägungen des Gemeinwohls über die Förderungswürdigkeit von Teilzeitarbeitsplätzen, sondern gibt Arbeitnehmern einen individuellen Anspruch auf Verringerung ihrer Arbeitszeit. Nur sekundär werden damit auch übergeordnete Interessen verfolgt. Dabei handelt es sich um Erwägungen des Gemeinwohls wie die Herbeiführung der Chancengleichheit von Männern und Frauen und um die Beschäftigungspolitik, nämlich die Schaffung neuer Arbeitsplätze durch Umverteilung der vorhandenen Arbeit. Der Schutz von Gemeinwohlinteressen steht aber bei § 8 TzBfG eher im Hintergrund. § 8 TzBfG kann daher nicht als eine Norm angesehen werden, die das Gemeinwohl in besonderer Weise berührt. Aus diesem Kriterium läßt sich daher keine international zwingende Natur von § 8 TzBfG herleiten.

3. Öffentliches Recht und Beteiligung öffentlicher Stellen

Als Kriterium herangezogen wird auch[719], dass es sich um solche Normen handeln muss, die einen besonderen Staatsbezug aufweisen und bei denen der Erlassstaat eine besondere Anwendungsintention hat[720]. Hierfür wird der „Gerechtigkeitsgehalt" der jeweiligen Vorschrift herangezogen[721]. Es müsse sich um „besonders zwingende Bestimmungen handeln, in denen unverzichtbare nationale Wert- und Ordnungsvorstellungen zum Ausdruck kommen"[722]. Verwendet wird in diesem Zusammenhang auch der Begriff „ordnungsrelevantes Recht"[723], wobei die Ord-

---

719   Vgl. hierzu oben unter § 3 II 3. b).

720   *Vischer/Huber/Oser*, Internationales Vertragsrecht, Rdnr. 912.

721   Palandt/*Heldrich*, Art. 34 EGBGB, Rdnr. 3.

722   *Birk*, RabelsZ 46 (1982), 384 (388).

723   MünchKomm-*Sonnenberger*, Einl. IPR, Rdnr. 36.

nungsrelevanz aus dem Gegenstand beziehungsweise aus dem Gehalt der einzelnen Vorschrift zu ermitteln sei[724]. Als Indiz hierfür angeführt wird vielfach die Beteiligung von Gerichten oder Behörden bei der Durchsetzung einer Vorschrift. Wird die Einhaltung einer Norm von Gerichten oder Behörden überwacht, ist dies ein Hinweis auf die besondere Bedeutung der Norm. So lässt etwa die Kontrolle von Massenentlassungen durch die Arbeitsämter gemäß §§ 17 ff. KSchG den Rückschluss darauf zu, dass diese Normen dem öffentlichen Wohl dienen. Genannt wird auch die Tatsache, dass es sich um strafbewehrte Gebots- oder Verbotsgesetze handelt. Dabei kommt es nicht darauf an, ob es sich um öffentliches oder um privates Recht handelt[725], wobei das soeben genannte Indiz der Beteiligung öffentlicher Stellen häufiger bei Normen des öffentlichen Rechts erfüllt sein wird.

Es ist fraglich, ob dieses Kriterium von § 8 TzBfG erfüllt wird. Bei dem Anspruch des Arbeitnehmers auf Verringerung der Arbeitszeit aus § 8 TzBfG handelt es sich nicht um öffentliches, sondern um privates Recht. Er kann vom Arbeitnehmer dem Arbeitgeber gegenüber geltend gemacht und auf den in § 8 Abs. 3, Abs. 5 Satz 2 und 3 TzBfG vorgesehenen Wegen rechtlich entweder vertraglich oder einseitig durchgesetzt werden[726]. § 8 TzBfG enthält zwar[727] keine Regelung darüber, wie dieser Anspruch praktisch durchgesetzt werden kann, wenn der Arbeitgeber die gewünschte Verringerung und/oder Verteilung der Arbeitszeit form- und fristgerecht ablehnt. Aus der hierzu bereits ergangenen Rechtsprechung[728] ergibt sich aber, dass der Arbeitnehmer dann Klage auf Abgabe der entsprechenden Willenserklärung durch den Arbeitgeber gemäß § 894 Abs. 1 Satz 1 ZPO erheben kann[729]. Allein in dieser Möglichkeit der Geltendmachung vor Gericht kann aber noch nicht die vorgenannte Beteiligung von Gerichten bei der Durchsetzung des Anspruchs gesehen werden. Es ist einem Rechtsstaat immanent, dass sich die Bürger zur Durchsetzung ihrer Rechte der Gerichte bedienen müssen, welche den ihnen vorgelegten Fall für die Parteien verbindlich entscheiden. Würde allein dies zur Bejahung der international zwingenden Natur einer Vorschrift ausreichen, so wären alle einklagbaren Ansprüche international zwingend. Dass dies nicht vom Gesetzgeber gewollt sein

---

724 MünchKomm-*Martiny*, Art. 34 EGBGB, Rdnr. 10; MünchKomm-*Sonnenberger*, Einl. IPR, Rdnr. 46.

725 BT-DS. 10/504, S. 83; MünchKomm-*Martiny*, Art. 34 EGBGB, Rdnr. 11, m.w.N.

726 *Grobys*, DB 2001, 758.

727 Anders als § 15 Abs. 7 Satz 3 BErzGG.

728 Vgl. nur BAG NZA 2003, 911 ff.; LAG Niedersachsen, NZA-RR 2003, 6 ff.

729 So auch das Schrifttum, vgl. beispielhaft *Preis/Gotthardt*, DB 2000, 2065 (2068); *Richardi/Annuß*, BB 2000, 2201 (2203).

kann, folgt aber bereits aus der einhellig[730] vertretenen restriktiven Auslegung des Art. 34 EGBGB. Eine Beteiligung von Behörden bei der Durchsetzung des Anspruchs, die als Indiz für die besondere Bedeutung dienen könnte, ist bei § 8 TzBfG nicht vorgesehen. Die Tatsache, dass ein Arbeitnehmer seinen Anspruch auf Verringerung der Arbeitszeit bei form- und fristgerechter Ablehnung nur gerichtlich durchsetzen kann, genügt daher nicht zur Bejahung der international zwingenden Eigenschaft des § 8 TzBfG. Auch aus diesem Kriterium läßt sich daher keine international zwingende Natur des § 8 TzBfG herleiten.

4. Schutz besonders schutzbedürftiger Arbeitnehmergruppen

Betrachtet man die Vorschriften, die bisher mehr oder weniger einhellig als unter Art. 34 EGBGB fallend angesehen werden[731], so wird deutlich, dass es sich dabei vor allem um Schutzvorschriften zugunsten besonders schutzbedürftiger Personengruppen handelt, wie etwa schwangerer Arbeitnehmerinnen oder Schwerbehinderter. Dass diese Gruppen von Arbeitnehmern eines besonderen Schutzes bedürfen, ergibt sich aus ihrer besonderen körperlichen Schutzbedürftigkeit. Bei einer solchen Schutzbedürftigkeit besteht Einigkeit darüber, dass die entsprechenden Schutzvorschriften des deutschen Rechts so „zwingend" sein sollen, dass sie unabhängig von einer möglicherweise getroffenen Rechtswahl oder von der objektiven Anknüpfung des Schuldverhältnisses Anwendung finden sollen[732]. Diese „biologische" Begründung verliert an Einfluss bei den weiteren Vorschriften, bei denen eine solche Einordnung streitig diskutiert wird. Beim Bundeserziehungsgeldgesetz und beim Entgeltfortzahlungsgesetz liegt eine vergleichbare Schutzbedürftigkeit der Arbeitnehmer noch nahe[733], da auch die hiervon erfaßten Arbeitnehmer aus Gründen, die außerhalb ihres Einflussbereichs liegen, des Schutzes bedürfen, um ihre Kinder zu betreuen oder um wieder zu genesen. Eine besondere Schutzbedürftigkeit von Arbeitnehmern liegt aber nicht mehr vor, wenn es um den arbeitsrechtlichen Gleichbehandlungsgrundsatz[734] oder die Mitbestimmung der Arbeitnehmer im Aufsichtsrat[735] geht.

---

730 *Lorenz*, RIW 1987, 569 (578); MünchKomm-*Sonnenberger*, Einl. IPR, Rdnr. 53.

731 Zu nennen sind hier vor allem der Mutterschutz, der Schutz der Schwerbehinderten und der Massenentlassungsschutz nach §§ 17 ff. KSchG, vgl. BAG AP Nr. 30 und Nr. 31 zu Internat. Privatrecht, Arbeitsrecht, sowie stellvertretend für das übrige Schrifttum MünchKomm-*Martiny*, Art. 30 EGBGB, Rdnr. 73.

732 BAG AP Nr. 10 zu Art. 30 EGBGB n.F.

733 Bejahend LAG Hessen, NZA-RR 2000, 401 ff.

734 Vgl. hierzu *Bittner*, NZA 1993, 161 ff.

735 Hierzu *Großfeld/Erlinghagen*, JZ 1993, 217 ff.; *Großfeld/Johannemann*, IPRax 1994, 271 ff.

Letztlich ist es eine Abwägungsfrage, wo die Grenze zwischen international zwingenden und „normal" zwingenden Vorschriften gezogen wird. Der Begriff der Schutzbedürftigkeit kann enger oder weiter ausgelegt werden. Meines Erachtens ist eine engere Auslegung geboten, um der Gefahr entgegenzuwirken, dass letztlich beinahe das gesamte Arbeitsrecht als Arbeitnehmerschutzrecht unter Art. 34 EGBGB fällt. Fast immer ist der Arbeitnehmer die schutzwürdigere Partei des Arbeitsverhältnisses, so dass fast alle arbeitsrechtlichen Vorschriften dem Schutz des Arbeitnehmers dienen. Bei diesem Verständnis der international zwingenden Bestimmungen bliebe aber, wie *Däubler*[736] bereits ausgeführt hat, kein eigenständiger Anwendungsbereich mehr für Art. 34 EGBGB[737]. Eine enge Auslegung trägt auch den oben unter § 3 II 3 d) dd) aufgeführten Beispielen zum unbestimmten Rechtsbegriff der Schutzbedürftigkeit, wie er im Heimarbeitsgesetz Verwendung findet, Rechnung. Nicht alle in Heimarbeit Beschäftigten bedürfen eines besonderen Schutzes, sondern nur solche, die in besonderem Maße wirtschaftlich abhängig sind.

Vor diesem Hintergrund ist zu prüfen, ob auch § 8 TzBfG eine solche Vorschrift zum Schutz besonders schutzbedürftiger Arbeitnehmergruppen ist. Der Personenkreis, der von § 8 TzBfG erfaßt ist, ist aber an sich nicht besonders schutzbedürftig. Um überhaupt einen schutzbedürftigen Personenkreis herzustellen, muss man daher die hinter der Norm stehenden Erwägungen miteinbeziehen. Danach soll die Teilzeitarbeit durch die Einführung des gesetzlichen Anspruchs auf Verringerung der Arbeitszeit gefördert werden. Der Schutzzweck des § 8 TzBfG endet nicht bei der erfolgreichen Geltendmachung des Anspruchs, sondern beinhaltet zumindest als Ziel auch die Verbesserung der Rechtsstellung der Teilzeitbeschäftigten. Teilzeitarbeitnehmer selbst können daher auch als vom Schutz des § 8 TzBfG umfaßt angesehen werden. Dafür spricht, dass auch bereits in Teilzeit beschäftigte Arbeitnehmer eine weitere Verringerung ihrer Arbeitszeit nach § 8 TzBfG verlangen können[738].

Selbst wenn man aber die Gruppe der bereits teilzeitbeschäftigten Arbeitnehmer in den Schutzbereich des § 8 TzBfG miteinbezieht, bestehen Zweifel, ob es sich dabei um eine Gruppe handelt, die eines Schutzes bedarf, wie ihn etwa schwangere oder schwerbehinderte Arbeitnehmer genießen. Zum einen sind Teilzeitbeschäftigte nicht aus biologischen Gründen besonders schutzbedürftig. Auch wenn es sich bei ihnen der-

---

736 RIW 1987, 249 (255); mit anderer Begründung wohl auch *Weber*, IPRax 1988, 82 (84).

737 So auch BAG AP Nr. 30 zu Internat. Privatrecht, Arbeitsrecht; bestätigt in BAG AP Nr. 31 zu Internat. Privatrecht, Arbeitsrecht.

738 *Meinel/Heyn/Herms*, § 8 TzBfG, Rdnr. 17.

zeit überwiegend um Frauen handelt[739], bedürfen diese keinen besonderen arbeitsrechtlichen Schutz aufgrund ihres Geschlechts. Früher bestehende besondere Schutzvorschriften, wie etwa das Verbot der Nachtarbeit, wurden vom Bundesverfassungsgericht für gleichheitswidrig erklärt[740] und abgeschafft. Allein aus dem Faktum, dass die Mehrheit der Teilzeitbeschäftigten weiblichen Geschlechts ist, kann daher eine besondere Schutzbedürftigkeit nicht hergeleitet werden. Zum anderen sind Teilzeitbeschäftigte auch nicht aufgrund der Teilzeitarbeit an sich, unabhängig vom Geschlecht, besonders schutzbedürftig. Die Frage nach der zu leistenden Arbeitszeit ist eine solche des Arbeitsvertrags oder der anwendbaren tariflichen und betriebsverfassungsrechtlichen Regelungen. Diese bestimmen, welche zeitliche Arbeitsleistung der Arbeitnehmer zu erbringen hat, um eine vereinbarte Vergütung zu verdienen[741]. Aus rechtlicher Sicht ist es dabei gleichgültig, ob der Arbeitnehmer verpflichtet ist, 20 oder 40 Stunden in der Woche zu arbeiten. Zwar mögen sich Teilzeitbeschäftigte in der betrieblichen Praxis einem gewissen „Rechtfertigungsdruck" ausgesetzt sehen. Rechtlich ist damit aber keine besondere Schutzbedürftigkeit verbunden.

Weder Teilzeitbeschäftigte noch weibliche Arbeitnehmer bedürfen damit an sich eines besonderen arbeitsrechtlichen Schutzes. § 8 TzBfG soll zwar zu mehr Teilzeitarbeit führen und damit einhergehend neue Arbeitsverhältnisse durch die freiwerdenden Arbeitsplätze schaffen. Auch dies dient aber nicht dem Schutz besonders schutzbedürftiger Arbeitnehmer. Es handelt sich vielmehr um eine zweckgerichtete Erwägung im Zusammenhang mit der Schaffung des Teilzeitanspruchs. Sie steht aber nicht im Vordergrund. Auch anhand des Kriteriums der besonderen Schutzbedürftigkeit bestimmter Arbeitnehmergruppen kann daher nicht bejaht werden, dass es sich bei § 8 TzBfG um eine international zwingende Vorschrift im Sinne von Art. 34 EGBGB handelt.

---

[739] Im Jahr 2000 waren laut Statistischem Jahrbuch 2001 85,96 % der Teilzeitbeschäftigten Frauen. Aus der Pressemitteilung vom 2. Juni 2003 des Statistischen Bundesamts (Destatis) Online ergibt sich, dass im Jahr 2002 der überwiegende Teil der in Teilzeit tätigen Mütter (77 %) wegen persönlicher oder familiärer Verpflichtungen in Teilzeit arbeitete.

[740] BVerfGE 85, 191 ff.

[741] Vgl. zur Frage der Anpassung der Vergütung bei erfolgreicher Geltendmachung des Teilzeitanspruchs *Grobys*, DB 2001, 758 ff., und *Kelber/Zeißig*, NZA 2001, 577 ff.

5. Inlandsbezug des Sachverhalts

Im Schrifttum[742] wird teilweise[743] ein Inlandsbezug des konkreten Sachverhalts als zusätzliches Tatbestandsmerkmal für Art. 34 EGBGB gefordert. Bei einem in Deutschland beschäftigten Arbeitnehmer, der den Anspruch auf Verringerung der Arbeitszeit gemäß § 8 TzBfG geltend machen möchte, liegt ein solcher Inlandsbezug vor, da der Arbeitnehmer in Deutschland arbeitet. Allein die Erbringung der Tätigkeit in Deutschland bringt bereits einen Inlandsbezug des Sachverhalts mit sich. Dieses Merkmal ist daher gegeben. Es ist aber fraglich, ob allein die Bejahung dieses Merkmals ausreicht, um § 8 TzBfG unter Art. 34 EGBGB zu subsumieren. Wie oben unter § 3 II 3. c) ausgeführt, stellt ein Inlandsbezug einer Norm nur ein zusätzliches Indiz dar, um die international zwingende Natur einer Vorschrift zu untermauern. Vor dem Hintergrund, dass alle übrigen, soeben unter 2. bis 4. aufgeführten Kriterien für eine Einordnung unter Art. 34 EGBGB nicht gegeben sind, reicht aber die Bejahung eines Inlandsbezugs nicht aus, um § 8 TzBfG als international zwingende Vorschrift einzuordnen. Die Bejahung dieses Merkmals führt daher nicht zur Annahme einer im Sinne von Art. 34 EGBGB international zwingenden Natur von § 8 TzBfG.

6. Ergebnis

Die Anhaltspunkte, die bei § 8 TzBfG für das Vorliegen einer international zwingenden Norm sprechen, sind – im Vergleich zu den überwiegend als international zwingend eingeordneten Vorschriften[744] – schwächer. Es handelt sich bei § 8 TzBfG um eine Vorschrift des Privatrechts. Solche Vorschriften dienen grundsätzlich dem Ausgleich der Interessen Privater. Zwar stehen hinter den meisten Vorschriften des Privatrechts auch öffentliche Interessen, die allein schon darin bestehen können, Schuldverhältnisse in einer bestimmten Art und Weise zu gestalten. Diese Interessen allein verleihen einer Vorschrift des Privatrechts aber noch nicht international zwingenden Charakter. Vielmehr sind dafür weitergehende, die Norm dominierende öffentliche Interessen erforderlich. An diesen fehlt es bei § 8 TzBfG, so dass es sich nicht um eine Vorschrift handelt, die überwiegend im Interesse der Allgemeinheit oder des Gemeinwohls liegt. § 8 TzBfG dient auch nicht in erster Linie dem Schutz

---

742 MünchKomm-*Martiny*, Art. 34 EGBGB, Rdnr. 94; Erfurter Kommentar-*Schlachter*, Art. 27, 30 und 34 EGBGB, Rdnr. 16; *Wagner*, IPRax 2000, 249 (252).

743 Ablehnend MünchKomm-*Sonnenberger*, Einl. IPR, Rdnr. 56.

744 Nämlich dem MuSchG und dem Schutz der Schwerbehinderten, vgl. BAG AP Nr. 30 und Nr. 31 zu Internat. Privatrecht, Arbeitsrecht; MünchKomm-*Martiny*, Art. 30 EGBGB, Rdnr. 73.

einer besonders schutzbedürftigen Arbeitnehmergruppe. Weder Teilzeitbeschäftigte als solche noch weibliche Arbeitnehmer, um die es sich bei den meisten Teilzeitbeschäftigten handelt, bedürfen an sich eines besonderen arbeitsrechtlichen Schutzes. Noch weniger trifft dies auf alle Arbeitnehmer zu, da § 8 TzBfG allen Arbeitnehmern unter den dort genannten Voraussetzungen einen Anspruch auf Verringerung ihrer Arbeitszeit einräumt. Auch das formale Kriterium der Durchsetzung des Anspruchs durch Inanspruchnahme der Gerichte greift nicht durch, da jeder private Anspruch letztlich nur gerichtlich durchgesetzt werden kann. Eine Beteiligung von Behörden bei der Durchsetzung des Anspruchs oder eine behördliche Überwachung ist nicht vorgesehen. Ein Inlandsbezug von § 8 TzBfG liegt zwar vor, da die Arbeit im Inland erbracht wird. Für sich genommen genügt dies aber nicht, um die international zwingende Natur der Vorschrift festzustellen. Die genannten Kriterien führen also zu einer Verneinung der Frage, ob es sich bei § 8 TzBfG um eine international zwingende Vorschrift handelt. Damit kann festgestellt werden, dass sich § 8 TzBfG nicht unter die zu Art. 34 EGBGB entwickelten Kriterien subsumieren lässt. Bei § 8 TzBfG handelt es sich nicht um eine international zwingende Vorschrift im Sinne von Art. 34 EGBGB.

Dieses Ergebnis, das sich aus der Subsumtion von § 8 TzBfG unter die in § 3 II 3. dieser Arbeit herausgearbeiteten Kriterien des Art. 34 EGBGB ergeben hat, steht im Einklang mit der überwiegend geforderten[745] restriktiven Auslegung von Art. 34 EGBGB. Mit der restriktiven Auslegung soll verhindert werden, dass sämtliche Arbeitnehmerschutzvorschriften als international zwingende Vorschriften angesehen werden müssen. Ist eine Vorschrift nicht eindeutig als international zwingend anzusehen, so ist ihre international zwingende Natur abzulehnen. Die Untersuchung von § 8 TzBfG anhand der Merkmale des Art. 34 EGBGB hat ergeben, dass von den vier oben unter 2. bis 5. aufgeführten Kriterien nur ein Merkmal erfüllt ist, drei dagegen nicht vorliegen. Bis auf den Inlandsbezug sind sämtliche Merkmale nicht erfüllt. Es spricht daher deutlich mehr gegen die international zwingende Natur des § 8 TzBfG als für sie. Es bleibt daher festzuhalten, dass die Subsumtion von § 8 TzBfG unter die allgemeinen Kriterien des Art. 34 EGBGB ergeben hat, dass es sich bei § 8 TzBfG nicht um eine international zwingende Vorschrift im Sinne von Art. 34 EGBGB handelt.

---

745 Vgl. nur MünchKomm-*Sonnenberger*, Einl. IPR, Rdnr. 53.

§ 5 ZUSAMMENFASSUNG DER ERGEBNISSE

Gegenstand dieser Arbeit ist § 8 TzBfG. Mit dieser Vorschrift wurde zum ersten Mal im deutschen Recht allen Arbeitnehmern ein Anspruch auf Verringerung ihrer vertraglich vereinbarten Arbeitszeit eingeräumt[746]. Der Neuartigkeit der Regelung entsprechend, war und ist § 8 TzBfG Diskussionsobjekt in Wissenschaft[747] und Praxis. Dabei scheinen sich die ersten Befürchtungen der Arbeitgeber im Hinblick auf die Geltendmachung des Verringerungsanspruchs weder zahlenmäßig noch inhaltlich zu bestätigen. Dem Tatbestand der Norm, der nur das sechsmonatige Bestehen des Arbeitsverhältnisses verlangt und einen Arbeitgeber voraussetzt, der in der Regel mehr als 15 Arbeitnehmer beschäftigt, steht mit dem Begriff des betrieblichen Grunds eine Einwendung entgegen, die in der Praxis leichter als zunächst angenommen erfüllt wird. Dies ergibt sich insbesondere daraus, dass § 8 Abs. 4 TzBfG – anders als der zeitgleich zum 1. Januar 2001 eingeführte § 15 Abs. 7 Satz 1 Nr. 4 BErzGG und anders als die übrigen arbeitsrechtlichen Vorschriften, die diesen unbestimmten Rechtsbegriff verwenden – keine *dringenden*, sondern nur einfache betriebliche Gründe verlangt.

Anwendung und Diskussion des § 8 TzBfG in Rechtsprechung[748] und Schrifttum waren bisher nur auf Arbeitsverhältnisse bezogen, die nur in Deutschland ausgeübt wurden[749]. Die Anwendung von § 8 TzBfG auf Arbeitsverhältnisse von Arbeitnehmern, die ihre Arbeit nur vorübergehend in Deutschland erbringen, wurde dagegen nicht problematisiert. Angesichts einer großen Zahl von Entsendungen aus anderen Ländern nach Deutschland ist es aber nur eine Frage der Zeit, wann auch nur vorübergehend entsandte Arbeitnehmer die Vorteile des § 8 TzBfG entdecken und in Anspruch nehmen möchten. Für diese stellt sich die Frage, ob sie sich auf § 8 TzBfG berufen können. Dies ist eine Frage, die sich nach den Regeln des Internationalen Privatrechts beantwortet. Sie können sich auf § 8 TzBfG berufen, wenn diese Vorschrift auf ihr Arbeitsverhältnis Anwendung findet. Im Arbeitsrecht unterliegt die Rechtswahl der Vertragsparteien oder die Frage, welches Recht anzuwenden ist,

---

746 *Kleinsorge,* MDR 2001, 181 (186).

747 Vgl. nur *Bauer,* NZA 2000, 1039 ff.; *Hromadka,* NJW 2001, 400 ff.; *Kliemt,* NZA 2001, 63 ff.; *Lindemann/Simon,* BB 2001, 146 ff.; *Preis/Gotthardt,* DB 2001, 145 ff.; *Schiefer,* DB 2000, 2118 (2119).

748 Genannt werden sollen hier nur die höchstinstanzlichen Urteile des BAG vom 18. Febr. 2003 (NZA 2003, 911 ff.) und vom 18. März 2003 (AP Nr. 3 zu § 8 TzBfG).

749 *Fischer,* BB 2002, 94 ff., erörtert allerdings die Einbeziehung von Beschäftigten des Arbeitgebers in ausländischen Betrieben.

wenn die Parteien keine Rechtwahl getroffen haben, den Regelungen des Art. 30 EGBGB. Arbeitsverträge eines Arbeitnehmers, der nur vorübergehend in einen anderen Staat entsandt worden ist, unterliegen dem Recht des Staates, in dem der Arbeitnehmer gewöhnlich seine Arbeit verrichtet, Art. 30 Abs. 2 Nr. 1 EGBGB. Bei nur vorübergehend nach Deutschland entsandten Arbeitnehmern ist das der Heimatstaat. Daraus folgt, dass Arbeitsverhältnisse von nur vorübergehend nach Deutschland entsandten Arbeitnehmern grundsätzlich dem Recht ihres Heimatstaats unterliegen und deutsches Recht keine Anwendung findet. Allerdings gibt es im deutschen Internationalen Privatrecht eine Bestimmung, die ausnahmsweise zur Anwendung einiger Vorschriften des deutschen Rechts führt, auch wenn an sich das ausländische Recht zur Anwendung berufen wäre. Dabei handelt es sich um Art. 34 EGBGB. Diese Vorschrift gebietet die Anwendung solcher Bestimmungen des deutschen Rechts, die ohne Rücksicht auf das auf den Vertrag anzuwendende Recht den Sachverhalt zwingend regeln. Fällt § 8 TzBfG unter Art. 34 EGBGB, so findet er auf das Arbeitsverhältnis eines entsandten Arbeitnehmers Anwendung und dieser kann den Anspruch auf Verringerung der Arbeitszeit in Deutschland geltend machen, obwohl sein Arbeitsverhältnis an sich dem Recht seines Heimatstaates unterliegt. Die Untersuchung, ob eine Norm unter Art. 34 EGBGB fällt, gehört zu den schwierigsten Aufgaben bei der Bewältigung von Eingriffsnormen[750], wenn auch abstrakt über die Merkmale, die eine solche Norm erfüllen muss, überwiegend Einigkeit besteht[751]. Allerdings gibt es einige wenige Vorschriften im deutschen Recht, die bereits als zwingende Bestimmungen im Sinne von Art. 34 EGBGB gekennzeichnet sind und somit die Einordnung von Normen erleichtern. Eine dieser Normen ist § 7 Abs. 1 AEntG[752].

In § 4 dieser Arbeit wurde daher zunächst geprüft, ob sich § 8 TzBfG unter diese Regelung subsumieren lässt. Dabei kam eine Einordnung unter § 7 Abs. 1 Nr. 7 AEntG (Regelungen über die Gleichbehandlung von Männern und Frauen sowie andere Nichtdiskriminierungsbestimmungen) in Betracht, da wesentlich mehr Frauen als Männer in Teilzeit arbeiten (möchten). Diese Einordnung musste abgelehnt werden, da es § 8 TzBfG an einem im Vordergrund stehenden nichtdiskriminierenden Charakter fehlt. Derartige Zielsetzungen ergeben sich zwar aus gesetzeshistorischen und systematischen Erwägungen, haben sich aber in § 8 TzBfG nicht justiziabel niedergeschlagen. Sodann wurde anhand der in § 3 der Arbeit hierzu entwickelten Kriterien untersucht, ob es sich bei

---

750 *Lorenz*, RIW 1987, 569 (578); *Schlachter*, Anmerkung zu BAG AP Nr. 10 zu Art. 30 EGBGB n.F, unter 4.

751 Vgl. nur BAG AP Nr. 10 zu Art. 30 EGBGB n.F. sowie MünchKomm-*Martiny*, Art. 30 EGBGB, Rdnr. 73.

752 *Junker*, IPRax 2000, 65 (72).

§ 8 TzBfG unmittelbar um eine international zwingende Vorschrift im Sinne von Art. 34 EGBGB handelt. Auch dies führte zu einem negativen Ergebnis. Weder erfüllt § 8 TzBfG die Voraussetzungen der als international zwingend definierten Vorschriften des § 7 Abs. 1 Nr. 7 AEntG, noch handelt es sich um eine international zwingende Vorschrift nach den allgemeinen Kriterien des Art. 34 EGBGB.

Damit hat diese Untersuchung gezeigt, dass es sich bei § 8 TzBfG nicht um eine international zwingende Vorschrift im Sinne von Art. 34 EGBGB handelt. Die in diesem Zusammenhang angestellten Erwägungen zu § 8 TzBfG, insbesondere zum unbestimmten Rechtsbegriff des betrieblichen Grunds, können aber auf reine Inlandsfälle übertragen werden und dazu dienen, die Sicherheit im Umgang mit dieser Vorschrift zu erhöhen. Außerdem bot diese Arbeit die Gelegenheit, auf die Vorschrift des § 7 Abs. 1 AEntG vor dem Hintergrund von Art. 34 EGBGB einzugehen. § 7 Abs. 1 AEntG wird dazu beitragen, die Subsumtion von Vorschriften des deutschen Rechts unter Art. 34 EGBGB zu erleichtern. Daraus ergibt sich aber auch, dass der deutsche Gesetzgeber und Rechtsanwender an die in § 7 Abs. 1 AEntG getroffenen Wertungen gebunden sind. Da nicht alle der im Katalog des § 7 Abs. 1 AEntG aufgelisteten Regelungsbereiche schon bisher als international zwingend eingeordnet wurden, hat diese Norm zu einer Ausdehnung des Anwendungsbereichs von Art. 34 EGBGB geführt[753]. Dies steht im Widerspruch zu der bisher einmütig[754] vertretenen Notwendigkeit einer restriktiven Auslegung von Art. 34 EGBGB und wird daher teilweise kritisch gewürdigt[755]. Aus der Sicht der Praxis wird bei international ausgeübten Arbeitsverhältnissen in Zukunft stärker als zuvor darauf zu achten sein, ob eine Vorschrift des deutschen Rechts unter Art. 34 EGBGB fällt. Dass sich ein nur vorübergehend nach Deutschland entsandter Arbeitnehmer erfolgreich auf den Anspruch auf Verringerung der Arbeitszeit gemäß § 8 TzBfG beruft, muss ein ausländischer Arbeitgeber allerdings nicht befürchten.

---

753 *Hoppe*, Entsendung, S. 251.

754 *Lorenz*, RIW 1987, 569 (579); MünchKomm-*Sonnenberger*, Einl. IPR, Rdnr. 53.

755 Vgl. hierzu *Krebber*, IPRax 2001, 22 ff.